2017

中国农产品贸易发展报告

CHINA AGRICULTURAL TRADE DEVELOPMENT REPORT

农业部农产品贸易办公室
农业部农业贸易促进中心

中国农业出版社

图书在版编目（CIP）数据

中国农产品贸易发展报告．2017／农业部农产品贸易办公室，农业部农业贸易促进中心编．—北京：中国农业出版社，2017.10
ISBN 978-7-109-23455-0

Ⅰ.①中… Ⅱ.①农… ②农… Ⅲ.①农产品－国际贸易－研究报告－中国－2017 Ⅳ.①F752.652

中国版本图书馆 CIP 数据核字（2017）第 257958 号

中国农业出版社出版
（北京市朝阳区麦子店街 18 号楼）
（邮政编码 100125）
责任编辑 赵 刚

中国农业出版社印刷厂印刷 新华书店北京发行所发行
2017 年 10 月第 1 版 2017 年 10 月北京第 1 次印刷

开本：889mm×1194mm 1/16 印张：14.75
字数：235 千字
定价：160.00 元

《中国农产品贸易发展报告》

编 辑 委 员 会

主要撰写人员

（按姓名笔画排序）

于蓉蓉　马建蕾　王　丹　王　婉　王东辉

王占禄　王岫嵩　王学兰　方舒艳　孔庆兵

田维明　迂　阳　邢晓荣　吕向东　吕建兴

刘　超　刘芳菲　刘丽佳　刘启正　刘武兵

孙致陆　李　莉　李　婷　李先德　李旭东

李亮科　李彩英　李雁玲　杨　静　冷　杨

张　姝　张　益　张小强　张永霞　张军平

张明杰　张雪春　陈述平　陈建新　宗会来

封　岩　赵　平　赵军华　赵学尽　郝晓燕

施　展　秦天放　黄　飞　梁　勇　董　程

韩一军　韩亭辉　景春梅　曾　洁　曾俊锋

曾寅初　潘　久

序　言

2016年，世界经济复苏依旧乏力，需求略有提振。全球大宗农产品产量和库存增加，供给充裕，价格低位波动。在此背景下，我国农产品贸易总额继续下降，其中进口额延续上年下降走势，出口额由上年的下降转为小幅增长，逆差收窄。大宗农产品进口量仍保持较高水平，产业发展依然面临较大进口压力。受大麦、高粱和玉米进口下降带动，2016年谷物进口量比上年下降三成，但仍为历史次高；食糖、棉花在高库存背景下进口量较大幅度下降，但绝对量仍较大；大豆进口再创历史新高；畜产品进口增势强劲。农产品出口额增长3.3%；水产品出口回升；蔬菜出口价格有所上涨，出口额再创历史新高；苹果、梨等传统水果出口量增加。

《2017中国农产品贸易发展报告》详细介绍了2016年我国农产品贸易情况，在分品种、分地区阐释农产品贸易变化情况的同时，总结了农业贸易谈判、救济和贸易促进的总体进展，回顾了主要贸易伙伴和世界农产品贸易的相关情况，并就入世十五年中国农产品贸易发展及对农业的影响、中国跨境农业投资发展现状及趋势展望、APEC与中国农产品贸易、近年来国际农产品价格变动及其对贸易的影响等专题进行了深入分析。

在本书编写过程中，农业部相关司局和有关专家给予了大力支持和帮助，谨向所有关心本书出版的各界人士表示衷心的感谢！

编委会

2017年9月

目 录

分论

专论

附录

总论

2016年国内外经贸环境变化

世界经济

2016年，国际政治格局动荡对全球经济贸易发展产生重大影响。东亚主要经济体之间政治矛盾激化，致使区域经贸合作进程停滞不前。中东和北非地区战火持续，尽管恐怖主义势力遭受沉重打击，但社会经济秩序和基础设施遭到严重破坏，出现难民大规模外流现象。欧洲多次发生重大恐怖袭击事件，其效应不只是对社会经济活动形成短期干扰，更是导致政治风向发生长期转变，很多国家中民粹主义势力抬头，影响到国家和欧盟层次的经贸政策选择；俄罗斯与西方大国继续处于紧张关系，政治对抗延烧到经济贸易领域。美国进入大选年，竞选人借助偏激的政治口号动员支持者，激化了不同社会集团间的矛盾，反全球化势力明显增强。拉美地区多个国家出现的严重腐败现象损害了政府治理能力，干扰了社会经济活动。部分国家出于自利考虑实施贸易限制政策的做法难以受到抑制，阻碍了经济全球化和贸易自由化进程。在这一背景下，2016年世界经济贸易继续低迷不振。

根据国际货币基金组织（IMF）数据，2016年全球经济增长率从上年的3.4%下滑到3.1%，进一步向下偏离历史趋势值。从经济表现看，新兴市场和发展中国家整体上优于发达国家，前者增幅4.1%，比上年下滑0.1个百分点，后者增幅1.7%，比上年下滑0.4个百分点（表1）。同一类型国家间的经济表现也存在较大差异。主要发达国家中，德国、意大利和加拿大增幅提高，西班牙增幅持平，法国、美国、日本和英国增幅下滑。主要发展中国家中，中国和印度增幅继续处于世界领先地位；墨西哥和南非实现低速增长；俄罗斯和巴西虽然未能扭转经济下滑态势，但趋稳苗头已经显现。

表 1 2015—2016 年世界经济增长情况

单位：%

年　份	2015	2016	
		全年	第四季度
世界经济	3.4	3.1	3.2
发达经济体	2.1	1.7	2.0
美国	2.6	1.6	2.0
欧元区国家	2.0	1.7	1.7
日本	1.2	1.0	1.6
新兴市场和发展中国家	4.2	4.1	4.4
新兴市场和发展中亚洲	6.7	6.4	6.5
新兴市场和发展中欧洲	4.7	3.0	3.4
独联体	−2.2	0.3	0.7
拉丁美洲和加勒比	0.1	−1.0	−1.1
中东、北非、阿富汗和巴基斯坦	2.7	3.9	—
撒哈拉以南非洲	3.4	1.4	—

数据来源：IMF《世界经济展望》，2017 年 4 月。

国际贸易是全球经济增长的重要发动机之一。根据历史数据，全球商品和服务贸易量增幅通常是 GDP 增幅的 2 倍左右。然而自 2013 年起，全球商品和服务贸易量增幅显著下滑，2016 年仅为 2.2%，比上年降低 0.5 个百分点，显著低于 GDP 增幅（表 2）。

由于全球经济复苏弱于之前的预期，国际市场初级产品需求低迷，价格继续下滑。根据 IMF 数据，原油价格和非燃料初级产品价格分别比上年下跌 15.7% 和 1.9%。消费者价格增幅发达经济体为 0.8%，比上年提高 0.5 个百分点；新兴市场和发展中经济体为 4.4%，比上年下降 0.3 个百分点。

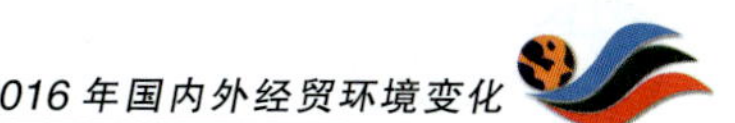

表 2 2015—2016 年世界商品贸易量增长情况

单位：%

年 份	出 口		进 口	
	2015	2016	2015	2016
世界	2.6	1.3		
亚洲	1.1	1.8	2.9	2.0
中南美洲	2.5	2.0	−5.8	−8.7
北美洲	0.7	0.5	6.7	0.4
欧洲	3.6	1.4	4.3	3.1
其他地区	4.3	0.3	−5.1	−2.4

数据来源：世界贸易组织（WTO），2017 年 4 月；世界为进口和出口平均增长率。

世界农产品市场

尽管国际市场农产品价格连续数年走低，但由于能源、化肥等投入品价格下降，农业仍可获得较好的经济效益。在这一背景下，全球农业生产继续保持良好的发展态势，主要农产品供给充裕。

联合国粮农组织（FAO）估计，2016 年全球谷物产量达到 26.1 亿吨，比 2015 年增长 2.9%；肉类、奶制品、水产品产量继续增加，棉花、大豆供给充足，食糖市场则由之前连续 5 年的产大于需转为产不足需（表 3）。

表 3 近年世界谷物生产、使用、库存和贸易情况

单位：百万吨、%

年 度		2014/2015	2015/2016	2016/2017	2016/2017 年度比上年度增长	年 度		2014/2015	2015/2016	2016/2017	2016/2017 年度比上年度增长
生产	谷物	2 563.3	2 534.3	2 607.9	2.9	出口	谷物	378.6	393.3	395.9	0.7
	小麦	730.5	735.7	760.1	3.3		小麦	156.6	166.7	174.0	4.4
	大米	494.6	491.7	499.3	1.5		大米	44.6	41.6	43.6	4.8
	粗粮	1 338.2	1 307.0	1 348.4	3.2		粗粮	177.3	185.0	178.2	−3.7
使用	谷物	2 496.4	2 512.3	2 570.5	2.3	期末库存	谷物	654.5	663.6	701.7	5.7
	小麦	703.6	711.1	731.3	2.8		小麦	211.2	223.8	247.5	10.6
	大米	491.4	495.3	499.9	0.9		大米	174.7	171.3	170.9	−0.2
	粗粮	1 301.4	1 306.0	1 339.3	2.5		粗粮	268.6	268.1	283.3	5.7

数据来源：FAO《Food Outlook》，2017 年 6 月。

根据世界银行数据，农产品价格在2011年达到峰值后连续4年下跌，2016年出现趋稳苗头。与2015年相比，农产品价格微跌0.2%，食物价格上涨1.6%。分类看，谷物价格下跌7.7%，油料油脂价格上涨5.2%，工业原料农产品价格上涨1%。同期能源价格下跌15.3%，化肥价格下跌21.1%（图1）。

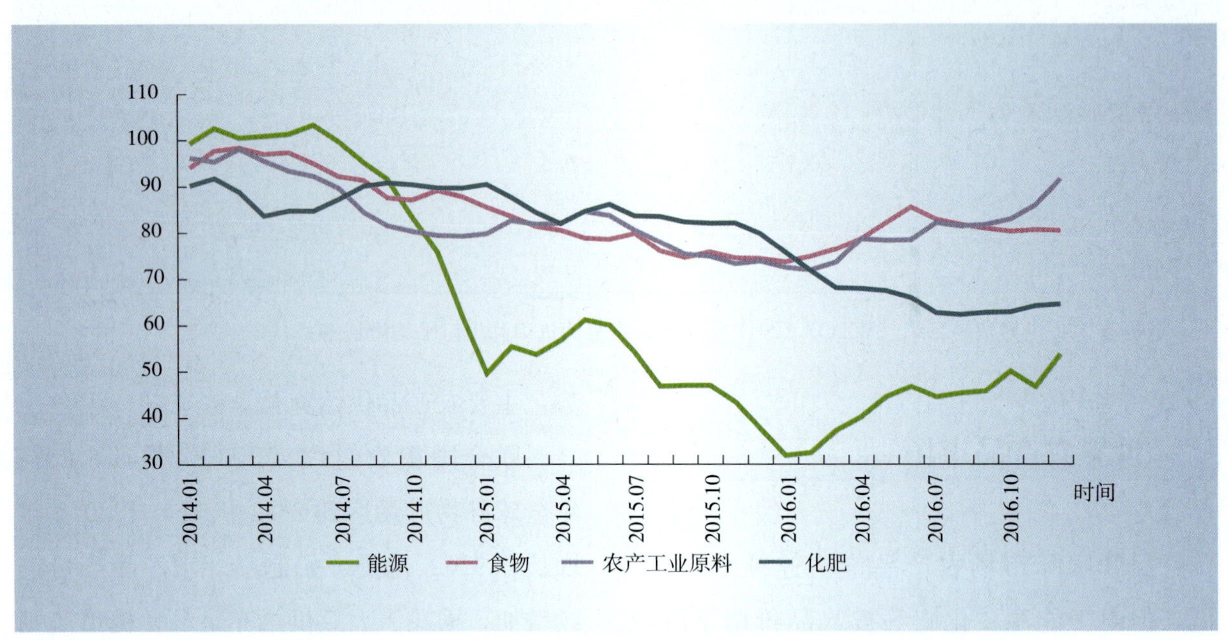

图1　2014—2016年国际市场初级产品价格指数变化

注：价格指数以2013年为100。

数据来源：世界银行。

年内主要农产品价格呈现不同变化态势（图2）。美国1号硬粒红小麦海湾离岸价由1月的每吨193美元波动下滑到12月的142美元。美国2号黄玉米海湾离岸价年初走高，6月上涨到年内峰值180美元，其后下滑到9月的148美元，12月回升到152美元。泰国5%碎米率大米曼谷离岸价大体呈现倒U形走势，先由1月的369美元上涨到7月的442美元，随后逐步下跌到11月的365美元，12月回升至373美元。美国大豆鹿特丹港到岸价波动较大，1月最低，为367美元，6月上涨到最高的457美元，10月降至403美元后反弹，12月为420美元。荷兰豆油出厂价波动上涨，1月为最低的727美元，12月为最高的907美元。

棉花考特鲁克（Cotlook）A远东指数价格年内波动上涨，1月每吨1 516美元，7月上涨到年内最高价1 787美元，随后下滑到10月的1 717美元，12月反弹到1 753美元。食糖价格由1月的310美元波动上涨到10月的490美元，其后下滑到12月的408美元。牛肉价格前半年稳定上涨，后半年波动下滑，1月每吨3 503美元，7月上涨到4 145美元，12月收于3 873美元。鸡肉价格相对稳定，1月每吨价格为2 481美元，11月为年内最低价2 422美元，12月为年

内最高的 2 506 美元。

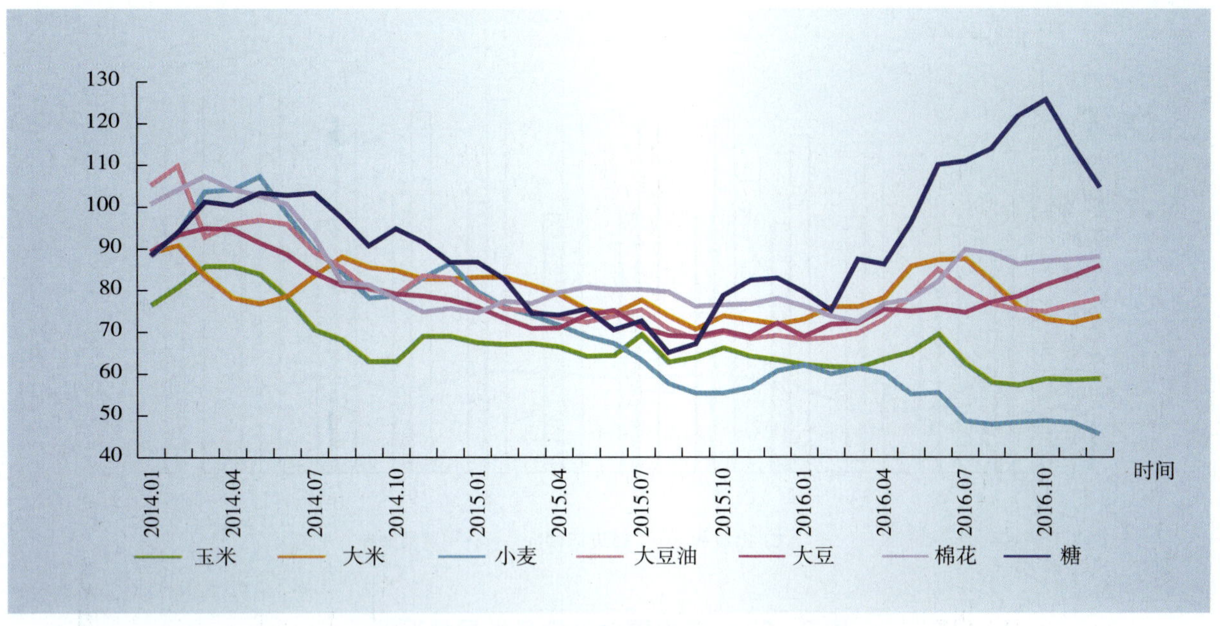

图 2　2014—2016 年国际市场主要农产品价格指数变化

注：各商品的价格指数均以 2013 年平均价格为 100。

数据来源：世界银行。

中国宏观经济

2016 年，国际环境复杂多变，新的风险因素不断出现；国内结构性问题突出，经济下行压力加大，使中国推进改革发展稳定任务面临严峻的挑战。按照党中央、国务院的决策部署，中国坚持稳中求进工作总基调，坚持新发展理念，以推进供给侧结构性改革为主线，加快经济结构调整，深入推进改革开放，使经济社会保持平稳健康发展，“十三五”实现了良好开局。

2016 年，国内生产总值 74.4 万亿元，比上年增长 6.7%。其中，第一产业增加值 6.4 万亿元，增长 3.3%；第二产业增加值 29.6 万亿元，增长 6.1%；第三产业增加值 38.4 万亿元，增长 7.8%。全年居民消费价格比上年上涨 2%，其中食品类价格上涨 3.8%。居民收入继续保持较快增长，全年全国居民人均可支配收入 23 821 元，比上年增长 8.4%，扣除价格因素，实际增长 6.3%，城乡居民收入差距进一步缩小。全年货物出口额 20 974 亿美元，比上年下降 7.7%；进口额 15 875 亿美元，下降 5.5%；贸易盈余 5 100 亿美元，增加 1 942 亿美元（图 3）。

年内人民币对美元汇率前 4 个月小幅升值，其后大体保持贬值态势；对欧元汇率 1—8 月小幅贬值，其后小幅升值；对日元汇率呈现由贬值转水平波动再转升值的态势（图 4）。12 月与上年同期平均汇率相比，人民币对美元贬值 6.7%，对欧元贬值 4.6%，对日元贬值 14.1%。据国际结算银行

（BIS）数据，年内人民币实际有效汇率波动　　中贬值，12 月比上年同期贬值 6.7%。

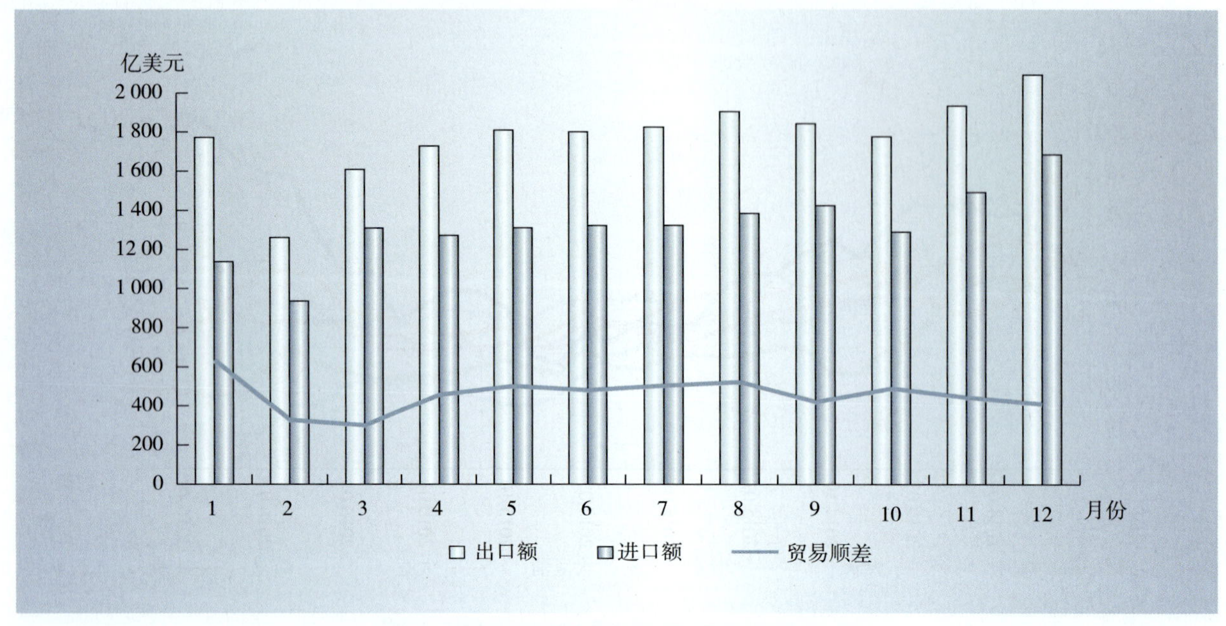

图 3　2016 年中国对外贸易发展情况①

数据来源：中国国家统计局。

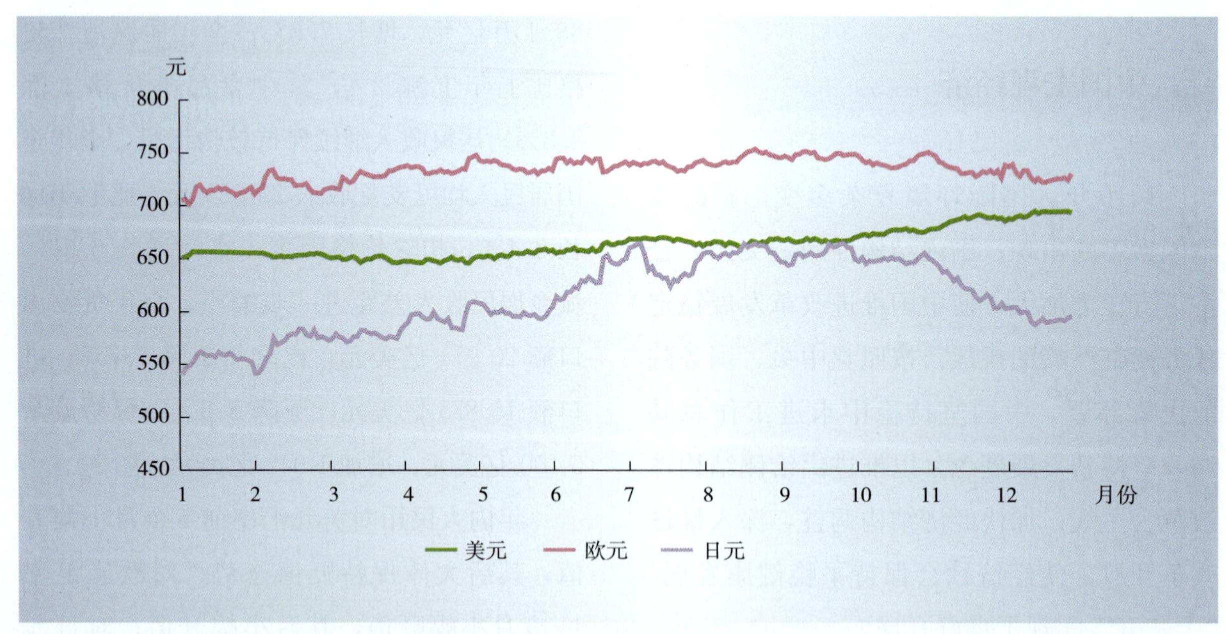

图 4　2016 年人民币汇率变化

注：汇率采取直接标价法，为 100 美元或欧元及 1 万日元折合人民币数量。

数据来源：国家外汇管理局。

① 除特别注明外，本报告正文和图表中引用的中国经济数据均未包括香港、澳门特别行政区和台湾省。

商品结构

分大类看，出口额居前五位的农产品依次为水产品、蔬菜、水果、畜产品和饮品；进口额居前五位的农产品依次为油籽、畜产品、水产品、饮品和植物油（图6）。

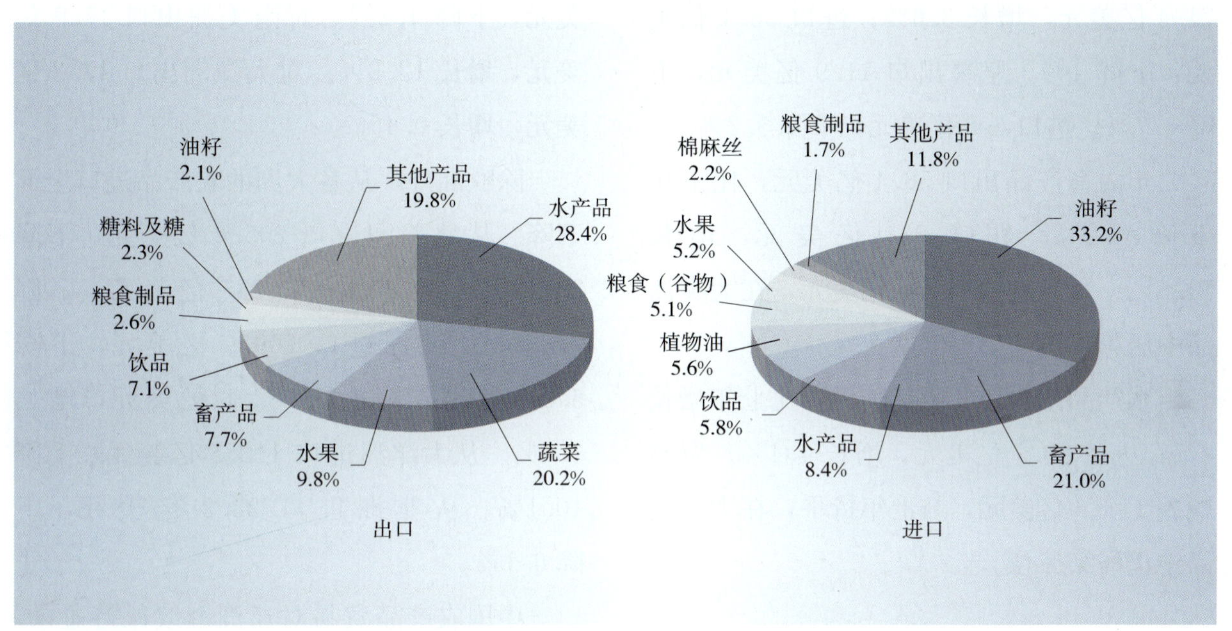

图6　2016年中国农产品进出口结构

谷物产品贸易呈现出口增加、进口下降的局面。全年出口63.6万吨，增长19.4%；进口2 199.7万吨，下降32.8%；贸易赤字52.1亿美元，减少37.5亿美元。分品种看，稻谷产品的出口量和进口量均增加；小麦产品的进口量增加、出口量下降；玉米产品的出口量和进口量均下降；之前大量进口的大麦产品和高粱产品进口量分别下降53.4%和37.9%。

年内食用油籽产品和食用植物油贸易均呈现进出口额双双下降局面。食用油籽全年出口87.4万吨，增长3.8%；进口8 952.9万吨，增长2.2%；贸易赤字356.2亿美元，减少13亿美元。食用植物油全年出口11.5万吨，进口688.4万吨，分别下降16%和18%，贸易赤字48.9亿美元。

全球经济低迷影响到中国纺织品出口和棉花原料需求，年内棉花进口量124万吨，比上年下降29.5%；进口额17.8亿美元，下降34.7%。上年发生的棉纱进口大幅增长现象出现逆转，进口量下降16.1%，进口额下降19.6%。

年内国际市场糖价显著回升，削弱了进口糖的价格优势。全年进口量306.2万吨，比上年下降36.8%；进口额11.7亿美元，下降34.7%。

年内蔬菜和水果出口继续增长。蔬菜出口147.2亿美元，比上年增长11%；进口5.3亿美元，下降2%；贸易顺差141.9亿美元，在大类商品中继续居首位。水果出口71.4亿美元，增长3.6%；进口58.1亿美元，下降1%。坚果出口11.9亿美元，下降6.7%；进口6.8亿美元，下降5.2%。

年内畜产品出口56.4亿美元，比上年下降4.2%；进口234亿美元，增长14.5%；贸易逆差177.6亿美元，在大类商品中居第二位。

水产品出口207.4亿美元，比上年增长2%；进口93.7亿美元，增长4.4%；贸易顺差113.6亿美元，与上年持平，在大类商品中仍居第二位。

进出口市场结构

2016，中国对除非洲外的各大洲农产品出口均实现增长。对亚洲出口475.1亿美元，比上年增长4.3%。对欧洲出口105.4亿美元，增长1.6%。对北美洲出口91.8亿美元，增长1.2%。对非洲出口26.5亿美元，下降4.2%。对南美洲出口17.9亿美元，增长12.2%。对大洋洲出口13.2亿美元，增长0.4%。

除欧洲外，从各大洲的农产品进口全面下降。从北美洲进口295.6亿美元，下降2.4%。从南美洲进口287亿美元，下降7.8%。从亚洲进口209.9亿美元，下降6.2%。从欧洲进口182.1亿美元，增长3.9%。从大洋洲进口112.8亿美元，下降10.1%。从非洲进口28.2亿美元，下降6.1%。

中国农产品贸易对亚洲继续保持盈余，对其他地区均为赤字。对亚洲的盈余为265.2亿美元，对南、北美洲的赤字分别为269.2亿美元和203.8亿美元（表5）。

表5 2016年中国农产品贸易区域分布

单位：亿美元、%

区域	贸易额				比上年增长		所占比重	
	进出口	出口额	进口额	差额	出口	进口	出口	进口
合　计	1 845.6	729.9	1 115.7	−385.8	3.3	−4.5	100.0	100.0
亚　洲	685.1	475.1	209.9	265.2	4.3	−6.2	65.1	18.8
欧　洲	287.5	105.4	182.1	−76.7	1.6	3.9	14.4	16.3
北美洲	387.5	91.8	295.6	−203.8	1.2	−2.4	12.6	26.5
非　洲	54.7	26.5	28.2	−1.7	−4.2	−6.1	3.6	2.5
南美洲	304.9	17.9	287.0	−269.2	12.2	−7.8	2.4	25.7
大洋洲	125.9	13.2	112.8	−99.6	0.4	−10.1	1.8	10.1

从国别（地区）贸易看，前五大出口市场依序为日本、中国香港、美国、韩国和越南，其中越南取代泰国首次进入前五，五个市场合计占出口总额的49.3%。前五大进口来源地依序为美国、巴西、澳大利亚、加拿大和新西兰，其中新西兰取代了阿根廷，五国合计占进口总额的53.4%（图7）。对中国香港、日本、韩国、中国台湾和菲律宾的贸易盈余排前五位，分别为96.8亿美元、92.7亿美元、36.5亿美元、15.5亿美元和13.1亿美元。对巴西、美国、澳大利亚、新西兰和加拿大的贸易赤字排前五位，分别为184.1亿美元、164.7亿美元、57.1亿美元、43.2亿美元和42.8亿美元。

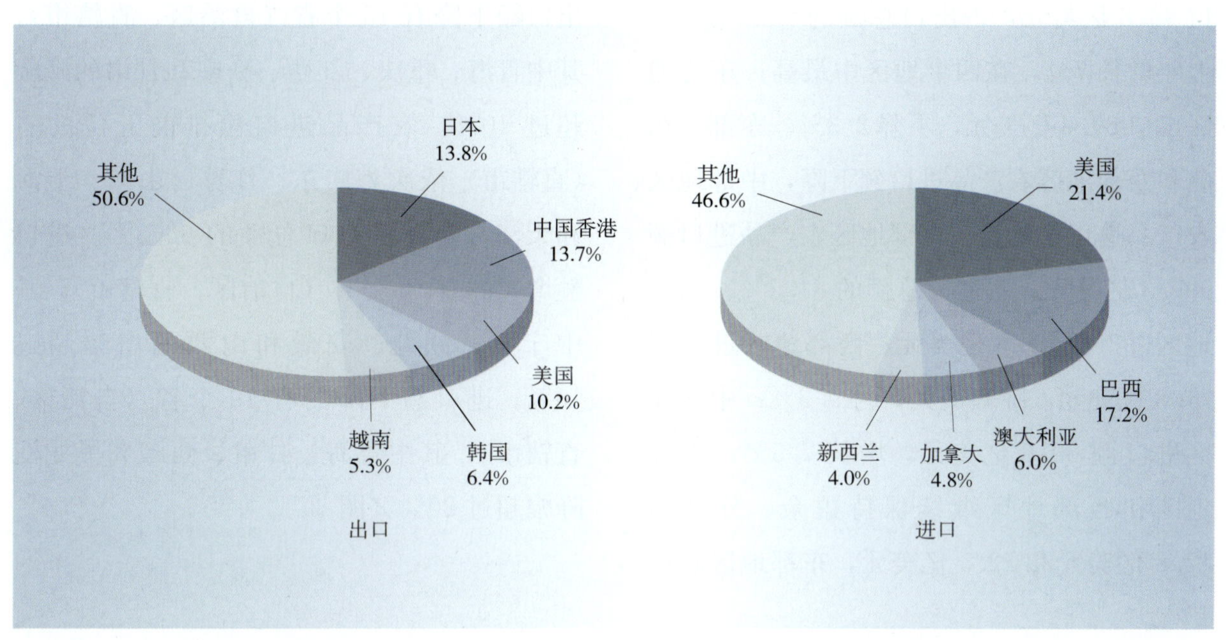

图7 2016年中国农产品出口市场和进口来源地结构

与自由贸易区伙伴之间的双边农产品贸易维持较好的发展势头，出口额356.4亿美元，比上年增长6.2%；进口额327.3亿美元，下降7.1%。分贸易伙伴看，对东盟出口154亿美元，增长4.2%；对中国香港出口99.7亿美元，增长11.6%；对韩国出口46.7亿美元，增长7.4%，均高于总出口额增长幅度。从东盟进口149.9亿美元，下降7.5%；从澳大利亚进口67亿美元，下降16.9%；从新西兰进口45.1亿美元，增长1.8%；从智利进口23亿美元，增长18.7%。

贸易方式

一般贸易出口额598.8亿美元，占农产品出口总额的82%；进料加工贸易出口额75亿美元，占10.3%。一般贸易进口额914.3亿美元，占农产品进口总额的81.9%；保税区仓储转口货物进口84亿美元，占7.5%；进料加工贸易进口额 51.6 亿美元，占 4.6%。

国内进出口地区结构变化

东部、中部和西部地区出口额增长，东北地区出口额下降。东部地区出口 495.1 亿美元，占出口总额的 67.8%；西部地区出口 96.8 亿美元，占出口总额的 13.3%，比上年增长 7%，在四个地区中最高；东北地区出口 69.6 亿美元，下降 2.3%。东部、东北和西部地区农产品进口额下降，中部地区农产品进口额增长。东部地区农产品进口额 909.3 亿美元，占进口总额的 81.5%；东北地区进口额 81.6 亿美元；西部地区进口额 74.3 亿美元，降幅最大，为 9.2%；中部地区进口额 50.6 亿美元，增长 7.5%。中部地区和西部地区继续保持盈余，分别为 17.8 亿美元和 22.5 亿美元，东部地区和东北地区的贸易赤字分别为 414.2 亿美元和 12 亿美元。

农产品出口额排前五位的省依次为山东、广东、福建、浙江和辽宁，合计占出口总额的 62%。出口额增长的有 16 个省（自治区、直辖市），其中西藏、贵州、山西、广西、江苏、河南和云南增幅超过 10%；出口额下降有 15 个省（自治区、直辖市），其中青海、重庆、江西、新疆和甘肃的降幅超过 10%。农产品进口额排前五位的省（直辖市）依次为广东、江苏、山东、上海和天津，合计占进口总额的 66.3%。进口额增长的有 12 个省（自治区、直辖市），其中宁夏、湖北、安徽和山西的增幅超过 10%；进口额下降的有 19 个省（自治区、直辖市），其中青海、甘肃、西藏和黑龙江降幅超过 20%（图 8）。

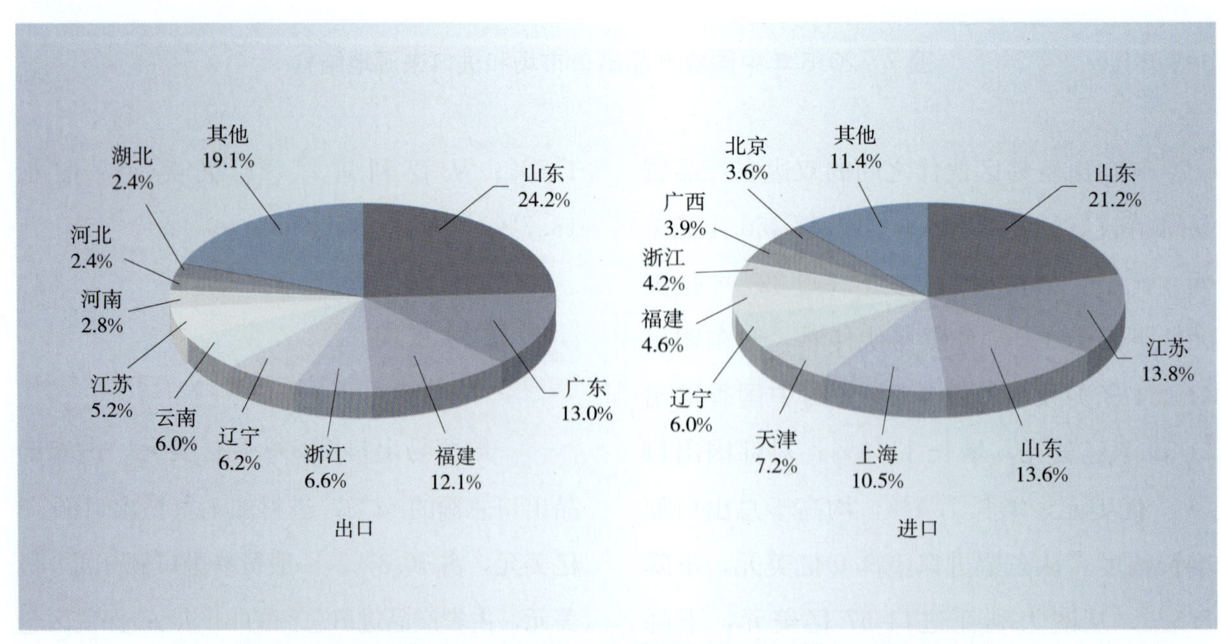

图 8　2016 年各省（自治区、直辖市）农产品进出口所占比重

31个省（自治区、直辖市）中，有21个实现农产品贸易盈余。顺差居前五位的省及顺差额为：福建37.4亿美元，云南37.2亿美元，山东24.3亿美元，湖北8.5亿美元，黑龙江7.4亿美元。逆差居前五位的省（直辖市）及逆差额为：广东141亿美元，江苏115.8亿美元，上海102.8亿美元，天津71.8亿美元，北京35.3亿美元。

农产品贸易的地位

2016年，农产品出口额和进口额占全国货物贸易出口额和进口额的比例分别为3.5%和7%，比上年分别提高0.4和0.1个百分点。农产品出口额和进口额与第一产业增加值的比值分别为7.6%和11.6%，与上年相比前者提高0.4个百分点，后者下降0.3个百分点。

2017年农产品贸易发展前景展望

2017 年农产品贸易发展环境

（一）国际环境

2017 年，虽然全球经济有望加快复苏，但动力不够强劲，基础不够稳固，面临多种突出矛盾和不确定因素。

新上任的特朗普总统将“美国优先”作为施政纲领，这势必与其他国家的利益发生冲突，动摇国际合作的基础。目前美国新政府的经济贸易政策仍在形成之中，但已经呈现由“自由贸易”转向“公平和平衡的贸易”、由多边主义转向双边主义、由基于国际规则的合作转向基于美国国内法律法规单方面行使权力的演变态势。今后美国新政府可能会根据自身利益考虑主观解释贸易格局是否“公平”，基于双边贸易是否“平衡”针对特定对象实施贸易限制措施。很显然，这种做法势必给多双边经贸体系运行带来变数。此外，美联储如何调整货币政策也是全球经贸发展面临的重大不确定因素。

欧盟虽然已经走上经济复苏轨道，但发展前景受到多种政治、社会和经济因素困扰，如反欧盟势力在部分成员国有所抬头，英国正式启动“脱欧”谈判，持续不断的难民潮和恐怖主义袭击等。欧盟成员国之间的经济发展模式差异和绩效分化是亟待解决的问题，突出表现在国家间贸易失衡、债务失衡和银行资金失衡上。预期欧元区将继续维持宽松的货币政策，以巩固经济复苏势头，但在协调财政政策和统一监管措施方面会面临巨大挑战。

受内外部因素影响，东亚地区政治冲突加剧，深化区域性经贸合作的前景不容乐观。日本安倍政府会继续推行现行经济政策，但政策空间受制于政府债务负担极为沉重和货币供给过度宽松的现实，预期成效也受到广泛质疑。韩国发生政府更迭，新政府正在根据国内外政治因素确定今后的发展方向和战略，短期内在推动经济贸易发展上可

能难以有效作为。

WTO的《贸易便利化协定》于2月达到了批准该协定成员数量法定门槛，从而正式生效。根据相关规则，批准协定的成员将自协定生效之日起，履行在政策法规透明度、管理措施现代化以及口岸管理部门协同合作等方面的承诺。虽然该协定生效在短期内并不会显著改变国际贸易格局，但从长期看贸易便利化水平提高将使企业和消费者受益。

整体看，2017年世界经济仍然处于深度调整之中，消费增长的基础尚不稳固，供给和需求不匹配的结构性矛盾依旧突出。尤其是一些国家的政治家试图通过将内部社会问题归咎于经济全球化和贸易开放来争取民众的政治支持，这种氛围损害了通过国际合作解决全球问题的基础，削弱了全球经济治理体系的协调功能，势必对经济贸易发展产生消极影响。

虽然一些国际机构对2017年的全球经济增长前景做出了较为乐观的预测，但均申明未考虑美国及其他一些重要国家政策态势的不确定性。国际货币基金组织预测①，2017年世界经济增长3.5%，比上年提高0.4个百分点。分类型看，发达经济体增长2.0%，增幅提高0.3个百分点；新兴市场和发展中经济体增长4.5%，增幅提高0.4个百分点。世界商品和服务贸易量增长3.8%，增幅提高1.6个百分点；其中发达经济体增长4.0%，增幅提高1.6个百分点，新兴市场和发展中经济体增长4.5%，增幅提高2.6个百分点。石油价格上升28.9%，非燃料商品价格上升8.5%，均逆转了上年的跌势。消费价格指数发达经济体上升2.0%，比上年提高1.2个百分点，新兴市场和发展中经济体上升4.7%，比上年提高0.3个百分点。

世界银行预测，2017年不同大类农产品呈现不同走势，全部农产品名义价格上升0.6%，其中谷物类价格下降3.2%，油料油脂类价格上升3%。主要品种中，价格可能出现较大幅度上升的有棕榈油和豆油，价格可能出现较大下降的有小麦和大米。

（二）国内环境

2017年，中国经济实现稳定运行仍然面临一些重大挑战，突出表现为实体经济结构性供需失衡，有效需求和投资增长乏力，国外需求持续低迷，国内综合要素成本不断上涨削弱外贸竞争力，环境问题影响生产生活等。针对这些突出问题，中国政府将贯彻稳中求进工作总基调，在稳增长、保就业、防风险的同时，推进供给侧结构性改革，扩大有效供给和提高有效需求，依靠创新推动新旧动能转换和结构优化升级；继续实施积极的财政政策和稳健的货币政策，在区间调控基础上加强定向调控、相机调控，提高预见性、精准性和有效性，注重消费、投资、区域、产业、环保等政策的协调配合，确保经济运行在合理区间。

① 国际货币基金组织2017年4月《全球经济展望》。

2017年发展主要预期目标有：国内生产总值增长6.5%左右；居民消费价格涨幅3%左右；城镇新增就业1 100万人以上；进出口回稳向好，国际收支基本平衡；居民收入和经济增长基本同步；单位国内生产总值能耗下降3.4%以上，主要污染物排放量继续下降。

针对农产品供求结构失衡、要素配置不合理、资源环境压力大、农民收入持续增长乏力等突出问题，中国政府将以推进农业供给侧结构性改革为主线，围绕农业增效、农民增收、农村增绿，加强科技创新引领，加快结构调整步伐，加大农村改革力度，提高农业综合效益和竞争力，推动社会主义新农村建设取得新的进展，力争农村全面小康建设迈出更大步伐。主要工作涉及：优化产品产业结构，着力推进农业提质增效；推行绿色生产方式，增强农业可持续发展能力；壮大新产业新业态，拓展农业产业链价值链；强化科技创新驱动，引领现代农业加快发展；补齐农业农村短板，夯实农村共享发展基础；加大农村改革力度，激活农业农村内生发展动力。

创造良好的农产品国际贸易环境是2017年农业农村工作的重要任务之一，涉及：统筹利用国际市场，优化国内农产品供给结构，健全公平竞争的农产品进口市场环境；健全农产品贸易反补贴、反倾销和保障措施法律法规，依法对进口农产品开展贸易救济调查；鼓励扩大优势农产品出口，加大海外推介力度；加强农业对外合作，推动农业走出去；以“一带一路”沿线及周边国家和地区为重点，支持农业企业开展跨国经营，建立境外生产基地和加工、仓储物流设施，培育具有国际竞争力的大企业大集团；积极参与国际贸易规则和国际标准的制定修订，推进农产品认证结果互认工作；深入开展农产品反走私综合治理，实施专项打击行动。

中国将深化粮食等重要农产品价格形成机制和收储制度改革，完善农业补贴制度。前者涉及合理调整稻谷和小麦最低收购价水平，推进玉米“市场定价、价补分离”改革，完善棉花目标价格政策和调整大豆目标价格政策、改进补贴方式等方面；后者涉及提高农业补贴政策的指向性和精准性，重点补粮食主产区、适度规模经营、农民收入、绿色生态，落实2016年12月财政部、农业部联合印发的《建立以绿色生态为导向的农业补贴制度改革方案》。

中国将依据相关区域或双边贸易协定，对原产于22个贸易协定伙伴的部分进口商品实施协定税率，其中进一步降税的有中国与秘鲁、新西兰、巴基斯坦、哥斯达黎加、瑞士、韩国、澳大利亚和冰岛的自贸协定。中国还自主降低了金枪鱼、北极虾、蔓越橘等特色食品的进口关税。

中国农产品贸易发展形势展望

（一）主要影响因素

2017年，世界经济预期继续复苏，中

国经济增幅也将回稳，这是影响中国农产品贸易发展的主要因素。美元汇率走势存在不确定性，可能因美国调整货币政策和财政政策引发较大波动。此外，打开中国农产品市场一直受到美国政府的高度关注，中美之间的经贸摩擦很容易延烧到农产品贸易上，这也是需要关注的风险因素。

过去几年国际市场农产品价格持续下滑会引起生产者调整供给数量和结构。若能源价格出现较大幅度回升，农产品生产和贸易成本会随之提高。这些因素将改变全球农产品供求格局，进而影响到国际市场农产品价格走势。

中国推进粮食等重要农产品价格形成机制和农业补贴制度改革将导致国内价格向国际价格靠拢。其效应可能有：此前得到较高政策支持的粮棉等大宗农产品生产下调，其他优势农产品供给增加，农业生产结构和地区布局优化，“价差驱动”的进口受到抑制。总体看，这些变化有利于提高中国农产品的国际竞争力和改善农产品贸易格局。相关的潜在问题是，国内市场价格下跌将使之前高价收购的农产品更难实现“顺价销售”，如何“去库存”会影响到相关农产品的贸易发展。

（二）贸易形势展望

2017年，中国的农产品贸易有望实现进口量和出口量双双增长局面；在国际市场农产品价格回稳的背景下，进出口额也可能双双增长。

主要贸易伙伴中，东盟整体经济形势向好，与中国的政治关系改善，这些因素有利于双边贸易发展，其中中国与越南、菲律宾、马来西亚和印度尼西亚的双向农产品贸易前景看好。中国对东亚经济体扩大农产品出口的前景不容乐观，影响因素既包括进口方经济不景气和汇率较大波动，也包括政治因素干扰。欧盟经济复苏会拉动进口需求，这有利于中国扩大对欧盟的农产品出口；与此同时，中国居民食品消费升级也为欧盟向中国出口高端食品提供了市场空间；双边汇率如何变化是主要的不确定因素。中美双边农产品贸易发展的机会和风险并存，两国经济向好有助于扩大贸易。面对美国新政府给北美自贸区发展前景带来的不确定性，加拿大和墨西哥可能更主动地拓展与中国的经贸合作，包括扩大双边农产品贸易。在大洋洲，中国与澳大利亚、新西兰将按照相关自贸区安排继续削减进口关税，这有助于扩大双边农产品贸易。南美是中国进口农产品的重要来源地，但其出口的主要为国际市场上竞争激烈的大宗农产品，若年内该地区能够摆脱经济衰退，可能会由于货币升值削弱其出口农产品的价格竞争力。中国与非洲扩大农业合作有助于提高非洲国家的农业生产力和居民购买力，双边农产品贸易发展也面临更好的机遇。

分论

分 产 品 贸 易

2016 年，谷物、棉花、食用油籽、食用植物油、食糖、蔬菜、水果坚果、茶叶、畜产品、水产品等十类农产品贸易额占中国农产品贸易总额的 78%，其中出口额占农产品出口总额的 72.9%，进口额占农产品进口总额的 81.3%。蔬菜、水果坚果、茶叶、水产品为净出口，其他为净进口。

居出口额前五位的农产品依次为水产品、蔬菜、水果坚果、畜产品和茶叶，分别占农产品出口总额的 28.4%、20.2%、11.4%、7.7%和 2.2%。与上年相比，食用油籽、食用植物油、畜产品和棉花出口额下降，水产品、谷物、蔬菜、茶、食糖和水果坚果出口额增长。增幅最大的是食糖，增长 78.6%；降幅最大的是棉花，为 68%。

居进口额前五位的农产品依次为食用油籽、畜产品、水产品、水果坚果和谷物，分别占农产品进口总额的 33.2%、21%、8.4%、5.8%和 5.1%。与上年相比，除畜产品、水产品和茶的进口额增长外，其他大类农产品进口额均下降。增幅最大的是畜产品，增长 14.5%；下降幅度最大的是谷物，为 39.2%。

谷物

（一）贸易概况

2016 年，中国谷物出口增长，进口下降。出口量 63.6 万吨，比上年增长 19.4%；出口额 5 亿美元，增长 13.6%。进口量 2 199.7万吨，下降 32.8%；进口额 57.1 亿美元，下降 39.2%。净进口量 2 136.1 万吨，下降 33.6%；贸易逆差 52.1 亿美元，缩小 41.8%。

1. 产品结构

谷物出口以稻谷产品和小麦产品为主，出口量合计占谷物出口总量的 79.8%，出口额合计占 81.9%；进口主要是高粱产品、大麦产品、小麦产品、玉米产品和稻谷产品，进口量合计占谷物进口总量的 99.1%，进口额合计占 98.7%（表 6）。

表 6 2016 年中国主要谷物品种贸易情况

单位：万吨、亿美元、%

产　　品	出口量	进口量	净进口量	净进口量比上年增长	出口额	进口额	净进口额	净进口额比上年增长
稻谷产品	39.5	356.2	316.7	2.5	3.5	16.1	12.6	2.7
小麦产品	11.3	341.2	329.9	14.3	0.6	8.2	7.5	−9.0
玉米产品	0.4	316.8	316.4	−33.0	0.0	6.4	6.4	−42.4
高粱产品	2.8	664.8	662.0	−38.1	0.1	14.3	14.2	−52.3
大麦产品	0.0	500.5	500.5	−53.4	0.0	11.4	11.4	−60.1

稻谷产品。出口量 39.5 万吨，比上年增长 37.5%，占谷物出口总量的 62.1%；出口额 3.5 亿美元，增长 31.1%；进口量 356.2 万吨，增长 5.5%，占谷物进口总量的 16.2%；进口额 16.1 亿美元，增长 7.8%。

小麦产品。出口量 11.3 万吨，比上年下降 7.4%，占谷物出口总量的 17.7%；出口额 0.6 亿美元，下降 15.1%；进口量 341.2 万吨，增长 13.5%，占谷物进口总量的 15.5%；进口额 8.2 亿美元，下降 9.5%。

玉米产品。出口量 4 071 吨，比上年下降 63.4%；出口额 288.1 万美元，下降 41.2%；进口量 316.8 万吨，下降 33%，占谷物进口总量的 14.4%；进口额 6.4 亿美元，下降 42.4%。

高粱产品。出口量 2.8 万吨，比上年增加 2.3 倍；出口额 1 314.4 万美元，增加 1.9 倍；进口量 664.8 万吨，下降 37.9%，占谷物进口总量的 30.2%；进口额 14.3 亿美元，下降 51.9%。

大麦产品。出口量 45.7 吨，比上年下降 47%；出口额 8.3 万美元，下降 19.9%；进口量 500.5 万吨，下降 53.4%，占谷物进口总量的 22.8%；进口额 11.4 亿美元，下降 60.1%。

2. 贸易区域

2016 年，中国谷物主要出口市场以周边国家（地区）为主，进口主要来自北美、澳大利亚、欧洲和亚洲国家。

出口市场。中国谷物前五位出口市场依次是韩国、中国香港、日本、朝鲜和中国台湾，对前五位市场共出口 46.8 万吨，占谷物出口总量的 73.3%，与上年相比降低 11.1 个百分点。对韩国、朝鲜和中国台湾出口有所增长，分别增长 6.4%、25.1% 和增加 2.8 倍。对中国香港和日本出口有所下降，分别下降 7.6% 和 6.1%（表 7）。对非洲出口增加。

表 7　2016 年中国谷物主要出口市场和进口来源地

单位：万吨、%

出口市场	出口量	比上年增长	占谷物出口总量比重	进口来源地	进口量	比上年增长	占谷物进口总量比重
韩　国	19.0	6.4	29.8	美　国	695.7	−30.7	31.6
中国香港	10.5	−7.6	16.4	澳大利亚	558.8	−24.6	25.4
日　本	9.4	−6.1	14.7	乌克兰	301.4	−35.6	13.7
朝　鲜	5.2	25.1	8.2	越　南	161.8	−9.9	7.4
中国台湾	2.7	283.8	4.2	加拿大	159.3	−21.8	7.2

进口来源地。中国谷物前五位进口来源地依次是美国、澳大利亚、乌克兰、越南和加拿大。从前五位国家共进口 1 877 万吨，占谷物进口总量的 85.3%，与上年相比降低 2.1 个百分点。从前五大进口来源地的进口量均比上年下降，其中从乌克兰进口量降幅最大，减少 35.6%；从美国、澳大利亚、越南和加拿大进口量分别减少 30.7%、24.6%、9.9%和 21.8%。

分品种看，稻谷产品主要出口至韩国和朝鲜等周边国家，进口主要来自越南、泰国和巴基斯坦。小麦产品主要出口至中国香港，进口主要来自澳大利亚、美国和加拿大。玉米产品近八成出口到朝鲜，进口主要来自乌克兰和美国。大麦产品进口主要来自澳大利亚、加拿大和法国。高粱产品进口主要来自美国和澳大利亚（表 8、表 9）。

表 8　2016 年中国主要谷物品种出口市场

单位：万吨、%

稻谷产品				小麦产品			
出口市场	出口量	比上年增长	占稻谷产品出口总量比重	出口市场	出口量	比上年增长	占小麦产品出口总量比重
韩　国	17.6	7.6	44.4	中国香港	8.5	−6.7	75.7
朝　鲜	4.2	144.3	10.6	埃塞俄比亚	1.1		9.3
日　本	3.8	3.8	9.6	朝　鲜	0.7	−51.8	6.2
津巴布韦	2.0	1 971 200.0	5.0	中国澳门	0.6	−2.5	5.3
中国香港	1.9	−10.9	4.8	泰　国	0.2	−7.0	1.6

表 9 2016 年中国主要谷物品种进口来源地

单位：万吨、%

稻谷产品				小麦产品			
进口来源地	进口量	比上年增长	占稻谷产品进口总量比重	进口来源地	进口量	比上年增长	占小麦产品进口总量比重
越　南	161.8	−9.9	45.4	澳大利亚	137.5	9.1	40.3
泰　国	95.7	−0.1	26.9	美　国	86.2	43.0	25.3
巴基斯坦	70.4	59.0	19.8	加拿大	86.0	−13.4	25.2
柬埔寨	12.2	9.0	3.4	哈萨克斯坦	29.5	148.6	8.6
缅　甸	8.8	566.7	2.5	俄罗斯	1.2	−22.6	0.4
玉米产品				大麦产品			
进口来源地	进口量	比上年增长	占玉米产品进口总量比重	进口来源地	进口量	比上年增长	占大麦产品进口总量比重
乌克兰	266.0	−30.9	84.0	澳大利亚	325.2	−25.5	65.0
美　国	22.3	−51.8	7.0	加拿大	73.0	−29.9	14.6
老　挝	13.9	11.3	4.4	法　国	63.6	−85.6	12.7
缅　甸	7.7	60.3	2.4	乌克兰	35.3	−57.0	7.0
俄罗斯	6.5	−20.9	2.1	阿根廷	3.2	−29.9	0.6
高粱产品							
进口来源地	进口量	比上年增长	占高粱产品进口总量比重				
美　国	586.9	−34.5	88.3				
澳大利亚	77.9	−52.6	11.7				

3. 贸易方式

中国谷物出口以一般贸易、进料加工和边境小额贸易为主，进口以一般贸易为主。一般贸易出口量占谷物出口总量的 66.3%，进料加工出口量占 9.4%，边境小额贸易出口量占 8.6%。一般贸易进口谷物占谷物进口总量的 93%（表 10）。

表 10　2016 年中国谷物主要贸易方式

单位：万吨、百万美元

贸易方式	出口量	比上年增长	出口额	比上年增长	进口量	比上年增长	进口额	比上年增长
一般贸易	42.2	6.2	3.7	0.4	2 044.9	−33.3	53.3	−39.9
进料加工	6.0	16.1	0.4	8.5	108.2	−25.3	2.5	−33.9
保税仓库进出境货物	0.4	−70.2	0.0	−65.0	28.5	−35.6	0.7	−38.1
保税区仓储转口货物	2.6	5.6	0.2	52.6	7.5	5.3	0.3	−5.2
边境小额	5.5	19.4	0.3	24.9	9.6	19.5	0.3	16.6
国际援助	7.0	8 430.6	0.5	5 911.2	1.0	NA①	0.1	NA

4. 价格变动

（1）中国谷物进出口价格

从贸易方式合计看，全年中国谷物出口平均价格②为每吨 793 美元，比上年下跌 4.9%；进口平均价格为每吨 260 美元，下跌 9.6%。全年以一般贸易方式出口谷物的平均价格③为每吨 880 美元，比上年下跌 5.4%；进口平均价格为每吨 261 美元，下跌 9.8%。出口品种中，大麦产品的出口价格比上年上涨，其余产品出口价格均下跌；进口品种中，稻谷产品进口价格比上年上涨，其余产品进口价格均下跌（表 11）。

表 11　2016 年中国主要谷物品种一般贸易方式进出口价格

单位：美元/吨、%

产品	出口平均价格	比上年增长	进口平均价格	比上年增长
谷物	880	−5.4	261	−9.8
小麦产品	639	−7.1	240	−20.2
小麦	—	—	239	−20.2
大麦产品	1 806	22.5	225	−14.9
大麦	2 072	13.4	225	−14.9
玉米产品	2 863	−25.5	201	−15.1
玉米	1 750	395.7	199	−15.3
稻谷产品	998	−0.3	452	1.8
大米	773	−5.3	448	1.9
高粱产品	474	−11.7	215	−22.6
高粱	472	−11.5	215	−22.6

① 2016 年中国没有以国际援助方式进口。
② 出口平均价格＝出口总额/出口总量；进口平均价格＝进口总额/进口总量。下同。
③ 此后本节对中国谷物及其主要品种的进出口价格分析均为一般贸易方式下的价格。

2016 年谷物月度出口价格呈波动态势，从 1 月的每吨 801 美元升至 2 月的 1 170 美元，之后 4 个月逐步下跌，至 6 月跌至 707 美元，之后低位波动恢复，至 11 月恢复至 902 美元，12 月又略降至 897 美元。除 2 月和 9 月外，出口价格均低于上年。谷物月度进口价格呈波动态势，前 9 个月呈波动下行趋势，从 1 月的每吨 297 美元降至 9 月最低点 236 美元，后 3 个月呈持续走高趋势，至 12 月提高至 303 美元。除 1 月和 12 月外，每月价格均低于上年同期。

（2）中国谷物进出口价格与国际市场价格比较

2016 年，国际市场大米价格小幅上涨。泰国 5%破碎率大米曼谷出口离岸价全年平均每吨 396 美元，比上年上涨 2.6%；越南 5%破碎率大米河内出口离岸价全年平均每吨 356 美元，上涨 1.2%。中国大米进口均价每吨 448 美元，比上年略跌 0.9%；出口均价每吨 790 美元，下跌 5.9%，比泰国和越南大米价格分别高 1 倍和 1.2 倍（图 9）。

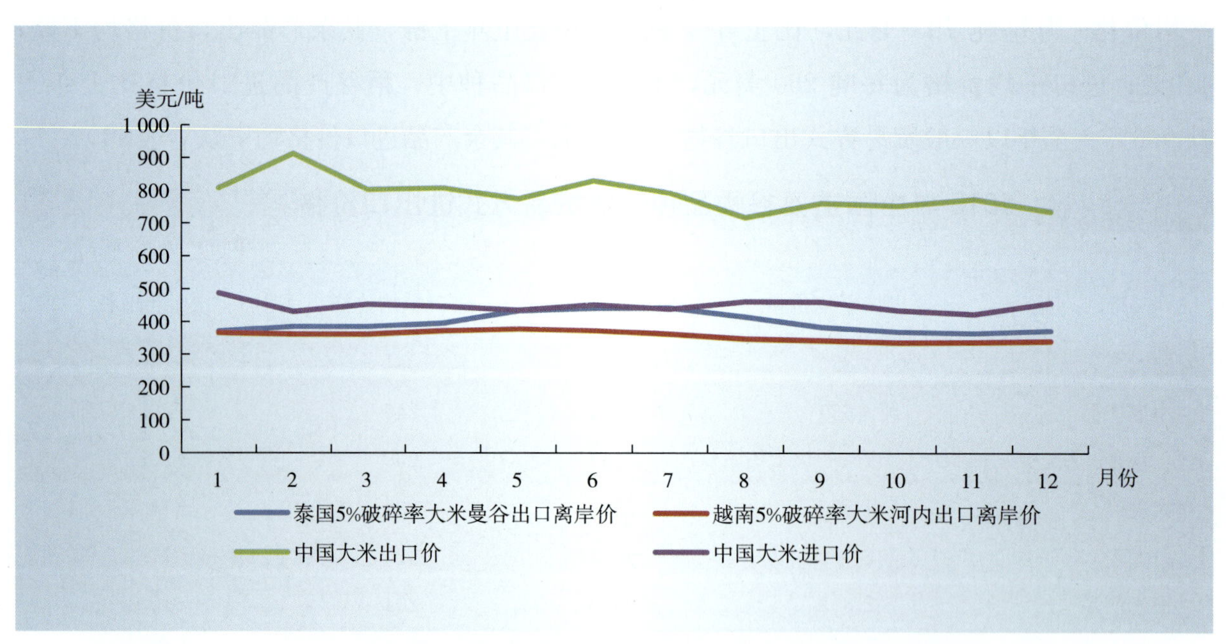

图 9 2016 年中国大米进出口价格与国际市场价格比较

数据来源：泰国和越南大米价格来自世界银行商品价格数据库，中国大米进出口价格根据中国海关数据计算。

国际小麦价格比上年下跌，美国 1 号硬红冬麦和 2 号软红冬麦美湾出口离岸价全年平均分别为每吨 167 美元和 176 美元，比上年分别下跌 18.5%和 14.6%。中国小麦进口均价每吨 239 美元，比上年下跌 21.2%（图 10）。

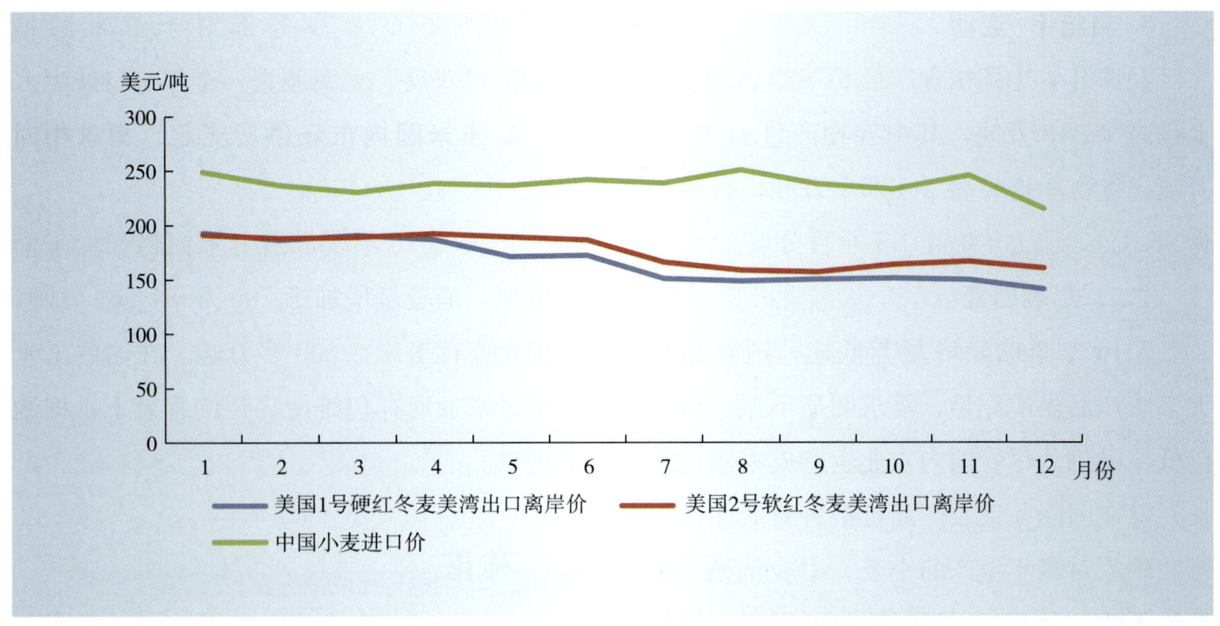

图 10　2016 年中国小麦进口价格与国际市场价格比较

注：中国出口的小麦产品主要为面粉，没有小麦（原粮）出口，故没有小麦出口价。

数据来源：美国小麦价格来自世界银行商品价格数据库，中国小麦进口价根据中国海关数据计算。

国际玉米价格继续下跌。美国 2 号黄玉米美湾出口离岸价全年平均为每吨 159 美元，比上年下跌 6.2%。中国玉米进口均价每吨 286 美元，比上年略涨 0.4%（图 11）。

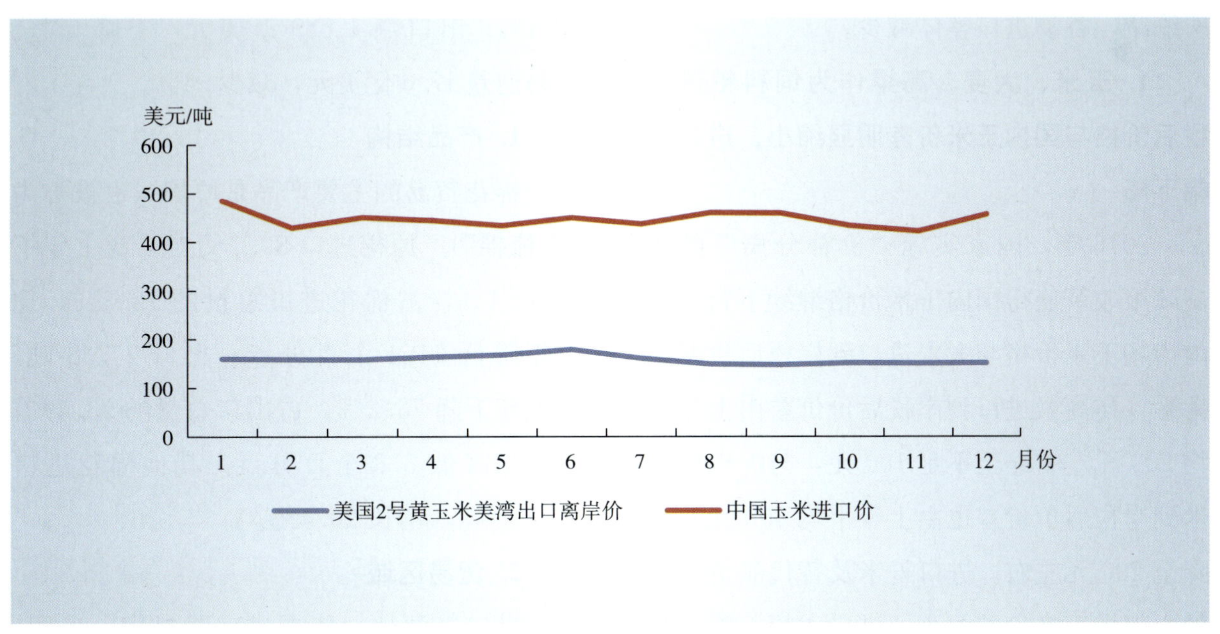

图 11　2016 年中国玉米进口价格与国际市场价格比较

数据来源：美国玉米价格来自世界银行商品价格数据库，中国玉米进口价格根据中国海关数据计算。

5. 自给率[①]变动

2016 年，中国粮食产量 61 625 万吨，比上年减少 519 万吨，其中谷物产量为56 518 万吨。谷物净进口量 2 136.1 万吨，自给率为 96.4%，比上年提高 1.7 个百分点。

（二）影响因素

2016 年全球经济复苏低迷，国际市场大宗农产品供应充足，需求明显不振，价格仍低位徘徊。尽管国内农业生产成本刚性增长，但在国际大宗农产品价格普遍低迷形势下，国家对当年生产的小麦、中晚籼稻、粳稻最低收购价保持 2015 年水平不变，早籼稻比 2015 年每 50 千克下调 2 元。玉米则实施“价补分离”改革政策，使得国内价格大幅下降。在政策引导下，加上人民币持续贬值、海运费大幅反弹，提高了进口成本，尽管国际市场价格仍低迷下行，但内外价差有所缩减，谷物进口整体减少。

1. 玉米、大麦、高粱作为饲料粮进口税后价格与国内玉米价差明显缩小，进口大幅下降

2016 年，国家实施“价补分离”的支持政策改革使得国内玉米价格继续下行，国内市场玉米价格与大麦进口到岸税后价基本持平，与高粱进口到岸税后价价差由上年平均 200 元左右缩至不足 100 元，与配额内玉米到岸税后价价差也由上年平均 500 元左右降至 200 元左右。进口玉米及替代品价格与国内市场玉米价差缩小，进口大幅下降。另外，2016 年 1 月商务部对干玉米酒糟（DDGs）“双反”立案调查，全年进口减半。

2. 玉米国内市场供应充足、需求相对平稳

2015/2016 年度，因玉米饲料和加工消费增加，消费量增加了 700 万～1 000 万吨，但拍卖库存玉米 2 000 多万吨。在国内玉米供给量增加库存仍维持高位的背景下，抑制了进口。

棉花

（一）贸易概况

2016 年，棉花进口连续第 4 年下降。全年棉花进口 124 万吨，比上年下降 29.5%；进口额 17.8 亿美元，下降 34.7%，进口量额均为 13 年来最低。出口 8 285.4 吨，下降 72.1%；出口额 1 589 万美元，下降 68%。贸易逆差 17.6 亿美元，减少 34%。

1. 产品结构

棉花贸易的主要产品是原棉（也被称为“未梳棉”）。原棉进口 89.7 万吨，比上年下降 39.1%，占棉花进口总量的 72.3%，比上年降低 11.4 个百分点；出口 7 738 吨，比上年下降 73.2%，占出口总量的 93.4%，比上年降低 3.8 个百分点。其他棉花进口 34.2 万吨，增长 20.4%。

2. 贸易区域

进口来源地。依据进口量排序，美国、

① 自给率：按当年生产总量/表观消费量（当年生产总量＋当年净进口量）×100%计算。下同。

澳大利亚、印度、乌兹别克斯坦和巴西为中国棉花的前五大进口来源地，合计占中国棉花进口总量的75%，比上年降低7.5个百分点。从美国进口27.1万吨，较上年下降49%，仍为中国第一大进口来源地；从澳大利亚进口21.8万吨，比上年下降13.3%，取代印度成为中国第二大进口来源地；从印度进口20.1万吨，下降42.1%，为第三大进口来源地（表12）。

表 12　2016 年中国棉花主要进口来源地

单位：万吨、亿美元、%

进口来源地	进口量	比上年增长	进口额	比上年增长	占棉花总进口比重	
					进口量	进口额
美国	27.1	−49.0	5.1	−48.1	21.8	28.9
澳大利亚	21.8	−13.3	3.8	−18.7	17.6	21.5
印度	20.1	−42.1	2.4	−41.6	16.2	13.4
乌兹别克斯坦	15.4	−12.5	1.8	−37.5	12.4	10.1
巴西	8.6	−40.9	1.3	−42.7	7.0	7.3

出口市场。中国棉花主要出口市场是周边国家，依次分别为朝鲜、印度尼西亚、孟加拉国、越南和印度。其中，对朝鲜出口2 212吨，比上年增长33.2%；对印度尼西亚出口1 260吨，下降63.1%；对孟加拉国出口1 012吨，增长8.4%。

3. 贸易方式

2016年中国棉花进口方式以一般贸易和进料加工为主。一般贸易进口47.6万吨，比上年下降20%，占进口总量的38.4%；进料加工进口36万吨，下降15%，占29%；保税区仓储转口货物进口26.9万吨，下降47.8%（表13）。

棉花出口方式：60.6%为保税区仓储转口货物。

表 13　2016 年中国棉花进口主要贸易方式

单位：万吨、亿美元、%

进口市场	进口量	比上年增长	进口额	比上年增长
贸易方式合计	124.0	−29.5	17.8	−34.7
一般贸易	47.6	−20.0	4.7	−33.4
进料加工	36.0	−15.0	6.4	−16.4
保税区仓储转口货物	26.9	−47.8	4.3	−49.8
保税仓库进出境货物	13.2	−40.5	2.4	−39.1

4. 价格变动

根据 Cotlook 棉价指数①，2016 年国际棉价总体高于 2015 年，上涨 5.4%。全年国际棉价先跌后涨再跌，波动上升：1—3 月，棉价连续下跌，由 1 月的每磅 68.8 美分下跌至 3 月的 65.5 美分；4—7 月，棉价回升，由 4 月的 69.3 美分，上涨至 7 月的全年最高价 81.1 美分；8—12 月，棉价波动下跌，由 8 月的 80.3 美分，跌至 12 月的 79.5 美分。

2016 年，中国棉花年平均进口价格为每吨 1 434 美元，比上年下跌 7.3%。以一般贸易方式进口的棉花年平均价为每吨 992 美元，比上年下跌 16.8%；但月度价格全年波动走高，1 月份由于棉短绒进口量占棉花进口总量的 71.2%，拉低了棉花进口价格，达全年最低值每吨 687 美元，此后波动上涨至 12 月的全年最高价 1 257 美元。

2016 年中国原棉年平均进口均价为每吨 1 746美元，与上年基本持平。从月度走势看，全年小幅振荡上行，5 月为全年最低点每吨 1 643美元；9 月涨至全年最高点1 908美元。全年国际棉价平均低于原棉进口均价（7 月除外）。

2016 年国内外棉花差价继续缩小。全年 FC IndexM 折 1%关税虽然仍低于 CN Cotton B，但两者差价大幅缩小（图 12）。

2016 年，中国棉花平均出口价格为每吨 1 918 美元，比上年上涨 14.7%。

5. 自给率变动

2016 年全国棉花产量 530 万吨，比 2015 年减产 30.3 万吨，下降 5.4%。当年棉花净进口 123.2 万吨，自给率为 81.1%，较上年提高 4.2 个百分点。

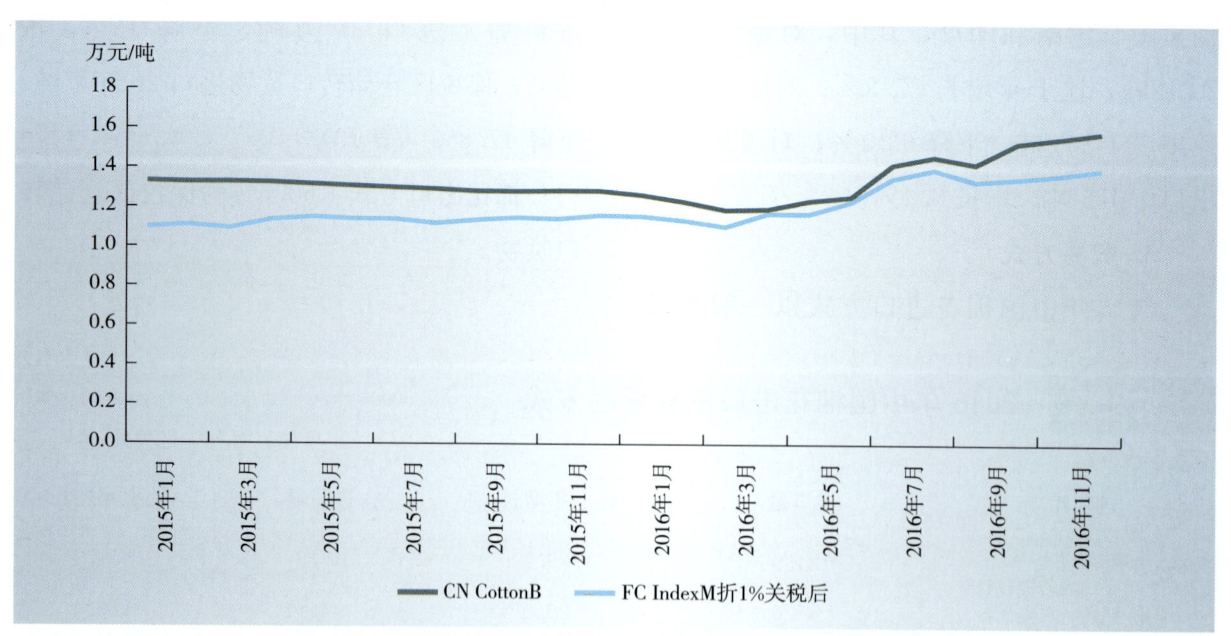

图 12　2015—2016 年进口棉花和国内棉花价格比较

① 这里采集的是 Cotlook A（FE）指数。该指数基准质量标准是 M 级 1－3/32 英寸（相当于中国 3 级，28 毫米长度），CNF 价格，但以远东口岸为到港目的地。FE 指数是同一等级的 19 个棉花品种中，5 个最低报价的平均值。

（二）影响因素

1. 棉花库存充裕，停发滑准税配额和目标价格继续实施，导致内外差价缩小

虽然中国棉花种植面积连续5年下降，但是棉花库存仍然充裕。根据国家棉花市场监测系统数据，2016年度库存消费比仍高达136%，能够满足国内纺织企业的棉花需求。国家在关税配额之外不发放滑准税进口配额，供需缺口由储备棉弥补。充足的供应和目标价格的继续实施，缩小了国内外棉花价差，导致全年国内棉花平均价格低于配额外进口棉花到岸税后价，减少了棉花进口。

2. 棉纱对棉花进口的替代作用仍明显

2016年进口棉纱价格优势减弱，棉纱进口量比上年下降16.1%至196.8万吨，但进口绝对量远高于棉花，下降幅度也低于棉花，对棉花进口的替代作用仍然明显。

食用油籽

（一）贸易概况

2016年，食用油籽进口量8 952.9万吨，比上年增加195.8万吨，增长2.2%。其中大豆、芝麻、亚麻籽、花生和葵花籽进口量增加，油菜籽进口量下降。出口食用油籽87.4万吨，比上年增加3.2万吨，增长3.8%。其中花生、大豆和芝麻出口下降，葵花籽出口增加。受国际市场走势影响，食用油籽进出口价格均下跌。食用油籽进口额370.4亿美元，下降3.5%；出口额14.2亿美元，下降3%。食用油籽进口额占农产品进口总额的33.2%，较上年提高0.4个百分点，是中国最主要的进口农产品。贸易逆差356.2亿美元，比上年缩小3.5%。

1. 产品结构

2016年，主要进口产品有大豆、油菜籽、芝麻、亚麻籽和花生，主要出口产品有花生、葵花籽、大豆和芝麻。

（1）主要进口产品

食用油籽进口中，大豆比重超过90%。大豆进口量增额减，油菜籽进口量额双降，芝麻进口量增额减，亚麻籽、花生进口量额齐增（表14）。

表14 2016年中国进口食用油籽产品结构

单位：万吨、亿美元、%

产 品	进口量	比上年增长	进口额	比上年增长	占食用油籽进口比重	
					进口量	进口额
大 豆	8 391.3	2.7	339.8	−2.4	93.7	91.8
油菜籽	356.6	−20.2	14.9	−27.1	4.0	4.0
芝 麻	93.2	15.7	9.6	−14.7	1.0	2.6
亚麻籽	47.5	31.8	2.1	0.8	0.5	0.6
花 生	45.9	239.7	3.3	153.4	0.5	0.9

（2）主要出口产品

食用油籽出口以花生和葵花籽为主。花生出口量额双降，出口量比重接近50%。葵花籽出口量额齐增，出口量比重占33.9%。大豆、芝麻出口量额双降（表15）。

2. 贸易区域

（1）进口来源地

中国食用油籽进口来源地较为集中。大豆主要从巴西、美国和阿根廷3国进口，合计占大豆进口总量的95.8%。油菜籽主要从加拿大和澳大利亚进口。芝麻进口主要来自非洲国家（表16）。

（2）出口市场

中国食用油籽的出口市场规模较小，且去向分散（表17）。

表15　2016年中国出口食用油籽产品结构

单位：万吨、亿美元、%

产　品	出口量	比上年增长	出口额	比上年增长	占食用油籽出口比重	
					出口量	出口额
花　生	41.2	−0.1	8.1	−3.2	47.2	56.9
葵花籽	29.6	17.4	4.3	6.6	33.9	30.4
大　豆	12.8	−4.3	1.1	−12.9	14.7	7.7
芝　麻	3.0	−13.9	0.6	−26.4	3.4	4.3

表16　2016年中国食用油籽进口来源地

单位：万吨、亿美元、%

产　品	来源地	进口量	比上年增长	进口额	比上年增长
大　豆	合　计	8 391.3	2.7	339.8	−2.4
	巴　西	3 820.5	−4.7	155.5	−8.0
	美　国	3 417.1	20.3	137.7	10.7
	阿根廷	801.4	−15.1	32.3	−17.6
油菜籽	合　计	356.6	−20.2	14.9	−27.1
	加拿大	343.8	−11.8	14.4	−18.7
	澳大利亚	6.3	−86.6	0.3	−88.0
芝　麻	合　计	93.2	15.7	9.6	−14.7
	埃塞俄比亚	30.4	62.4	3.3	16.3
	尼日尔	12.9	51.5	1.2	2.9
	苏　丹	11.4	23.4	1.2	−17.5

表 17 2016 年中国食用油籽出口市场

单位：万吨、万美元、%

产 品	出口市场	出口量	比上年增长	出口额	比上年增长
花 生	合 计	41.2	−0.1	8.1	−3.2
	日 本	6.1	−0.1	1.3	−1.8
	韩 国	2.9	−0.1	0.5	−5.1
	西班牙	2.8	17.3	0.5	10.8
	荷 兰	2.5	36.6	0.4	26.4
	泰 国	2.2	24.7	0.4	26.6
葵花籽	合 计	29.6	17.4	4.3	6.6
	伊 朗	11.4	49.4	1.6	39.3
	埃 及	4.7	−13.2	0.6	−22.5
	伊拉克	4.3	36.5	0.6	29.3
	越 南	2.1	4.7	0.5	−15.5
	缅 甸	0.9	−6.5	0.1	−14.2
大 豆	合 计	12.8	−4.3	1.1	−12.9
	韩 国	3.5	29.3	0.3	11.0
	美 国	3.0	−30.4	0.2	−37.9
	日 本	2.9	−12.4	0.3	−18.8
	意大利	1.2	157.6	0.1	136.5
	中国台湾	0.5	33.8	0.1	−0.3

3. 贸易方式

食用油籽进出口贸易方式中，一般贸易占95%左右。2016 年一般贸易方式进口量增额减，进料加工和保税仓库进出境货物两种方式的进口增长较快（表 18）。

4. 价格变动

进口价格。一般贸易方式下，食用油籽进口价格比上年下跌 5%，其中葵花籽、芝麻、花生进口价格跌幅均超过 20%。从月度价格变化看，12 月大豆进口价格最高，为每吨 437 美元，比 3 月（年内最低价）高 62 美元，波动幅度为 16.4%。

出口价格。一般贸易方式下，食用油籽平均出口价格比上年下跌 5.1%。大豆、油菜籽、芝麻、花生、葵花籽出口价格均下降，油菜籽价格下跌幅度最大（表 19、图 13）。

表 18 2016 年中国食用油籽进口主要贸易方式

单位：万吨、亿美元、%

贸易方式	进口量	比上年增长	进口额	比上年增长	占进口总额比重
一般贸易	8 297.5	0.6	345.9	−4.4	93.4
进料加工	237.4	15.7	10.0	12.7	2.7
保税仓库进出境货物	168.8	40.2	6.9	36.2	1.9

表 19 2016 年中国主要食用油籽品种进出口价格

单位：美元/吨、%

产　品	进口平均价格	比上年上涨	出口平均价格	比上年上涨
大　豆	408	−4.4	884	−6.8
油菜籽	420	−8.8	915	−77.6
芝　麻	1 024	−26.3	2 284	−12.3
花　生	707	−24.5	1 972	−2.6
葵花籽	628	−71.0	1 461	−8.2

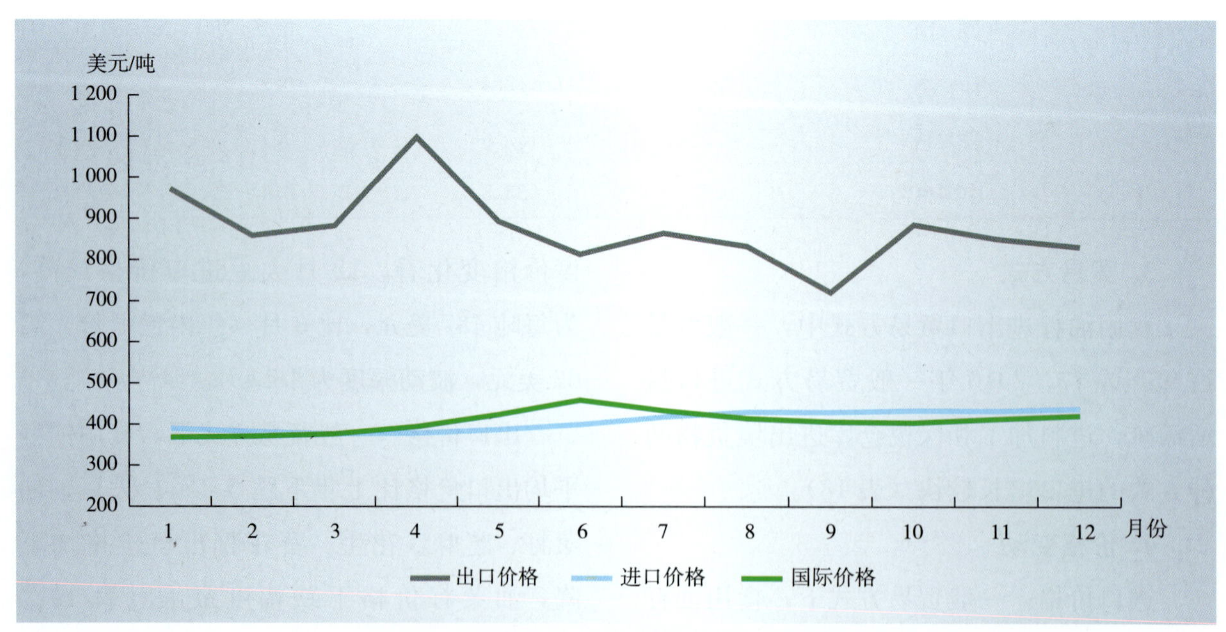

图 13　2016 年大豆月度进出口价格比较

数据来源：国际价格来源于世界银行商品数据库，进出口价格根据中国海关数据计算。

5. 自给率变动

2016 年全国含大豆在内的食用油料总产量 4 923 万吨，比上年增产 4.4%。全年含大豆在内的食用油籽净进口 8 865.5 万吨，中国食用油籽自给率为 35.7%，比上年提高 6.7 个百分点，其中大豆自给率只有 13.4%。

（二）影响因素

1. 大豆需求继续扩大，国产大豆增产和价格竞争力提升使进口增速放缓

2016 年大豆进口量又创新高，但增速从上年的 14.4%降到 2.7%。本年度全球大豆总产量处于高位、供给宽松，价格较低，国内对进口大豆的需求继续扩大。国内玉米价格政策改革导致玉米种植面积大幅度减少，国产大豆种植面积恢复性增长，2016 年大豆产量比上年增加 115 万吨。目标价格的继续实施使国产大豆价格向国际价格接近，提高了国产大豆价格竞争力，抵消了一部分进口大豆，降低了大豆进口增长速度。

2. 进口油菜籽加工效益不佳和强化对油菜籽进口的杂质控制抵制了进口

2016 年主要出口国油菜籽减产，供应量下降，制约了油菜籽进口。2016 年国内进口油菜籽加工效益不佳，多数时候处于亏损状态，加之菜粕需求总体不佳，抑制了加工企业进口需求。另外，中国加强了对加拿大油菜籽进口船货的杂质控制，使采购加拿大油菜籽的速度放慢。

食用植物油

（一）贸易概况

2016 年，中国食用植物油进出口均呈量额双降。分品种看，仅葵花油和红花油进口量额双增。全年进口食用植物油 688.4 万吨，比上年减少 150.7 万吨，下降 18%；进口额 50.5 亿美元，下降 15.6%。净进口食用植物油 676.9 万吨，下降 18%；贸易逆差 48.9 亿美元，下降 15.5%。

1. 产品结构

（1）主要进口产品

进口的主要食用植物油产品是棕榈油、葵花油和红花油、菜籽油和豆油，四者进口量合计占中国食用植物油进口总量的 97.2%（表 20）。

表 20　2016 年中国进口食用植物油产品结构

单位：万吨、亿美元、%

产　品	进口量	比上年增长	进口额	比上年增长	占食用植物油进口比重	
					进口量	进口额
棕榈油	447.8	-24.2	28.7	-22.7	65.1	56.7
葵花油和红花油	95.7	46.9	8.3	39.9	13.9	16.3
菜籽油	70.0	-14.1	5.2	-20.3	10.2	10.4
豆　油	56.0	-31.5	4.5	-30.0	8.1	8.9

（2）主要出口产品

主要出口产品是豆油、花生油、棕榈油和菜籽油，合计占中国食用植物油出口总量的88.9%。豆油出口量8.1万吨，比上年下降22.6%，占食用植物油出口总量的70.3%；出口额8 913.7万美元，下降28%，占出口总额的56.5%。

2. 贸易区域

（1）进口来源地

中国食用植物油进口较为集中，进口来源地按进口量大小依次为印度尼西亚、马来西亚、乌克兰、加拿大、巴西和俄罗斯。从品种看，棕榈油来自印度尼西亚和马来西亚，菜籽油主要来自加拿大，豆油基本来自巴西、美国和乌克兰，葵花油和红花油基本来自乌克兰、俄罗斯和阿根廷（表21）。

表21　2016年中国食用植物油进口来源地

单位：万吨、亿美元、%

产　品	来源地	进口量	比上年增长	进口额	比上年增长
棕榈油	合　计	447.8	−24.2	28.7	−22.7
	印度尼西亚	264.4	−23.3	16.7	−21.9
	马来西亚	182.9	−25.4	11.9	−23.6
葵花油和红花油	合　计	95.7	46.9	8.3	39.9
	乌克兰	70.6	20.7	6.0	16.1
	俄罗斯	13.7	361.0	1.2	311.7
	阿根廷	9.4	398.2	0.8	306.3
菜籽油	合　计	70.0	−14.1	5.2	−20.3
	加拿大	60.2	8.8	4.4	1.6
	澳大利亚	3.0	−33.4	0.3	−32.9
	法　国	2.2	6 630.4	0.2	3 831.5
豆　油	合　计	56.0	−31.5	4.5	−30.0
	巴　西	28.8	51.3	2.2	50.6
	美　国	11.0	62 544.0	0.9	20 005.2
	乌克兰	7.5	13.2	0.6	5.4

（2）出口市场

中国食用植物油出口量较小，出口市场主要在亚洲，前五大市场依次为朝鲜、中国香港、新加坡、蒙古和韩国。对朝鲜出口豆油6.5万吨，比上年下降21.6%，占豆油出口总量的80.4%；对中国香港出口花生油6 901.4吨，下降2.8%，占花生油出口总量的73.3%。

3. 贸易方式

食用植物油进口历来以一般贸易方式为主，2016年一般贸易方式的进口比重占到82.5%（表22）。

4. 价格变动

2016年，全球植物油价格上涨，中国进口的食用油中，葵花油和红花油进口价格与菜籽油进口价格下跌幅度、棉籽油价格上涨幅度最大，棕榈油、豆油和花生油的进口价格涨幅低于5%。

全年来看进口量最大的棕榈油进口价格2016年11月最高，为每吨692美元，比年内最低的1月份每吨高148美元，波动幅度为27.1%，低于上年的28.9%（表23、图14）。

表22 2016年中国食用植物油进口主要贸易方式

单位：万吨、亿美元、%

贸易方式	进口量	比上年增长	进口额	比上年增长	占进口总额比重
一般贸易	570.0	−14.8	41.7	−12.6	82.5
保税区仓储转口货物	85.0	−34.4	6.4	−31.8	12.7
保税仓库进出境货物	20.9	−34.1	1.4	−29.0	2.9

表23 2016年中国主要食用植物油进出口价格

单位：美元/吨、%

产　品	进口平均价格	比上年上涨	出口平均价格	比上年上涨
棕榈油	638	2.2	1 054	−13.4
豆　油	814	2.5	1 230	−9.8
菜籽油	745	−7.5	1 000	−65.5
花生油	1 370	3.9	2 416	−3.4

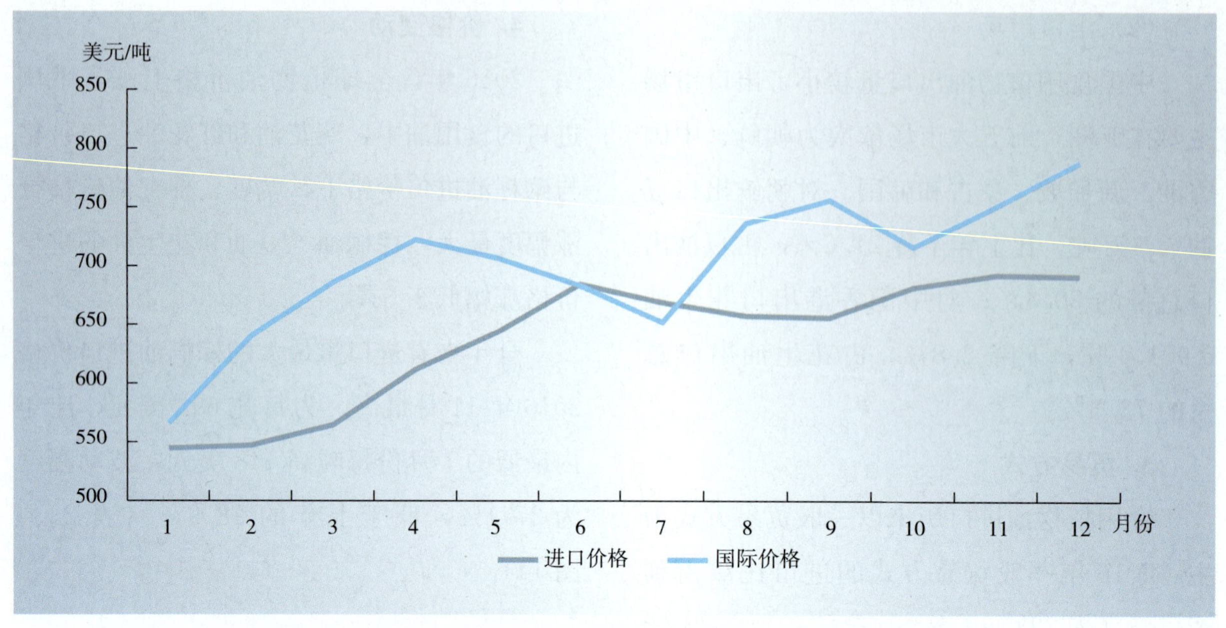

图 14　2016 年中国棕榈油月度进口价格与国际价格比较

数据来源：国际价格来自世界银行商品数据库。进口价格根据中国海关数据计算。

（二）影响因素

1. 豆油国内供应充足，抑制了豆油进口

2016 年国内大豆产量和进口量双增，大豆压榨量高位增长，国内豆油供应充足，导致豆油进口量下降。

2. 厄尔尼诺推高棕榈油价格，进口利润不佳

由于国内豆油库存充裕，贸易商对采购棕榈油较为谨慎。受厄尔尼诺现象影响天气干燥，降低了棕榈油单产和总产量，产地价格提高。从 4 月起，马来西亚恢复征收棕榈油出口关税，4、5 月两个月出口环比下降 10%～13%。进口利润下降，棕榈油采购量和到港量均减少。

3. 国家低价抛售临储菜籽油，减缓菜籽油进口

2016 年 1 月，国家开始抛售临储菜籽油。与往年不同的是，起拍价格比此前的抛储价低，成交比例大大提高。仅上半年就销售了 280 万吨库存菜籽油，减缓了菜籽油进口。

食糖

（一）贸易概况

2016 年，中国食糖[①]进口下降，出口增加。其中，进口量 306.2 万吨，下降 36.8%，进口额 11.7 亿美元，下降 34%；出口量 14.9 万吨，增长 98.8%，出口额 8 318.1万美元，增长 78.6%。

① 包括未加香料或着色剂的非离心甘蔗糖，未加香料或着色剂的甘蔗原糖，加香料或色料的甘蔗糖，甜菜糖及化学纯蔗糖，绵白糖，未加香料或着色剂的其他甘蔗糖，砂糖，未加香料或着色剂的甜菜原糖，未列名精制糖。

1. 产品结构

进口食糖主要是原糖（未加香料或着色剂的其他甘蔗糖）和砂糖，进口量分别为261.9万吨和38.7万吨，分别占中国食糖进口总量的85.5%和12.6%，与上年相比，进口量分别下降36.7%和43.2%。其他食糖产品中，非离心甘蔗糖、甜菜原糖、加香料或色料的甘蔗糖、未列名精制糖和绵白糖进口增幅明显。

出口食糖主要是未列名精制糖、砂糖和绵白糖，出口量分别为8.2万吨、5.5万吨和7 307吨，分别占食糖出口总量的54.9%、37%和4.9%，与上年相比，分别增长49.2%、2.4倍和49.6倍（表24）。

2. 贸易区域

2016年，中国食糖前五位进口来源地分别是巴西、古巴、澳大利亚、韩国和泰国。其中，巴西仍为中国食糖进口第一大来源国，进口量为198.9万吨，占中国食糖进口量的65%。与上年相比，从巴西、古巴、澳大利亚和泰国的食糖进口量下降，从韩国进口量增长（表25）。

表24 2016年中国食糖贸易情况

单位：万吨、亿美元、%

产品	进口量	出口量	净进口量	净进口量比上年增长	进口额	出口额	净进口额	净进口额比上年增长
食糖	306.2	14.9	291.3	−185.8	11.7	0.8	10.9	−6.4
原糖	261.9	0.4	261.4	−151.7	9.5	0.04	9.4	−5.1
砂糖	38.7	5.5	33.2	−33.4	1.9	0.26	1.7	−1.2
未列名精制糖	4.9	8.2	−3.3	−0.8	0.2	0.5	−0.2	−0.05

表25 2016年中国食糖主要进口来源地

单位：万吨、亿美元、%

主要进口来源地	进口量	进口量比上年增长	进口量占进口总量的比重	进口额	进口额比上年增长	进口额占进口总额的比重
巴　西	198.9	−27.5	65.0	7.0	−25.3	60.2
古　巴	43.7	−16.2	14.3	1.8	−17.9	15.0
澳大利亚	19.7	−44.3	6.4	0.7	−42.0	6.0
韩　国	19.6	4.4	6.4	1.0	7.4	8.8
泰　国	18.0	−70.2	5.9	0.9	−62.3	7.6

2016年，中国食糖前五位出口市场为菲律宾、蒙古、中国香港、韩国和日本，出口量分别为6.3万吨、3.3万吨、2.4万吨、0.8万吨和0.4万吨；与上年相比，分别增加1倍、28.5倍、10.9%、7 913倍和15.5%。

3. 贸易方式

2016年，中国食糖进口以一般贸易方式和保税仓库进出境货物为主，分别占食糖进口总量的71.7%和20.2%。出口以保税区仓储转口货物和进料加工为主，分别占食糖出口总量的69.4%和14.2%（表26）。

4. 价格变动

2016年，全球食糖供需形势趋紧，从2月的每吨293美元开始快速上升，至10月份增长到每吨490美元，为2012年8月以来最高。之后受食糖产量提高影响，食糖价格回落，至12月世界食糖价格下跌至每吨408美元（图15）。

表26 2016年中国食糖主要贸易方式

单位：万吨、万美元

贸易方式	进口量	进口额	出口量	出口额
一般贸易	219.4	81 384.7	1.2	1 436.6
保税仓库进出境货物	61.9	23 063.7	0.2	102.0
进料加工	13.7	7 484.5	2.1	1 435.4
保税区仓储转口货物	10.0	4 598.9	10.3	4 739.3
来料加工装配贸易	1.2	518.0	1.1	604.2

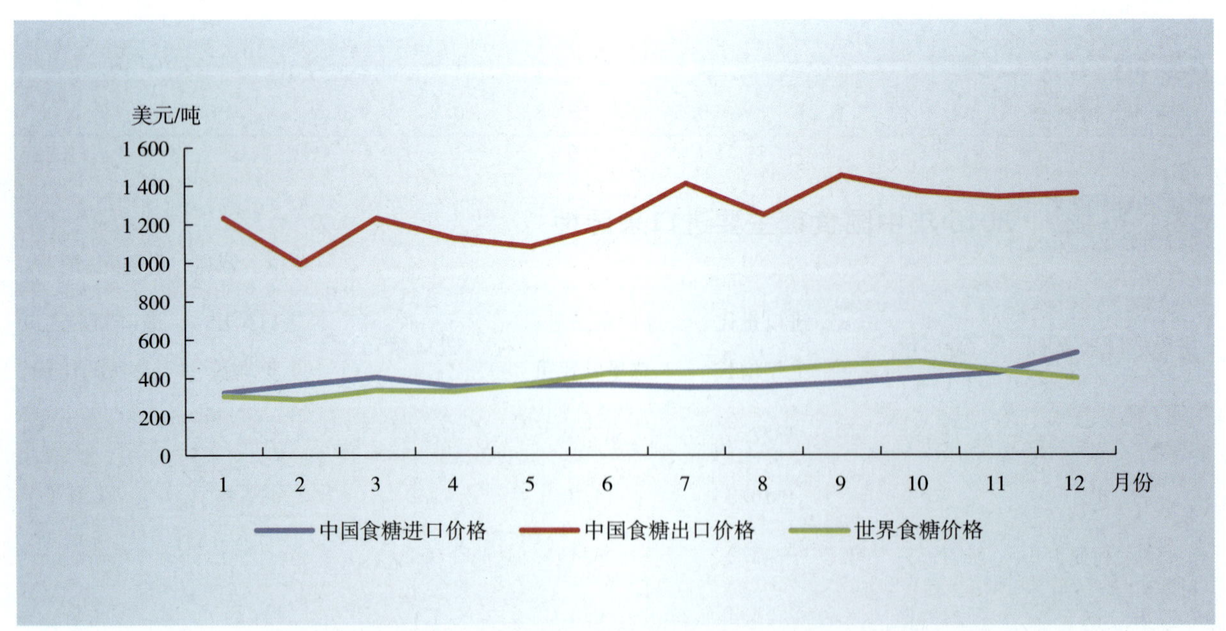

图15 2016年中国食糖一般贸易方式月度进出口价格与世界食糖价格比较

数据来源：世界食糖价格来源于FAO商品价格数据库。

一般贸易方式下中国进口食糖的月度平均价格呈上升趋势，1月份最低，为每吨326美元，12月份最高，为536美元。全年进口食糖平均价格为每吨371美元，比上年下跌1.6%。

5. 自给率变动

受上年甘蔗收购价格连续下降、不利天气等因素影响，糖农种植积极性不高，2016年国内糖料种植面积下降至169.62万公顷，比上年减少4.03万公顷，下降的主要是甘蔗。根据国家统计局统计公报数据，2016年中国成品糖产量为1 443.3万吨，比上年下降2.1%。全年净进口量291.3万吨，食糖自给率为83.2%，比上年提高7.7个百分点。

（二）影响因素

1. 全球食糖价格呈上涨趋势，国内外价差明显缩小

2016年，全球气候进入厄尔尼诺与拉尼娜交接期，气候复杂多变，主产国甘蔗种植受异常降雨量和温度影响导致产量预期下降，国内外食糖价格大幅上涨。12月，国内食糖价格每吨6 858元，比1月上涨28.6%；配额内巴西糖进口税后价每吨4 995元，比1月上涨29.2%。由于国际价格增速高于国内，国内外食糖价差缩小。2月的配额内巴西糖进口税后价与国内食糖价差为每吨1 718元，10月下降至661元，进口食糖利润下降，国内外高价差驱动力减弱。

2. 一般保障措施预期产生影响，减缓进口速度

2011年以来，中国食糖进口量急剧增长，对国内食糖产业造成冲击。2016年，中国一方面继续对食糖进行自动进口许可管理，另一方面根据广西糖业协会申请，商务部决定自9月22日起对2011年1月1日至2016年3月31日期间进口食糖进行保障措施立案调查。该举措对后期食糖价格预期产生影响，在一定程度上放缓了进口速度。

蔬菜

（一）贸易概况

2016年，中国蔬菜贸易量减额增、顺差增长，贸易额再创历史新高，出口价格有所提高。全年出口额147.2亿美元，比上年增长11%，出口额占全国农产品出口总额的20.2%，比上年提高1.4个百分点；出口量1 009.8万吨，比上年下降0.8%。进口额5.3亿美元，下降2%；进口量24.9万吨，增长2%。贸易顺差141.9亿美元，扩大11.5%，为第一大顺差农产品。

1. 产品结构

（1）出口产品

种类结构方面，2016年蔬菜出口继续以鲜冷冻蔬菜和加工保藏蔬菜为主，两者合计占蔬菜出口总额的73.8%，比上年降低1个百分点；干蔬菜占蔬菜出口总额的25.3%，比上年提高1.5个百分点。与上年相比，鲜冷冻蔬菜量减额增，加工保藏蔬菜量增额减，干蔬菜量额同增。其中，鲜冷冻蔬菜出口额 64.2 亿美元，比上年增长 18.9%，占出口总额比重为 43.6%，比上年提高 2.9 个百分点；加工保藏蔬菜出口额 44.4 亿美元，下降 1.8%，占出口总额的 30.2%，降低 3.9 个百分点；干蔬菜出口量比上年增加 14.9%，出口额增长 17.8%，出口额占总额比重继续增加（表 27）。

按照出口额排序，2016 年前十大出口蔬菜产品依次是大蒜、蘑菇、番茄、木耳、辣椒、洋葱、生姜、胡萝卜及萝卜、竹笋、马铃薯。中国蔬菜出口产品集中度依然较高，前十大产品出口额合计 98.5 亿美元，占蔬菜出口总额的 66.9%；出口量合计 619.5 万吨，占蔬菜出口总量的 61.3%。其中，蘑菇、辣椒、胡萝卜及萝卜、竹笋出口呈量额齐增，番茄、木耳、洋葱量额齐跌，大蒜、辣椒出口额增幅较大（表 28）。

表 27　2016 年中国蔬菜进出口情况

单位：万吨、亿美元、%

产　品	出　口				进　口			
	出口量	比上年增长	出口额	比上年增长	进口量	比上年增长	进口额	比上年增长
蔬菜	1 009.8	−0.8	147.2	11.0	24.9	2.0	5.3	−2.0
鲜冷冻蔬菜	628.9	−3.7	64.2	18.9	3.9	49.6	0.3	6.5
加工保藏蔬菜	326.7	2.7	44.4	−1.8	18.3	−2.9	2.3	0.1
干蔬菜	53.2	14.9	37.2	17.8	0.8	3.4	0.6	−1.3

表 28　2016 年中国蔬菜出口额居前十位的产品

单位：亿美元、万吨、%

产　品	出口额	比上年增长	占出口总额比重	出口量	比上年增长
大蒜（鲜冷、干、加工）	35.5	49.3	24.1	173.9	−11.4
蘑菇（鲜冷、干、加工）	23.7	8.5	16.1	43.2	5.7
番茄（鲜冷、加工）	9.3	−15.3	6.3	117.1	−3.6
木耳	7.0	−6.3	4.8	4.2	−1.7
辣椒（鲜冷、干）	5.1	36.6	3.5	26.9	31.8
洋葱（鲜冷、干）	4.6	−7.4	3.1	70.1	−19.1
生姜	3.7	−17.5	2.5	53.8	27.4
胡萝卜及萝卜	3.5	9.6	2.4	70.6	8.1
竹笋（鲜冷、干、加工）	3.4	7.6	2.3	16.0	0.7
马铃薯（鲜冷、干、加工）	2.7	−3.7	1.8	43.7	1.3

（2）进口产品

蔬菜进口量增额减。2016年蔬菜进口额5.3亿美元，比上年下降2%。鲜冷冻蔬菜进口量额双增，分别为3.9万吨和3 372.1万美元，分别比上年增长49.6%和6.5%，进口额占蔬菜进口总额的6.3%。加工保藏蔬菜进口量18.3万吨，比上年略下降2.9%；进口额2.3亿美元，与上年基本持平，进口额占蔬菜进口总额的44.2%。干蔬菜进口量增额减，分别比上年增长3.4%、下降1.3%。按照进口额排序，2016年进口额超过1 000万美元的蔬菜产品依次是蔬菜种子、马铃薯、胡椒、番茄、甜玉米和豌豆。其中蔬菜种子进口额2亿美元，比上年下降5.7%；马铃薯进口额1.8亿美元，增长0.9%。主要进口品种的进口额下降。

2. 贸易区域

（1）出口市场

2016年蔬菜传统出口市场继续保持稳定，前十大出口市场较上年依然保持不变。按照出口额排序，居出口市场前十位的国家（地区）依次是：日本、越南、中国香港、韩国、美国、马来西亚、印度尼西亚、泰国、俄罗斯和荷兰。日本仍为中国蔬菜最大的出口市场，出口量额较上年基本保持不变；对俄罗斯出口继续下降，出口额和出口量较上年分别下降11.8%和5.8%。其余市场出口额均较上年有所增长。其中对中国香港、美国、泰国出口额增幅超过20%。总体来看，前十大市场出口合计量额齐增，出口集中度较上年继续提高（表29）。

表29　2016中国蔬菜主要出口市场

单位：亿美元、万吨、%

国家（地区）	出口额	比上年增长	占出口总额比重	出口量	比上年增长
日　本	21.7	−0.2	14.7	139.3	0.7
越　南	16.5	6.9	11.2	83.8	17.8
中国香港	15.6	37.8	10.6	90.4	2.6
韩　国	12.3	18.6	8.4	101.1	−2.1
美　国	10.7	21.5	7.3	45.4	−0.2
马来西亚	8.8	1.4	6.0	76.7	−2.1
印度尼西亚	7.6	49.8	5.2	51.8	−7.4
泰　国	5.7	−11.8	3.9	37.6	−5.8
俄罗斯	5.6	5.2	3.8	55.1	−16.0
荷　兰	2.6	16.3	1.8	13.6	6.6
合　计	107.2	12.2	72.8	694.9	0.6

(2) 进口来源地

蔬菜进口来源地依然集中。2016 年从美国进口 1.7 亿美元，比上年下降 12.6%，占进口总额比重降至 33%。此外，来自日本、泰国、意大利、马来西亚和加拿大的蔬菜进口额均超过 2 000 万美元。

3. 贸易方式

2016 年蔬菜出口贸易方式仍然以一般贸易为主，占出口总额的 90%以上。与 2015 年相比，一般贸易出口额增长 12.5%，占蔬菜出口总额比重较上年提高 5.7 个百分点；边境小额贸易方式出口额增长 4%，所占比重继续保持在 5.5%；进料加工出口继续量额同减；其他贸易方式所占比重较小，占蔬菜出口总额的 1.1%，增幅变化不大（表 30）。

4. 价格变动

全年蔬菜出口平均价格为每吨1 458美元，比上年上涨 11.9%；进口平均价格继续上涨，每吨 2 123 美元，下跌 3.9%。鲜冷冻蔬菜和干蔬菜出口价格分别上涨 23.4%和 2.5%；加工保藏蔬菜出口价格下降 4.4%。主要出口品种中，鲜或冷藏蒜头涨幅最为明显，番茄酱罐头（超过 5 千克和不超过 5 千克）、未磨的姜、干香菇、干木耳价格分别下跌 16.2%、16.9%、36.7%、8.6%和 4.4%（表 31）。

表 30　2016 年中国蔬菜出口贸易的主要方式

单位：亿美元、万吨、%

贸易方式	出口额	比上年增长	占出口总额比重	出口量	比上年增长
一般贸易	136.6	12.5	92.8	917.1	−0.2
边境小额	7.6	4.0	5.1	75.1	−5.4
进料加工	2.3	−8.2	1.6	13.6	−13.9

表 31　2016 年中国部分蔬菜产品出口价格

单位：美元/吨、%

产　　品	出口价格	比上年增长
蔬菜	1 458	11.9
鲜冷冻蔬菜	1 020	23.4
鲜或冷藏的蒜头	1 690	65.4
鲜或冷藏的胡萝卜及萝卜	501	1.4
加工保藏蔬菜	1 360	−4.4
番茄酱罐头（重量超过 5 千克）	839	−14.5
番茄酱罐头（重量不超过 5 千克）	735	−16.9
未磨的姜	647	−36.7
干蔬菜	6 996	2.5
干香菇	16 379	−8.6
干木耳	16 725	−4.4

2016年中国蔬菜月度出口价格波动基本符合常年规律，绝对价格均明显高于上年同期。一般贸易方式下，4月和5月均在每吨1 600美元以上；2月、6月和7月均低于1 400美元。各月度价格均明显高于上年同期，4月份价差最大（图16）。

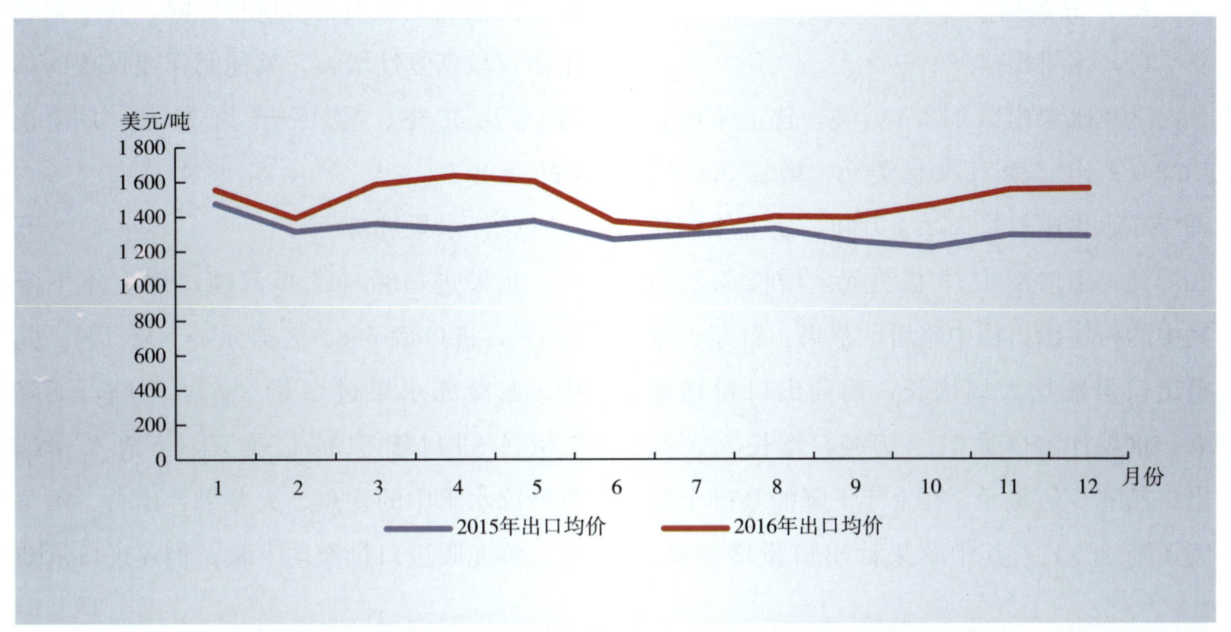

图16 2015—2016年中国蔬菜一般贸易方式出口月度价格比较

（二）影响因素

1. 国内市场供给偏紧对部分蔬菜品种出口产生显著影响

受强降雨和强寒流等恶劣天气影响，国内市场出现阶段性、区域性供给偏紧情况，有些国内外市场联动紧密的品种出现了国内价格和出口价格同步上涨、导致出口量下降的情况。大蒜作为出口额最高的蔬菜产品，超过10%的产量用于出口受国内高蒜价影响，2016年大蒜出口受到一定抑制，出口量比上年下降11.4%；进口明显增加，进口623吨，是上年同期的6.7倍。由于国际市场需求刚性，出口价格的增长推动大蒜出口额增长近50%。

2. 出口价格提高促进了对东盟出口额增长

近年来蔬菜出口主要目标市场和各市场增长形势未发生明显变化，说明蔬菜出口市场格局基本形成。其中对东盟主要国家出口连年增长，东盟已成为中国最大的蔬菜出口市场。对东盟的出口品种主要集中于鲜冷冻蔬菜和干蔬菜。2016年出口价格提升推动了对东盟出口贸易的增长。

水果坚果

（一）贸易概况

2016年，中国水果坚果贸易量额继续增长。全年贸易总量比上年增长3.6%，贸易总额增长0.5%。其中，出口量541.4万吨，增长13.7%，出口额83.3亿美元，增长2%；进口量429.1万吨，下降6.9%，进口额65亿美元，下降1.5%。贸易顺差18.3亿美元，比上年扩大16.7%。

1. 产品结构

（1）水果出口

全年水果出口512.4万吨，比上年增长13.8%；出口额71.4亿美元，增长3.6%。鲜冷冻水果出口量352.4万吨，比上年增长20.8%，出口额48.3亿美元，增长7.2%；其中的柑橘出口稳中略增，苹果、鲜梨、草莓出口量额均大幅增长，葡萄出口量增额减。水果汁出口量57.4万吨，增长5.9%，出口额6.5亿美元，在上年下降的基础上继续下降2.5%；其中苹果汁出口量增额减。水果罐头出口量56万吨，下降3.9%，出口额6.1亿美元，下降4.7%；其中柑橘罐头出口量额略降，桃罐头出口量额均大幅下跌。其他加工水果出口量稳额降，其中葡萄干出口呈恢复性增长，其他制作或保藏的草莓以及红枣、蜜枣出口量额均增长（表32）。

（2）水果进口

水果进口量417.9万吨，比上年下降6.8%；进口额58.1亿美元，下降1%。其中，鲜冷冻水果进口量383.4万吨，下降7.8%；进口额51.6亿美元，下降2.3%。鲜冷冻水果中的香蕉、火龙果、山竹、鲜苹果、鲜龙眼进口量额均下跌，榴莲进口量减

表32 2016年中国主要水果产品出口情况

单位：万吨、亿美元、%

产品		出口量	比上年增长	出口额	比上年增长
鲜冷冻水果	鲜苹果	132.2	58.7	14.5	40.9
	柑橘	93.4	1.5	13.0	3.6
	鲜梨	45.2	21.3	4.9	10.0
	葡萄	25.4	22.3	6.6	−12.9
	草莓	9.2	20.2	1.1	15.8
	鲜桃	7.3	−11.4	1.1	−11.8
水果汁	苹果汁	50.7	6.8	5.5	−2.6
	梨汁	2.8	53.9	0.3	31.8
水果罐头	柑橘罐头	31.0	−2.5	3.2	−1.9
	桃罐头	13.4	−13.5	1.6	−14.6
	梨罐头	5.8	5.0	0.6	−2.8
其他加工水果	葡萄干	2.9	12.8	0.6	9.4
	其他制作或保藏的草莓	1.2	7.1	0.4	21.4
	红枣	1.1	15.2	0.4	5.6
	蜜枣	0.9	18.2	0.2	5.7

额增，葡萄、柑橘、樱桃、猕猴桃进口量额均大幅增加。水果汁进口量额微增，进口量12.2万吨，较上年增长4.1%；进口额2.4亿美元，增长3.9%。水果罐头进口量额齐降，进口量2.8万吨，下降13.1%；进口额3 900.7万美元，下降15.3%。其他加工水果进口量额齐增，进口量19.5万吨，增长10.9%；进口额3.8亿美元，增长19.7%（表33）。

（3）坚果出口

全年坚果出口量29.1万吨，比上年增长12.4%；出口额11.9亿美元，下降6.6%。出口产品主要是瓜子、栗子和松子仁，其中瓜子出口量增额减，栗子出口量稳额增，松子仁出口继续保持增长。

（4）坚果进口

进口量11.2万吨，比上年下降10.6%；进口额6.8亿美元，比上年下降5.2%。进口量排名前三位的产品分别为开心果、夏威夷果和巴旦杏，其中开心果进口猛增，夏威夷果进口量额均大幅下降，巴旦杏进口量增额减（表34）。

表33　2016年中国主要水果产品进口情况

单位：万吨、亿美元、%

产　品		进口量	比上年增长	进口额	比上年增长
鲜冷冻水果	香　蕉	88.7	−17.4	5.9	−24.3
	鲜火龙果	52.3	−35.7	3.8	−42.5
	鲜龙眼	34.8	−1.6	2.7	−21.0
	柑　橘	29.6	37.6	3.5	32.8
	榴　莲	29.2	−2.2	6.9	22.1
	葡　萄	25.2	16.9	6.3	7.4
	猕猴桃	12.6	39.7	3.4	28.6
	樱　桃	10.9	19.3	8.0	18.4
	鲜苹果	6.7	−23.4	1.2	−16.2
	山　竹	6.6	−36.6	1.5	−38.7
水果汁	柑橘汁	6.6	3.0	1.2	−7.3
	葡萄汁	1.4	22.2	0.2	5.9
水果罐头	桃罐头	1.3	−20.8	0.2	−27.6
	菠萝罐头	1.2	−7.2	0.1	−4.0
其他加工水果	制作或保藏的柑橘	4.4	−25.8	0.5	−26.9
	葡萄干	3.7	6.5	0.6	8.2
	龙眼（干、肉）	3.4	108.2	0.6	128.2
	制作或保藏的蔓越橘	1.2	147.6	0.4	113.2

表 34 2016 年中国主要坚果进出口情况

单位：万吨、亿美元、%

出口					进口				
产品	出口量	比上年增长	出口额	比上年增长	产品	进口量	比上年增长	进口额	比上年增长
瓜　子	12.7	22.3	3.8	−17.3	开心果	1.8	62.3	1.2	56.5
栗　子	4.4	−0.3	1.2	3.1	夏威夷果	1.3	−39.3	0.5	−37.5
松子仁	1.4	2.4	2.7	5.4	巴旦杏	1.1	17.5	0.6	−8.4

2. 贸易区域

（1）水果

按照出口额排序，前十大出口市场依次是泰国、越南、美国、日本、俄罗斯、中国香港、马来西亚、菲律宾、印度尼西亚和印度，与上年的主要区别为印度取代了哈萨克斯坦跻身前十。对上述市场的出口额合计54.3亿美元，占出口总额的76.1%。其中，对美国、日本、印度尼西亚出口继续下降，对泰国出口额出现回落，对俄罗斯出口呈恢复性增长，对中国香港、菲律宾、印度出口增幅较大。按照进口额排序，前十大进口来源地依次是智利、泰国、越南、菲律宾、美国、新西兰、澳大利亚、秘鲁、南非和厄瓜多尔，市场构成与上年相同，但排序有所变动，主要表现为智利、澳大利亚等自贸伙伴的位次上升，其中智利超过泰国成为最大的进口来源地。自前十大来源地的进口额合计50.2亿美元，占进口总额的86.3%。自泰国、越南、菲律宾、秘鲁、厄瓜多尔进口下降，自智利、美国、新西兰和澳大利亚进口延续上年增势继续增长（表35）。

按照出口量排序的前十大出口市场与按照出口额排序时略有差异，主要是孟加拉国取代了印度。对前十大出口市场的出口量合计363.2万吨，占出口总量的70.9%。其中，对日本和印度尼西亚出口量下降，其他均增长。按照进口量排序前十大进口来源地与按照进口额排序时在成员构成方面的差异主要是印度尼西亚取代了秘鲁。自前十大来源地的进口量合计363.5万吨，占进口总量87%。其中，自智利、新西兰进口继续大幅增长，自澳大利亚进口增幅超五成，自越南、菲律宾、泰国、印度尼西亚、厄瓜多尔进口出现回落。

（2）坚果

按照出口额排序，前五大出口市场依次为美国、德国、日本、荷兰和韩国，与上年相比主要的变化为韩国取代了澳大利亚。对上述市场的出口额合计5.9亿美元，占出口总额的49.6%。除对韩国出口额呈现增长外，对德国、美国、荷兰均大幅下滑。按照进口额排序，前五大进口来源地依次为美国、蒙古、土耳其、巴基斯坦和朝鲜。其中，除自巴基斯坦进口出现下降外，自其他国家进口均大幅增长，自蒙古和土耳其进口增长尤为迅猛。自前五大来源地的进口额合计4.8亿美元，占进口总额的70.7%（表36）。

表 35 2016 年中国水果前十大出口市场和进口来源地贸易额情况

单位：亿美元、%、万吨

国家（地区）	出口市场				国家（地区）	进口来源地			
	出口额	比上年增长	出口量	比上年增长		进口额	比上年增长	进口量	比上年增长
泰国	10.2	−13.7	55.5	20.6	智利	12.2	23.0	31.3	29.3
越南	8.9	7.4	56.8	7.1	泰国	11.8	−1.0	59.7	−9.3
美国	7.9	−4.1	64.6	1.2	越南	6.3	−30.1	110.4	−18.0
日本	5.2	−6.3	27.9	−5.0	菲律宾	5.3	−13.9	72.4	−8.0
俄罗斯	5.1	13.7	47.1	15.9	美国	4.5	9.4	18.5	4.9
中国香港	5.0	21.4	22.4	3.1	新西兰	3.4	20.3	11.1	20.7
马来西亚	4.6	9.3	25.3	13.2	澳大利亚	2.0	66.2	8.3	55.7
菲律宾	3.0	32.6	21.1	50.8	秘鲁	1.8	−17.9	7.2	−6.3
印度尼西亚	2.6	−12.8	21.9	−0.4	南非	1.7	5.0	14.1	9.0
印度	1.8	160.4	18.1	242.6	厄瓜多尔	1.3	−42.5	17.5	−38.3
合计	54.3	1.9	360.7	10.9	合计	50.2	−1.8	350.5	−8.8

表 36 2016 年中国坚果前十大出口市场和进口来源地贸易额情况

单位：万吨、亿美元、%

出口市场					进口来源地				
国家（地区）	出口额	比上年增长	出口量	比上年增长	国家（地区）	进口额	比上年增长	进口量	比上年增长
美国	1.9	−11.9	3.2	9.9	美国	2.5	18.3	4.2	17.8
德国	1.4	−21.8	2.2	−3.7	蒙古	0.8	101.3	0.6	149.7
日本	1.3	−1.9	2.7	4.6	土耳其	0.5	82.6	0.5	135.3
荷兰	0.9	−16.0	1.9	−4.3	巴基斯坦	0.5	−23.4	0.7	−25.5
韩国	0.5	10.5	2.1	11.3	朝鲜	0.5	17.8	1.1	61.9
中国台湾	0.5	4.4	1.3	13.1	越南	0.4	−17.6	0.4	−32.7
澳大利亚	0.4	−10.0	0.7	4.8	澳大利亚	0.3	−17.0	0.7	−16.1
中国香港	0.4	5.8	0.6	−1.6	俄罗斯	0.3	−58.4	1.0	−43.2
伊朗	0.4	208.4	1.4	320.9	韩国	0.2	64.9	0.7	9.1
泰国	0.4	−8.9	1.4	−1.5	伊朗	0.2	−36.9	0.3	−33.6
合计	8.0	−9.5	17.4	9.0	合计	6.4	0.9	10.3	1.8

按照出口量排序，前五大出口市场依次是美国、日本、德国、韩国和荷兰。对前五大出口市场的出口量合计 12 万吨，占出口总量的 41.4%。按照进口量排序，前五大进口来源地依次是美国、朝鲜、俄罗斯、澳大利亚、韩国。自前五大进口来源地的进口量合计 7.8 万吨，占进口总量的 69.9%（表 36）。

3. 贸易方式

（1）水果

水果出口贸易方式仍以一般贸易、边境小额贸易和进料加工贸易为主，三种贸易方式合计占水果出口总量的 99.2%，占出口总额的 98.5%；水果进口前三大贸易方式分别为一般贸易、边境小额和保税区仓储转口货物，三种贸易方式合计占水果进口总量的 98.8%，占进口总额的 98.2%（表 37）。保税区仓储转口货物项下进口继上年大幅增长之后仍增势强劲。

（2）坚果

按照出口额排序，坚果出口前三大贸易方式仍依次为一般贸易、进料加工和来料加工装配贸易。三种方式合计占坚果出口总量的 96.4%，占出口总额的 95.8%。按照进口额排序的坚果进口前三大贸易方式与出口排序位次相同，三种方式合计占进口总量的 87.2%，占进口总额的 88.5%（表 38）。

表 37　2016 年中国水果主要贸易方式

单位：万吨、亿美元、%

出口					进口				
贸易方式	出口量	比上年增长	出口额	比上年增长	贸易方式	进口量	比上年增长	进口额	比上年增长
一般贸易	395.7	17.1	57.3	3.6	一般贸易	294.6	−7.4	50.2	0.7
边境小额	76.9	8.7	8.0	14.6	边境小额	81.4	−17.1	3.7	−29.4
进料加工	35.6	−0.8	5.0	−4.4	保税区仓储转口货物	36.8	34.2	3.1	25.2

表 38　2016 年中国坚果主要贸易方式

单位：万吨、亿美元、%

出口					进口				
贸易方式	出口量	比上年增长	出口额	比上年增长	贸易方式	进口量	比上年增长	进口额	比上年增长
一般贸易	24.8	15.3	7.9	−10.4	一般贸易	3.6	−7.8	2.9	5.4
进料加工	2.5	−1.2	3.0	1.3	进料加工	5.0	−17.9	2.6	−15.4
来料加工装配贸易	0.7	−8.6	0.5	−18.9	来料加工装配贸易	1.2	−7.9	0.5	−15.0

4. 价格变动

（1）水果

总体看，中国水果进出口价格除个别产品上涨外，其余均下跌。鲜冷冻水果出口中，仅柑橘平均出口价格上涨，其余均呈两位数的下跌；进口中仅榴莲平均进口价格上涨，其余均下跌。水果罐头出口价格方面，柑橘罐头略涨，桃罐头有所下跌。水果汁进出口价格均下跌。其他加工水果出口价格下跌，进口价格上涨（表 39）。

（2）坚果

坚果平均出口价格大跌，主要是瓜子出口价格大跌所致，栗子和松子仁价格有所上涨。平均进口价格在上年高涨的基础上进一步上涨，虽开心果和巴旦杏价格均下跌，但夏威夷果及其他坚果价格上涨拉动了坚果平均进口价格的上涨（表 40）。

表 39　2016 年一般贸易方式下中国水果产品平均进出口价格

单位：美元/吨、%

产　品	出　口		进　口	
	平均价格	比上年上涨	平均价格	比上年上涨
水果	1 449	−11.6	1 705	8.7
鲜冷冻水果	1 461	−15.1	1 692	9.2
鲜苹果	1 128	−14.6	1 842	9.4
鲜　梨	1 106	−13.5		
柑　橘	1 684	12.7	1 177	−5.3
鲜葡萄	2 767	−34.9	2 497	−8.2
香　蕉			724	−6.1
榴　莲			2 372	24.8
火龙果			821	−16.8
猕猴桃			2 726	−8.1
樱　桃			7 299	−0.8
鲜龙眼			1 251	−9.8
山　竹			2 203	−3.4
水果罐头	1 005	−1.1	1 451	−1.7
柑橘罐头	933	1.3		
桃罐头	1 127	−3.3		
水果汁	1 118	−7.2	1 805	−5.3
苹果汁	1 067	−7.8		
柑橘汁			1 762	−10.5
其他加工水果	2 313	−3.2	1 876	9.5

表 40　2016 年一般贸易方式下中国主要坚果进出口价格

单位：美元/吨、%

产品	出口		产品	进口	
	平均价格	比上年上涨		平均价格	比上年上涨
坚　果	3 180	−22.3	坚　果	8 268	14.3
瓜　子	3 042	−33.9	开心果	7 585	−12.2
栗　子	2 713	3.8	夏威夷果	5 031	4.7
松子仁	21 794	6.8	巴旦杏	6 857	−16.7

（二）影响因素

1. 国内苹果、梨等传统出口品种增产，价格下行，促进了出口

2016 年中国苹果、梨等出口量额齐增，其中苹果出口增长尤为迅猛，出口量比上年增长近 6 成，出口额增长约 4 成，这主要是因为国内苹果、梨等传统出口水果品种普遍增产，导致供给增加，在消费需求相对稳定情况下，价格下跌，出口竞争优势增强。

2. 国内香蕉、火龙果生产快速扩张，供给增加，进口需求下降

在 2014 年香蕉高价格拉动下，2015 年及 2016 年中国香蕉种植面积扩大，产量增加，国内市场低迷，进口需求下降。作为新引进水果品种，火龙果经济效益相对较高，近年国内生产快速扩张，国内供给增加，对进口形成替代，导致 2016 年香蕉、火龙果等热带水果进口大幅下降。

3. 自贸协定生效后关税下降，从自贸伙伴水果进口猛增

中国—澳大利亚自贸协定生效后，经 2015 年末和 2016 年初两次降税，自澳大利亚进口水果关税已大幅削减，2016 年自澳大利亚水果进口额比上年增长 66.2%，进口量增长 55.7%，增幅居前十大进口来源地之首。2016 年智利取代泰国成为中国第一大水果进口来源地，从智利水果进口额比上年增长 23%，进口量增长 29.3%。中国—智利自贸协定生效 10 年来，自智利水果进口额年均增长近 40%。

4. 印度尼西亚进口限制措施不断强化，对其出口继续下降

中国是印度尼西亚最大的果蔬进口来源国。2012 年以来，印度尼西亚对果蔬进口实施一系列限制性措施，2016 年 2 月又正式实施《关于新鲜植物源性食品进出口食品安全控制规定》，检测标准更加严苛，由抽检变为批批检，且必须在获得注册登记的实验室进行全项目检测，监控项目由 556 项增加到 2161 项，导致中国对印度尼西亚果蔬出口全面受阻。中国对印度尼西亚水果出口量连续 5 年下降，年均下降 14.6%。

茶叶

(一) 贸易概况

2016年中国茶叶贸易额保持增势，贸易顺差扩大。茶叶出口量34.1万吨，比上年增长1.3%，出口额16亿美元，增长7.6%；进口量2.4万吨，下降0.2%，进口额1.2亿美元，增长3.1%。贸易顺差14.8亿美元，扩大8%。

1. 产品结构

(1) 出口产品

出口产品以绿茶为主，绿茶出口额保持增长，出口量略有下降。出口量所占比重为79.5%，比上年下降1.4个百分点；出口额所占比重为66.5%，下降1个百分点。红茶、乌龙茶出口量额同增，花茶、普洱茶出口量额双降，普洱茶出口降幅较大(表41)。

(2) 进口产品

进口产品以红茶为主。红茶进口量额双增，进口量所占比重增至79.6%，比上年提高2.1个百分点；进口额所占比重提高1.8个百分点。绿茶进口量、额所占比重分别下降3.5个百分点和0.4个百分点(表42)。

表41 2016年中国出口茶叶产品结构

单位：百吨、百万美元、%

产品	出口量	比上年增长	出口额	比上年增长	占茶叶出口比重	
					出口量	出口额
茶叶	3 408.5	1.3	1 602.1	7.6		
绿茶	2 708.6	−0.5	1 064.8	5.9	79.5	66.5
红茶	331.4	17.9	256.3	24.2	9.7	16.0
乌龙茶	159.5	3.8	89.8	6.3	4.7	5.6
花茶	58.0	−4.0	47.7	−6.7	1.7	3.0
普洱茶	29.4	−10.6	26.3	−23.2	0.9	1.6

表42 2016年中国进口茶叶产品结构

单位：百吨、百万美元、%

产品	进口量	比上年增长	进口额	比上年增长	占茶叶进口比重	
					进口量	进口额
茶叶	242.4	−0.2	123.8	3.1		
红茶	193.0	2.5	81.8	6.1	79.6	66.0
乌龙茶	15.2	11.3	17.9	10.7	6.3	14.5
绿茶	16.1	−34.3	8.2	−3.2	6.6	6.6
花茶	2.1	7.7	3.5	−7.1	0.9	2.8

2. 贸易区域

（1）出口市场

按出口额排序，居前五位的市场依次为摩洛哥、中国香港、越南、美国和塞内加尔，出口额合计7.2亿美元，占出口总额的45.1%。出口额超过1亿美元的市场有4个。2016年对前五大出口市场出口额均保持增长，对中国香港、越南出口额增速较快，分别比上年增长34%和71%（表43）。

按出口量排序，2016年茶叶前五大出口市场分别是摩洛哥、乌兹别克斯坦、美国、塞内加尔和加纳，合计出口14万吨，占茶叶出口总量的41.2%。出口量在1万吨以上的市场共11个，主要分布在非洲、亚洲、美洲、欧洲等地。前五大出口市场中，除对乌兹别克斯坦出口比上年下降28.4%外，其他均保持增长，其中对加纳出口比上年增长96.2%。

表43 2016年中国茶叶出口主要市场

单位：百吨、百万美元、%

出口市场	出口额	比上年增长	出口量	比上年增长	占茶叶出口比重	
					出口额	出口量
摩洛哥	226.7	0.1	672.8	4.4	14.1	19.7
中国香港	192.2	34.0	157.4	13.5	12.0	4.6
越南	114.9	71.0	37.4	60.8	7.2	1.1
美国	110.5	5.6	188.7	6.9	6.9	5.5
塞内加尔	78.3	3.9	182.3	5.8	4.9	5.3
小计	722.6	17.1	1 238.7	7.2	45.1	36.3

（2）进口来源地

从进口额看，前五大进口来源地分别为斯里兰卡、中国台湾、印度、印度尼西亚和波兰，合计进口9 750.6万美元，占茶叶进口总额的78.7%（表44）。按进口量排序，2016年中国茶叶前五大进口来源地分别是斯里兰卡、印度、中国台湾、印度尼西亚和肯尼亚，合计进口2万吨，占茶叶进口总量的80.8%。进口量超过1 000吨的来源地有4个国家和地区。

3. 贸易方式

以一般贸易方式为主。一般贸易方式出口额占茶叶出口总额的93.7%，其次为进料加工，占4.2%。一般贸易方式进口额占进口总额的64.7%，保税区仓储转口货物占20.3%，进料加工贸易占6.7%（表45）。

4. 价格变动

（1）国际市场价格低于上年，整体保持上行趋势

全年国际茶叶拍卖价格平均每吨2 641美元，比上年下跌2.5%。分月度来看，1—3月价格连续下跌，3月是全年价格谷底，为2 282美元；4—11月价格整体保持增长趋势，11月价格达到全年最高，为2 968美元；12月价格略有回落，下跌至2 934美元。从全年来看，1—8月低于上年同期水平，9—12月高于上年同期水平（图17）。

表 44 2016 年中国茶叶进口主要来源地

单位：百吨、百万美元、%

进口来源地	进口额	比上年增长	进口量	比上年增长	占茶叶进口比重	
					进口额	进口量
斯里兰卡	42.4	8.3	85.3	9.2	34.2	35.2
中国台湾	29.5	10.8	30.0	28.1	23.8	12.4
印　度	19.8	5.1	55.9	14.3	16.0	23.1
印度尼西亚	3.3	−42.0	16.9	−48.9	2.7	7.0
波　兰	2.5	11.0	2.2	19.6	2.0	0.9
小　计	97.5	5.3	190.2	2.7	78.7	78.5

表 45 2016 年中国茶叶主要贸易方式

单位：百吨、百万美元、%

贸易方式	出口额	比上年增长	出口量	比上年增长	进口额	比上年增长	进口量	比上年增长
一般贸易	1 501.9	8.9	3 302.5	1.2	80.2	−1.8	183.4	−3.5
进料加工	67.5	−18.4	53.9	−12.1	8.3	0.6	25.5	0.0
保税区仓储转口货物	17.7	298.1	16.2	268.8	25.2	125.9	18.0	124.6
边境小额	9.4	34.1	30.2	43.1	0.3	−76.6	0.2	−82.4
保税仓库进出境货物	4.7	−67.5	3.4	−74.0	1.9	−79.2	1.8	−68.3

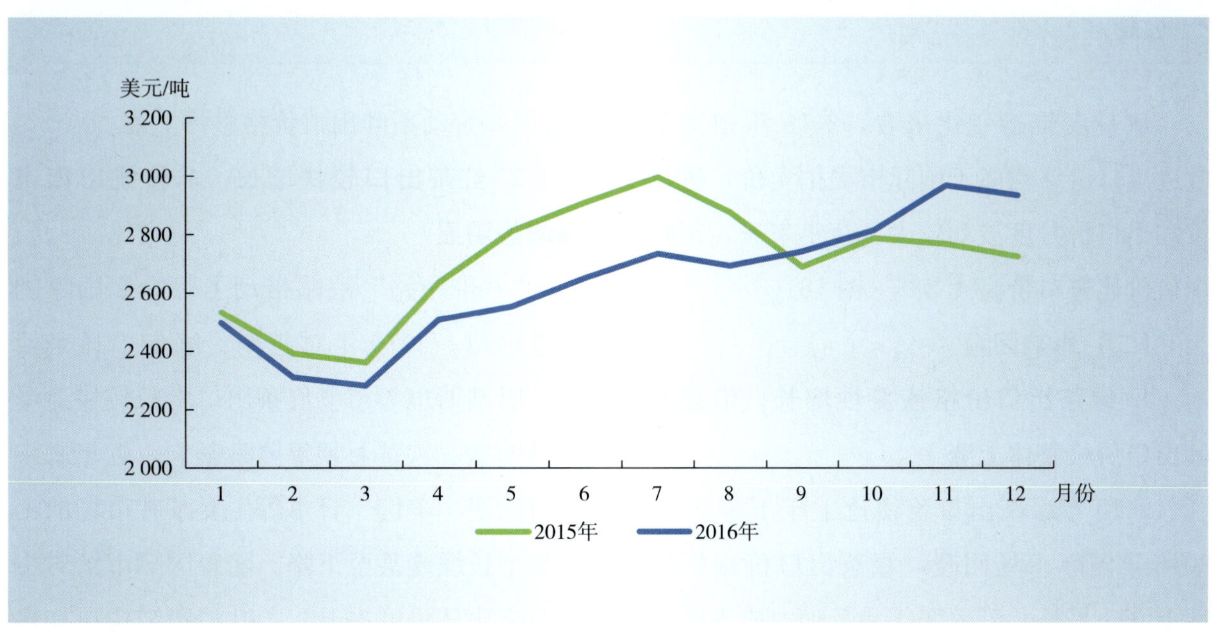

图 17 2015—2016 年国际市场茶叶拍卖价格比较

数据来源：世界银行商品价格数据库。

（2）中国茶叶进出口价格保持增长，出口价格上涨较快

从贸易方式合计看，茶叶进出口价格保持增长。2016 年茶叶出口均价每吨 4 700 美元，比上年上涨 6.3%。红茶和绿茶出口均价分别上涨 5.4%、6.4%。花茶和普洱茶出口价格小幅下跌，分别下跌 2.9% 和 14.2%。2016 年茶叶进口均价每吨 5 110 美元，比上年上涨 3.4%。其中，绿茶进口价格上涨 47.3%，普洱茶进口价格上涨 39.8%，花茶进口价格下跌 13.7%。

一般贸易方式下，茶叶进出口价格均比上年上涨。茶叶出口价格上涨 7.6%，其中绿茶上涨 7.1%，红茶上涨 15.4%，乌龙茶上涨 3.1%。茶叶进口价格上涨 1.8%，其中绿茶、乌龙茶分别上涨 55.4%、8.8%，红茶、花茶分别下降 0.7%、13.2%（表 46）。

表 46　2015—2016 年中国茶叶产品一般贸易方式进出口价格比较

单位：美元/吨、%

产　品	出口价格			进口价格		
	2015 年	2016 年	比上年上涨	2015 年	2016 年	比上年上涨
茶　叶	4 227	4 548	7.6	4 294	4 370	1.8
绿　茶	3 630	3 889	7.1	2 788	4 331	55.4
红　茶	6 538	7 544	15.4	3 580	3 556	−0.7
乌龙茶	5 430	5 600	3.1	13 503	14 688	8.8
花　茶	8 268	7 974	−3.6	16 454	14 285	−13.2
普洱茶	10 441	8 523	−18.4	5 757	15 577	170.6

从月度价格变化来看，2016 年中国茶叶进出口价格均高于国际市场拍卖价，进口价和出口价月度波动较大。全年来看，茶叶出口价比进口价高 4.2%（图 18）。

（二）影响因素

1. 绿茶出口价格恢复性增长，带动茶叶出口价格整体上涨

2015 年绿茶出口价格比上年下降 4%，2016 年国际市场回暖，绿茶出口价格恢复性上涨。另外，汇率变化和劳动力成本刚性上涨等因素，也推动了茶叶价格上涨。2016 年一般贸易方式下绿茶出口价格上涨 7.1%，带动茶叶出口价格整体上涨。

2. 红茶出口较快增长，非传统出口市场增势明显

“一带一路”战略带动了对沿线国家的红茶出口，2016 年对越南、缅甸、马来西亚、巴基斯坦等市场红茶出口增长较快。受贸易壁垒、饮茶习惯等因素影响，近年来中国对欧盟、美国、日本等主要茶叶市场的出口量增长缓慢甚至下降。随着国际市场对中国茶文化认可度提升，茶叶消费结构更加多元化，非传统出口市场增势明显。2016 年对东盟、俄罗斯、蒙古、东欧 16 国、塞内

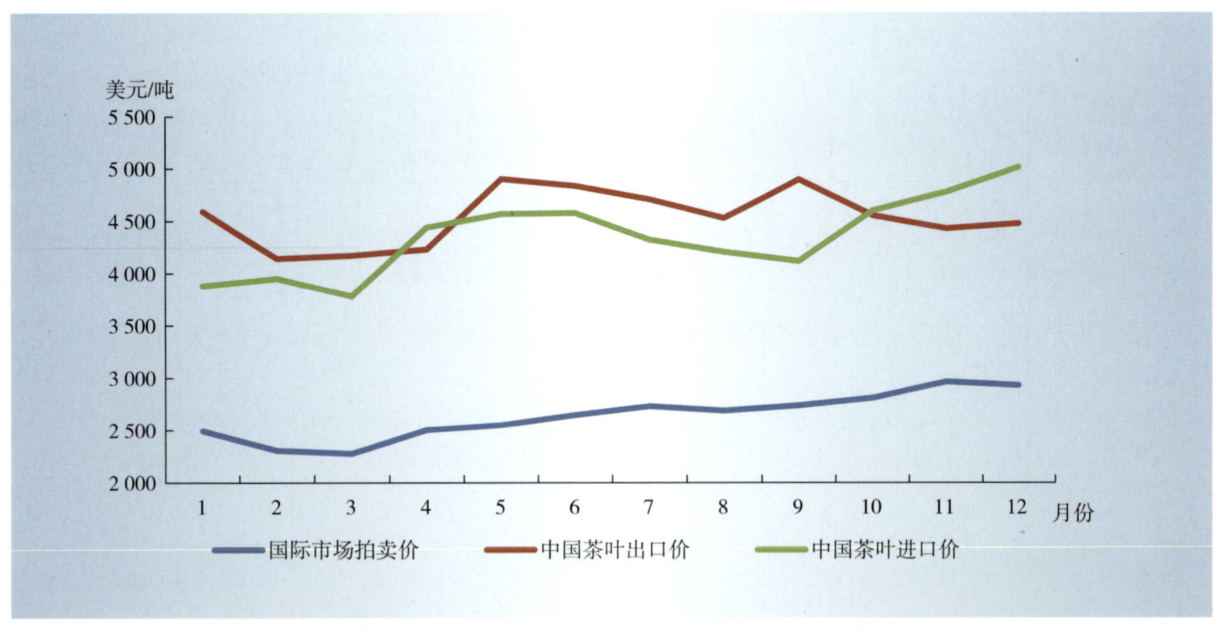

图 18　2016 年中国茶叶一般贸易方式进出口价格与国际市场茶叶拍卖价格比较

数据来源：国际市场拍卖价数据源于世界银行商品价格数据库，中国茶叶进出口价格根据中国海关数据计算。

加尔、加纳等市场出口量额均大幅增长。

畜产品

(一) 贸易概况

2016 年，中国畜产品出口下降、进口增长，贸易总额 290.4 亿美元，比上年增长 10.3%。其中出口额 56.4 亿美元，下降 4.2%；进口额 234 亿美元，增长 14.5%；贸易逆差 177.6 亿美元，比上年扩大 22%。其中，乳制品、生猪产品、牛产品、动物毛、动物生皮、动物生毛皮、羊产品、马驴骡等为逆差产品，肠衣、羽毛、蜂产品、家禽产品、蛋产品和兔产品等保持贸易顺差（图 19）。

1. 产品结构

2016 年，贸易总额超过 10 亿美元的畜产品有 7 类，依次是生猪产品、乳制品、牛产品、家禽产品、动物毛、动物生皮和肠衣，7 类产品贸易额合计 255.2 亿美元，占中国畜产品贸易总额的 87.9%（表 47）。

（1）主要贸易类别

2016 年出口额超过 1 亿美元的畜产品是家禽产品、生猪产品、肠衣、羽毛、蜂产品、动物毛、蛋产品和牛产品等 8 类产品，出口额合计 51.2 亿美元，占畜产品出口总额的 90.8%。与上年相比，肠衣、动物毛、乳制品、羊产品出口额增长，其他畜产品出口额下降。2016 年进口额超过 10 亿美元的畜产品有乳制品、生猪产品、牛产品、动物毛、动物生皮和家禽产品等 6 类产品，进口额合计 210.8 亿美元，占畜产品进口总额的 90.1%。与上年相比，乳制品、生猪产品、牛产品、家禽产品、肠衣和马驴骡等进口额增长，其他畜产品进口额下降。

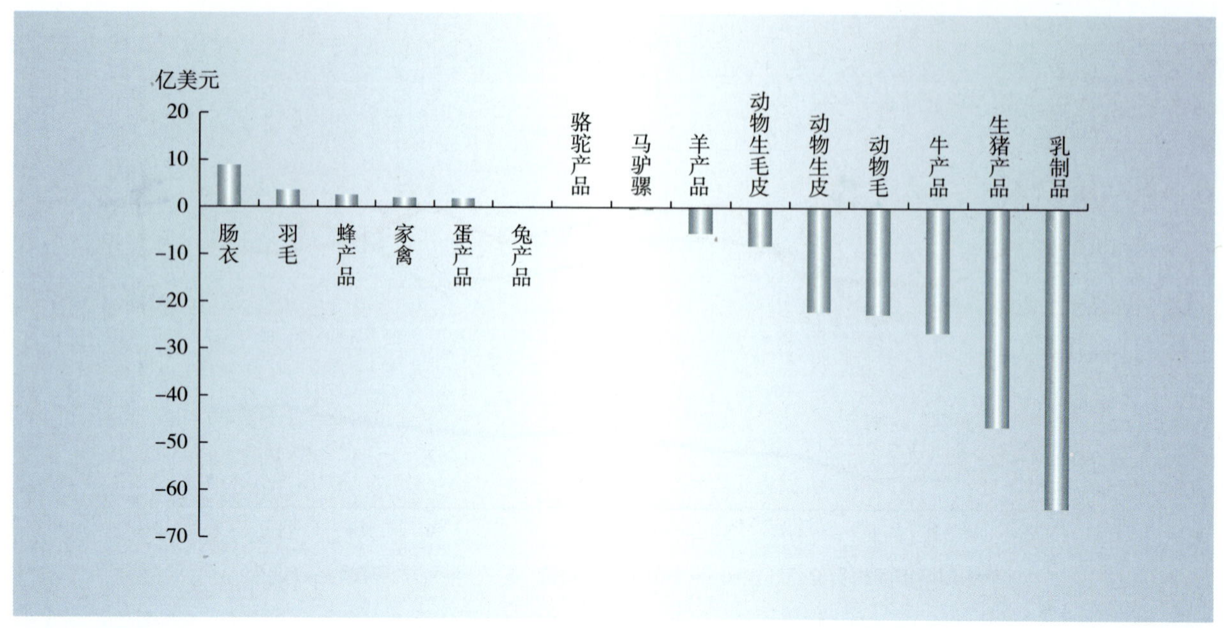

图 19　2016 年中国畜产品进出口贸易差额情况

表 47　2016 年中国畜产品进出口情况

单位：百万美元、%

产品	出口额			进口额			贸易逆差	
	金额	比上年增长	占出口总额比重	金额	比上年增长	占进口总额比重	金额	比上年增长
畜产品	5 640.9	−4.2	100.0	23 402.4	14.5	100.0	17 761.4	22.0
乳制品	79.8	49.1	1.4	6 441.7	13.0	27.5	6 362.0	12.7
生猪产品	1 178.6	−4.4	20.9	5 809.3	111.4	24.8	4 630.7	205.7
牛产品	175.6	−3.6	3.1	2 820.0	1.6	12.0	2 644.3	2.0
动物毛	227.4	12.4	4.0	2 483.6	−5.1	10.6	2 256.2	−6.6
动物生皮	14.6	−2.1	0.3	2 208.6	−27.7	9.4	2 194.0	−27.9
家禽产品	1 512.3	−8.3	26.8	1 314.9	38.0	5.6	−197.5	−71.7
动物生毛皮	2.2	−20.6	0.0	806.8	−14.6	3.4	804.6	−14.6
羊产品	36.2	3.6	0.6	582.0	−22.7	2.5	545.8	−24.0
肠衣	1 072.9	5.8	19.0	185.2	14.0	0.8	−887.7	4.3
蜂产品	335.7	−4.8	6.0	79.9	−0.9	0.3	−255.8	−6.0
羽毛	437.7	−16.4	7.8	79.4	−11.1	0.3	−358.2	−17.5
马驴骡	0.3	−62.0	0.0	40.3	30.0	0.2	40.0	32.0
骆驼产品				1.3	−75.6	0.0	1.3	−75.6
蛋产品	184.4	−3.8	3.3	0.0	−98.3	0.0	−184.4	−3.7

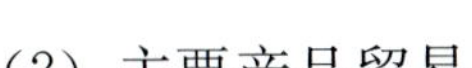

（2）主要产品贸易

生猪产品。2016 年出口额 11.8 亿美元，比上年下降 4.4%；进口额 58.1 亿美元，增加 1.1 倍；贸易逆差 46.3 亿美元，比上年扩大 2.1 倍。

活猪、加工猪肉和猪肉为主要出口产品。活猪出口量 16.7 万吨，比上年下降 6.8%，出口额 5.1 亿美元，增长 6.3%；加工猪肉出口量 9.8 万吨，出口额 4.1 亿美元，分别下降 7.1%和 3.6%；猪肉出口量 4.9 万吨，出口额 2.5 亿美元，分别下降 32.6%和 21.4%。

猪肉和猪杂碎是主要进口产品。猪肉进口量 162 万吨，进口额 31.9 亿美元，分别增加 1.1 和 1.2 倍；猪杂碎进口量 149.1 万吨，进口额 26 亿美元，分别增长 82.5%和 102.6%。

牛产品。出口额 1.8 亿美元，比上年下降 3.6%；进口额 28.2 亿美元，增长 1.6%；贸易逆差 26.4 亿美元，比上年扩大 2%。

加工牛肉、非种用活牛和牛肉为主要出口产品。加工牛肉出口量 1.2 万吨，出口额 7 419.3 万美元，分别下降 1.4%和 4.4%；非种用活牛出口量 1.2 万吨，下降 1.4%，出口额 6 106.6 万美元，增长 2.4%；牛肉出口量 4 143.3 吨，出口额 4 025.9 万美元，分别下降 11.9%和 10%。

牛肉和种牛是主要进口产品。进口最多的是牛肉，进口量 58 万吨，进口额 25.2 亿美元，分别增长 22.4%和 8.4%；其次是种牛，进口 13.3 万头，进口额 2.3 亿美元，分别比上年下降 13.1%和 40.1%；另外，牛杂碎进口量 2.1 万吨，下降 0.1%，进口额 7 195.9 万美元，增长 3.6%。

羊产品。出口额 3 619.1 万美元，比上年增长 3.6%；进口额 5.8 亿美元，下降 22.7%；贸易逆差 5.5 亿美元，比上年缩小 24%。

羊肉是主要贸易产品。出口量 4 060.2 万吨，出口额 3 526.7 万美元，分别增长 8%和 4.6%。进口量 22 万吨，进口额 5.7 亿美元，分别下降 1.3%和 21.4%。

家禽产品。出口额 15.1 亿美元，比上年下降 8.3%；进口额 13.1 亿美元，增长 38%。贸易顺差 2 亿美元，缩小 71.7%。

加工家禽、禽肉及杂碎是主要出口产品。加工家禽出口量 23.1 万吨，出口额 9.6 亿美元，分别比上年下降 1.5%和 6.3%。禽肉及杂碎出口量 22.6 万吨，出口额 5.4 亿美元，分别下降 8.4%和 11.9%。另外，非种用活家禽出口 5 184.7 吨，出口额1 527.5万美元，分别下降 6.2%和 2.6%。

禽肉及杂碎是主要进口产品，进口量 59.3 万吨，进口额 12.9 亿美元，分别增长 44.9%和 38.1%。另外，种禽进口量 64.5 吨，下降 0.9%，进口额 2 895.7 万美元，增长 28.8%。

蛋产品。出口额 1.8 亿美元，比上年下降 3.8%。

鲜蛋和加工蛋是主要出口产品。鲜蛋出口量 7.8 万吨，增长 6.7%，出口额 1.2 亿美元，下降 1.9%；加工蛋出口量 2.5 万吨，增长 2.6%，出口额 6 562 万美元，下降 7.1%。

乳制品。贸易逆差 63.6 亿美元，比上年扩大 12.7%。

出口额 7 975.3 万美元，比上年增长 49.1%。奶粉是主要出口产品，出口量 7 749.6吨，出口额 4 978.8 万美元，分别下降 8%和 124.1%；鲜奶出口 2.3 万吨，下降 7.1%；出口额 2 019.8 万美元，下降 16.1%。

进口额 64.4 亿美元，增长 13%。其中奶粉进口量 84.6 万吨，进口额 45.2 亿美元，分别增长 15.2%和 13.1%；鲜奶进口量 63.4 万吨，进口额 6.4 亿美元，分别增长 37.8%和 31.7%；乳清粉进口量 49.5 万吨，增长 14.3%，进口额 4.4 亿美元，下降 14.1%。

动物毛。出口额 2.3 亿美元，比上年增长 12.4%；进口额 24.8 亿美元，下降 5.1%。出口产品中，羊毛出口量 1.5 万吨，出口额 6 547.3 万美元，分别下降 6.6%和 2.2%；猪鬃、猪毛出口量 7 074.6 吨，出口额 9 136.1 万美元，分别增长 5%和 5.4%。进口产品中，羊毛进口量 31.9 万吨，进口额 23.5 亿美元，分别下降 9.8%和 5.3%；山羊绒进口量 7 265.1 吨，增长 7.4%，进口额 1.2 亿美元，下降 2%。

动物生皮和动物生毛皮。动物生皮出口额 1 463.3 万美元，下降 2.1%；进口额 22.1 亿美元，下降 27.7%。动物生毛皮出口额 221.4 万美元，下降 20.6%；进口额 8.1 亿美元，下降 14.6%。

2. 贸易区域

(1) 出口市场

按出口额大小排序，2016 年畜产品前 5 位出口市场，依次为中国香港、日本、德国、美国和泰国，出口额合计为 39.8 亿美元，占畜产品出口总额的 70.6%。与上年相比，除中国香港、德国、泰国和越南外，对主要市场（出口额 1 亿美元以上）的出口均有不同程度下降，其中对英国、荷兰和日本出口下降幅度较大（表 48）。

表 48　2016 年中国畜产品出口主要市场

单位：亿美元、%

国家（地区）	出口额	比上年增长	占出口总额比重
中国香港	19.2	1.2	34.0
日　本	12.3	−7.4	21.7
德　国	3.3	6.7	5.8
美　国	3.0	−5.2	5.3
泰　国	2.2	34.2	3.9
越　南	1.6	33.3	2.9
荷　兰	1.5	−9.3	2.6
中国澳门	1.4	−1.0	2.4
英　国	1.1	−18.7	2.0

对中国香港主要出口生猪产品、家禽产品、蛋产品和牛产品，出口额分别为8.8亿美元、5.2亿美元、1.3亿美元和1.1亿美元，分别占对中国香港畜产品出口总额的45.8%、27.2%、7%和5.5%。其中出口活猪15.5万吨，比上年下降7.1%，出口额4.8亿美元，增长6.3%；出口猪肉4.1万吨，出口额2.1亿美元，分别下降25.3%和15.9%；加工猪肉出口量3.7万吨，出口额1.9亿美元，分别下降13.9%和4.9%。出口家禽产品18万吨，增长4.5%。出口蛋产品8.2万吨，增长5.7%。

对日本主要出口产品为家禽、生猪产品和蜂产品，出口额分别占对日本畜产品出口额的58%、10.8%和9.2%。其中出口家禽产品17.1万吨，出口额7.1亿美元，比上年分别下降3.2%和6.3%；出口生猪产品3.3万吨，出口额1.3亿美元，与上年基本持平；出口蜂产品3.9万吨，出口额1.1亿美元，分别增长49.2%和48.6%。

（2）进口来源地

前五位进口来源地按进口额大小排序，依次为澳大利亚、新西兰、美国、巴西和德国，进口额合计占畜产品进口总额的58.3%（表49）。

从澳大利亚进口35.8亿美元，比上年下降11.7%。进口产品主要是动物毛、牛产品、动物生皮、乳制品和羊产品，5类产品进口额合计占自澳大利亚畜产品进口总额的97.7%。其中，进口羊毛17万吨，下降1.9%，进口额16.3亿美元，增长4%；进口牛产品14.3万吨，进口额7.4亿美元，分别下降25.9%和30.5%；进口动物生皮34.2万吨，进口额5亿美元，分别下降14.1%和26.1%；进口乳制品14.6万吨，进口额4.5亿美元，分别增长18.1%和9.7%；进口羊产品8万吨，进口额1.8亿美元，分别下降2.7%和22.7%。

表49　2016年中国畜产品进口主要来源地

单位：亿美元、%

国　家	进口额	比上年增长	占进口总额的比重
澳大利亚	35.8	−11.7	15.3
新西兰	34.4	−1.2	14.7
美　国	28.9	19.7	12.4
巴　西	20.1	101.9	8.6
德　国	17.2	44.4	7.3
荷　兰	16.6	32.2	7.1
丹　麦	13.4	24.4	5.7
加拿大	9.6	40.1	4.1
西班牙	9.2	60.8	3.9
法　国	8.0	18.3	3.4

从新西兰进口 34.4 亿美元，比上年下降 1.2%。进口产品主要是乳制品、牛产品、羊产品和动物毛，4 类产品进口额合计占自新西兰畜产品进口总额的 93.1%。进口乳制品 78.9 万吨，进口额 21.8 亿美元，分别比上年增长 23.1%和 14.2%。其中奶粉 52.7 万吨，增长 14.2%；鲜奶 13.2 万吨，增长 76.3%。进口羊产品 13.7 万吨，进口额 3.9 亿美元，分别比上年下降 1.4%和 23.2%。进口牛产品 8.8 万吨，增长 9.5%，进口额 4.1 亿美元，下降 5.1%。进口动物毛 4.4 万吨，进口额 2.2 亿美元，分别下降 31.4%和 32.3%。

从美国进口 28.9 亿美元，比上年增长 19.7%。主要进口生猪产品、动物生皮和乳制品，3 类产品进口额合计占自美国畜产品进口总额的 89.3%。进口生猪产品 66.1 万吨，进口额 13.5 亿美元，分别增长 1.3 倍和 1.8 倍。其中猪肉 21.5 万吨、增加 2.1 倍，猪杂碎 44.6 万吨、增加 2.2 倍。进口动物生皮 39.3 万吨，进口额 9 亿美元，分别下降 5.5%和 28.5%。进口乳制品 31.4 万吨，增长 17%；进口额 3.4 亿美元，下降 9.7%。其中乳清粉 28.4 万吨、增长 23.7%，鲜奶 1.9 万吨、下降 23%。

3. 贸易方式

以一般贸易方式为主。一般贸易方式出口额占畜产品出口总额的 87.2%；其次是进料加工占 6.8%，主要为家禽产品、肠衣、加工猪肉、加工牛肉等；来料加工装配贸易占 4.4%，主要为肠衣和羊毛。一般贸易方式进口额占畜产品进口总额的 84.6%；其次是保税区仓储转口货物占 9.8%，主要为奶粉、羊肉、牛肉、羊毛和猪杂碎等；进料加工占 2.6%，主要为动物生皮和羊毛（表 50）。

4. 价格变动

2016 年，一般贸易方式下，活猪、猪肉、加工猪肉、牛肉、羊毛、肠衣出口价格和猪肉、猪杂碎、牛杂碎、羊毛进口价格上涨，其他主要畜产品进、出口价格均下跌（表 51）。

表 50　2016 年中国畜产品主要贸易方式

单位：亿美元、%

贸易方式	出口额	占出口总额比重	进口额	占进口总额比重
一般贸易	49.2	87.2	198.1	84.6
进料加工	3.8	6.8	6.1	2.6
来料加工装配贸易	2.5	4.4	2.6	1.1
保税区仓储转口货物	0.5	0.9	22.8	9.8
边境小额	0.2	0.4	0.6	0.2
保税仓库进出境货物	0.2	0.3	3.8	1.6

表51 2016年中国主要畜产品一般贸易方式进出口价格

单位：美元/吨、%

出口			进口		
产　品	平均价格	比上年上涨	产　品	平均价格	比上年上涨
活猪	3 079	14.0	猪肉	1 971	7.6
猪肉	5 238	15.5	猪杂碎	1 758	12.9
加工猪肉	4 155	4.3	牛肉	4 445	−11.1
牛肉	10 308	4.8	牛杂碎	3 408	2.8
加工牛肉	6 526	−0.9	羊肉	2 497	−26.2
羊肉	8 785	−6.3	禽肉及杂碎	2 182	−4.8
禽肉及杂碎	2 397	−4.1	鲜奶	1 064	−5.7
加工家禽	4 120	−5.7	奶粉	5 259	−2.4
鲜蛋	1 516	−8.1	乳清粉	845	−24.7
羊毛	3 293	14.9	羊毛	7 113	6.4
肠衣	20 037	9.7	生牛马皮	1 939	−22.2
羽毛	9 774	−25.0	生羊皮	1 112	−8.9

（1）生猪产品

出口活猪平均每吨3 079美元，比上年上涨14%；出口猪肉每吨5 238美元，比上年上涨15.5%；出口加工猪肉每吨4 155美元，比上年上涨4.3%。进口猪肉平均每吨1 971美元，上涨7.6%；进口猪杂碎每吨1 758美元，上涨12.9%。

（2）牛产品

出口牛肉平均每吨10 380美元，比上年上涨4.8%；出口加工牛肉每吨6 526美元，下跌0.9%。进口牛肉每吨4 445美元，下跌11.1%；进口牛杂碎每吨3 408美元，增长2.8%。

（3）羊产品

出口羊肉平均每吨8 785美元，下跌6.3%；进口羊肉每吨2 497美元，下跌26.2%。

（4）家禽产品

出口禽肉及杂碎平均每吨2 397美元，下跌4.1%；出口加工家禽每吨4 120美元，下跌5.7%。进口禽肉及杂碎每吨2 182美元，下降4.8%。

（5）蛋产品

出口鲜蛋平均每吨1 516美元，比上年下跌8.1%。

（6）乳制品

鲜奶进口价格每吨1 064美元，比上年下跌5.7%；进口奶粉平均每吨5 259美元，下跌2.4%；进口乳清粉每吨845美元，下跌24.7 %。

（7）动物毛

出口羊毛平均每吨 3 293 美元，比上年上涨 14.9%；进口羊毛每吨7 113美元，上涨 6.4%。

（8）动物生皮

进口生牛马皮平均每吨 1 939 美元，下跌 22.2 %；进口生羊皮每吨 1 112 美元，下跌 8.9%。

（二）影响因素

1. 猪肉产量继续下降，价格高位运行，进口量大幅增加

在环保政策引导下，中国生猪去产能明显，2016 年生猪及能繁母猪存栏量降至历史较低水平，猪肉产量下降 3.4%，猪肉价格达到历史高位每千克 29.3 元，较上年上涨 18.6%。2016 年猪肉进口平均到岸价为每千克 13.1 元，仅为国内价格的 45%。9 月，西班牙又有 5 家企业得到中国批准，可以向中国出口猪肉。国内产量下降、内外价差扩大和市场进一步开放使得猪肉进口动力增加，进口量再创历史新高。

2. 牛肉进口价格下降，进口量增加

2016 年中国牛肉进口平均到岸价格不足国内价格的 1/2，尤其是从价格较低的巴西大量进口，占牛肉进口总量的 31.1%，平均到岸价格仅为每千克 29.9 元。进口来源地解禁范围扩大、主要出口国价格低廉以及海关打击走私力度加大是牛肉进口量增加的主要原因。

3. 羊肉产量增加、价格下跌，进口略减

2016 年国内羊肉产量增长 4.1%，羊肉平均价格下降 9.1%。受国内产量增加、价格下跌等因素影响，羊肉进口量较上年下降 1.3%。

4. 牛奶产量下降，鲜奶、奶粉进口增加

2016 年中国牛奶产量 3 602 万吨，比上年下降 4.1%。受国内牛奶产量下降、消费增长等因素影响，鲜奶、奶粉进口均大幅增长。

水产品

（一）贸易概况

2016 年，中国水产品贸易总额比上年增长 2.7%，总量增长 1.7%。其中出口额 207.4 亿美元，增长 2%，出口量 423.8 万吨，增长 4.4%；进口额 93.7 亿美元，增长 4.4%，进口量 404.1 万吨，下降 1%。贸易顺差 113.6 亿美元。

1. 产品结构

（1）出口产品

国内自产资源出口水产品中，墨鱼、鱿鱼、章鱼、对虾、贝类、鳗鱼、罗非鱼、大黄鱼、小龙虾等养殖捕捞水产品仍是主要出口品种，出口额占一般贸易出口总额的 69.4%。养殖水产品中，除鳗鱼、蟹类、罗非鱼出口依然相对较弱外，其他几个产品如对虾、贝类等基本实现出口量额双增（表 52）。

表 52 2016 年中国自产资源水产品主要出口品种

单位：万吨、亿美元、%

出口品种	占水产品一般贸易出口额的比重	2016 年		比上年增长	
		数量	金额	数量	金额
墨鱼鱿鱼及章鱼	20.2	47.2	31.1	5.9	10.6
对虾	12.2	16.8	18.9	12.1	16.1
贝类	11.2	30.6	17.3	10.5	1.6
罗非鱼	7.9	39.4	12.2	0.4	−6.1
鳗鱼	5.9	4.3	9.1	−2.6	−7.4
蟹类	5.6	6.2	8.7	−9.9	−12.6
海藻	3.0	7.7	4.6	10.7	7.1
淡水小龙虾	1.7	2.3	2.7	16.8	−0.2
大黄鱼	1.6	3.9	2.5	6.7	2.3

来进料加工贸易出口量额双降，其中，出口额 51.2 亿美元，出口量 111.3 万吨，比上年分别下降 2.1%和 0.9%，来料加工出口下降，进料加工出口有所增长。来进料加工贸易出口额占水产品出口总额的 24.7%，比上年降低了 1 个百分点。

（2）进口产品

水产品进口额 93.7 亿美元，比上年增长 4.4%，进口量 404.1 万吨，比上年下降 1%。主要分为一般贸易方式进口（主要供国内食用）、来进料加工、保税仓储等其他贸易方式产品。

其中，除鱼粉外一般贸易方式进口（主要供国内食用）产品进口额 34.4 亿美元，比上年增长 10.6%，进口量 81.1 万吨，下降 2.3%。来进料加工原料进口额 22.7 亿美元、进口量 110.3 万吨，分别下降 1.6%和 4.9%。鱼粉进口量 103.7 万吨，增长 1.1%；进口额 16.1 亿美元，下降 10%。其他方式进口额 20.5 亿美元、进口量 109 万吨，分别增长 15.6%和 2.3%（表 53）。

2. 贸易区域

（1）出口市场

2016 年，中国水产品对世界主要市场的出口量额均呈现增长。对东盟出口继续增长，出口额比上年增长 1.2%，出口量增长 11.6%。在东盟各国中，对泰国出口位居第一，出口额 11.2 亿美元，比上年下降 6.8%，出口额占对东盟出口总额的 39.8%；对马来西亚出口 5.7 亿美元，增长 12.8%，占对东盟出口总额的 20.2%，出口额增幅居东盟地区首位。

（2）进口来源地

俄罗斯、东盟、美国、秘鲁、加拿大和智利是中国水产品的主要进口来源地。除秘鲁和美国的进口额下降外，其他均有不同程度提高（表 54）。从秘鲁进口量、额比上年分别下降 25.9%和 28.4%，进口产品 86.8%是饲料用鱼粉。

表 53　2016 年中国水产品主要贸易方式

单位：万吨、亿美元、%

贸易方式	出口				进口			
	出口量	比上年增长	出口额	比上年增长	进口量	比上年增长	进口额	比上年增长
合　计	423.8	4.4	207.4	2.0	404.1	−1.0	93.7	4.4
一般贸易	302.1	8.0	154.4	3.5	184.8	−0.4	50.5	3.1
进料加工	91.2	1.6	39.3	0.4	88.3	−2.4	16.9	0.0
来料加工装配贸易	20.1	−10.8	11.9	−9.6	22.1	−13.9	5.8	−6.1
保税仓库进出境货物	4.8	−18.4	0.7	−1.6	57.3	−5.4	8.3	−1.5
保税区仓储转口货物	2.4	−57.5	0.5	−24.8	46.3	11.2	11.2	28.4
边境小额	1.1	71.1	0.2	197.5	2.2	83.0	0.4	55.6

表 54　2016 年中国水产品主要出口市场和进口来源地

单位：亿美元、%

出口			进口			占水产品进出口额比重	
市　场	金额	比上年增长	来源地	金额	比上年增长	出口	进口
日　本	37.0	1.8	俄罗斯	15.1	15.2	17.9	16.1
美　国	30.4	−4.8	东　盟	12.5	17.3	14.7	13.4
东　盟	28.1	1.2	美　国	12.4	−2.6	13.5	13.2
欧　盟	23.2	4.8	秘　鲁	8.4	−28.4	11.2	8.9
中国香港	20.1	−4.8	加拿大	6.1	11.2	9.7	6.6
中国台湾	16.7	5.2	智　利	5.1	17.1	8.1	5.5
韩　国	16.5	5.5	新西兰	4.5	15.7	7.9	4.8

3. 价格变动

全年综合出口平均价格每吨 4 894 美元，比上年下跌 2.3%；一般贸易方式出口平均价 5 110 美元，下跌 4.1%。

几大养殖品种平均出口价格除头足类及对虾外均有不同幅度下跌，其中贝类价格下跌 8.1%，鳗鱼价格下跌 5%，罗非鱼价格下跌 6.5%，大黄鱼价格下跌 4.2%，淡水小龙虾价格下跌 14.6%，蟹类价格下降 3%。头足类价格上涨 4.4%，对虾价格上涨 3.6%。

进口水产品综合平均价格每吨 2 319 美

元，比上年上涨5.4%；一般贸易方式进口平均价2 734美元，上涨3.5%，其中鱼粉价格每吨1 556美元，下跌11%；来进料加工原料进口价格每吨2 056美元，上涨3.5%；供国内食用的进口水产品价格每吨4 241美元，上涨13.2%。

（二）影响因素

1. 中韩、中澳自贸协定生效，促进双边贸易增长

2015年12月20日，中韩、中澳自贸协定同时生效，通过简化签证程序、取消原产地证书各项收费，减免关税等措施，有效节约企业时间、人力和物力，有利于企业降低贸易成本，提高产品竞争力。年内与韩国和澳大利亚的水产品贸易较快增长，其中中国对两国出口量额同增。

2. 东南亚产区虾病严重，中国对虾出口恢复性增长

亚洲是全球对虾的主要产区，2013年以来，由于虾病大面积暴发，导致东南亚产区对虾产量至少下降40%左右。2016年中国对虾产量保持全球第一位，对美国、中国香港等出口量额增长，带动出口总量总额比上年分别增长12.1%和16.2%，对虾出口恢复性增长。

3. 全球鳗苗供应紧张，影响中国鳗鱼出口

由于世界鳗苗资源大幅度衰退，2011年起欧盟对欧鳗苗出口实行零配额，鳗苗供应日趋紧张，已严重影响中国鳗鱼产业的发展，欧鳗的养殖及出口均严重受阻。中国国内鳗鱼行业受此影响，近年来鳗鱼出口持续下降，2016年出口量额分别比上年下降2.6%和7.4%。

4. 国内消费热度持续上升，价格因素导致蟹类出口下降

据全国水产品批发市场价格信息采集分析平台监测，2016年中华绒螯蟹和梭子蟹价格分别比上年上涨4.5%和24.7%。市场供应减少、国内消费热度持续上升、价格倒挂是导致蟹类出口下降重要原因之一。另外，受二噁英等物质检出风波影响，第四季度对中国香港、美国等地蟹类出口量额大幅下降。全年出口量额比上年分别下降9.9%和12.6%。

5. 进口鱼粉贸易集中度下降，进口红利增加

秘鲁是中国鱼粉第一大进口来源地，中国从秘鲁鱼粉进口量2015年前一直保持在50%以上。但是近年其他渔业资源丰富的国家利用优惠的投资政策和低廉的人力成本给国际市场提供了价格更便宜的鱼粉，中国的进口选择更加多元化。2016年中国从秘鲁以外国家进口鱼粉量占总进口量的比例达到了58%，比上年提高了10个百分点，尤其从非洲进口量比上年增长了92.8%，其中从南非进口鱼粉2.4万吨，增长96.7%，是近5年来的新高。加之国内饲料企业需求稳定，2016年进口鱼粉价格比上年下跌11%。

其他农产品

（一）贸易概况

2016 年，中国其他农产品[①]进出口格局和结构表现各异。出口额为 197.7 亿美元，比上年增长 2.2%，占中国农产品出口总额的 27.1%。进口额为 208.9 亿美元，比上年下降 4.8%，占进口总额的 18.7%（表 55）。

（二）产品结构

1. 粮食制品

2016 年出口小幅增长，进口达历史最高值。全年出口量 143.2 万吨，比上年增长 11.7%；出口额 19.1 亿美元，增长 1.5%，占其他农产品出口总额的 9.6%；出口均价为每吨 1 331 美元，下跌 9.1%。进口量 244.1 万吨，比上年增长 14%；进口额达 2001 年以来最高值，为 18.8 亿美元，增长 5.3%，占其他农产品进口总额的 9%。进口均价为每吨 772 美元，下跌 7.7%。

粮食制品类第一大出口产品面食出口量 52.2 万吨，比上年增长 4.1%，占粮食制品出口总量的 36.5%，比上年下降 2.6%；出口额 8.3 亿美元，增长 1.8%。

粮食制品类第一大进口产品淀粉进口量 214.7 万吨，比上年增长 12.9%，占粮食制品进口总量的 87.9%，比上年降低 0.8 个百分点；进口额 7.8 亿美元，下降 6.8%（表 56）。

表 55　2016 年中国其他农产品主要产品贸易情况

单位：亿美元、%

产品	出口			进口		
	出口额	比上年增长	占比	进口额	比上年增长	占比
其他农产品	197.7	2.2	100.0	208.9	−4.8	100.0
粮食制品	19.1	1.5	9.6	18.8	5.3	9.0
酒精及酒类	13.4	14.4	6.8	43.5	12.9	20.8
药材	9.9	−2.7	5.0	1.0	−25.2	0.5
饼粕	8.7	7.2	4.4	2.3	57.3	1.1
精油	4.2	−46.8	2.1	1.9	−17.2	0.9
干豆（不含大豆）	7.0	10.7	3.6	4.3	−7.6	2.1
蚕茧及丝	3.5	−1.8	1.8	0.1	42.4	0.0
花卉	2.9	10.0	1.4	2.2	3.7	1.1
调味香料	1.4	−9.7	0.7	0.1	12.5	0.1
粮食（薯类）	0.2	99.5	0.1	14.1	−34.0	6.8
酿造及蒸馏过程中的糟粕及残渣（DDGs）	0.0	−37.2	0.0	6.8	−65.8	3.3

① 本章“其他农产品”指本报告十大类主要农产品外的所有农产品。

表 56 2016 年中国粮食制品贸易情况

单位：亿美元、万吨、美元/吨

产　品	出口额	出口量	出口均价	进口额	进口量	进口均价
粮食制品	19.1	143.2	1 331	18.8	244.1	772
面食	8.3	52.2	1 598	1.7	7.7	2 243
面包及糕点	3.9	12.5	3 096	7.6	15.8	4 799
膨化食品	1.9	6.4	2 886	1.6	4.6	3 462
淀粉	1.0	17.9	547	7.8	214.7	364

2. 酒精及酒类

贸易量和贸易额均较上年有所增加。其中出口量 3.8 亿升，较上年增长 10.3%；出口额 13.4 亿美元，增长 14.4%；出口均价为每千升 3 524 美元，上涨 3.7%。进口量 22.5 亿升，增长 21.5%；进口额 43.5 亿美元，增长 12.9%；进口均价为每千升 1 933美元，下跌 7.1%。

第一大出口产品啤酒出口继续增长，出口量 2.9 亿升，比上年增长 9.7%，占中国酒精及酒类出口总量的 76.7%，比上年降低 0.4 个百分点；出口额 1.9 亿美元，增长 5.1%。

葡萄酒和啤酒进口维持进一步增长态势。葡萄酒进口量 6.7 亿升，比上年增长 14.8%，占中国酒精及酒类进口总量的 29.6%；进口额 30.1 亿美元，增长 13.1%。啤酒进口量 6.5 亿升，增长 20.1%，占 28.7%；进口额 6.7 亿美元，增长 15.8%。

3. 药材

药材产品进出口额继续下降。出口量 14 万吨，比上年下降 18.4%；出口额 9.9 亿美元，下降 2.7%；出口均价为每吨 7 110 美元，上涨 19.2%。进口量 3.8 万吨，增长 2.9%；进口额 1 亿美元，比上年下降 25.2%；进口均价为每吨 2 527 美元，下跌 27.3%。

药材类第一大出口产品枸杞出口量 1.3 万吨，比上年增长 28.8%，占药材出口总量的 9%。第二大出口产品地黄出口量 8 129.3万吨，下降 8.1%，占药材出口总量的 5.8%。茯苓取代白芍成为第三大出口药材，出口量 6 189.7 吨，增长 43.6%，占药材出口总量的 4.4%。

药材类第一大进口产品鲜或干的甘草进口量 2.6 万吨，比上年增长 12.6%，占药材进口总量的 68.9%，比上年提高 5.9 个百分点。

4. 饼粕

饼粕产品进出口量、额均增长。出口量 215.8 万吨，比上年增长 17.9%；出口额 8.7 亿美元，增长 7.2%；出口均价为每吨

403 美元，下跌 9.1%。进口量 99.2 万吨，比上年增长 36%；进口额 2.3 亿美元，增长 57.3%；进口均价为每吨 228 美元，上涨 15.7%。

饼粕类第一大出口产品豆粕出口量 187.6 万吨，比上年增长 10.6%，占饼粕出口总量的 86.9%，比上年降低 5.7 个百分点；出口额 8 亿美元，增长 3.3%。

菜籽粕取代油棕果或棕仁油渣饼及其他固体残渣成为饼粕类第一大进口产品，进口量 50.4 万吨，是上年 3 倍，占饼粕进口总量的 50.8%，比上年提高 34 个百分点；进口额 1.5 亿美元，比上年增加 2.5 倍。油棕果或棕仁的油渣饼及其他固体残渣是饼粕类第二大进口产品。进口量 42.7 万吨，比上年下降 20%，占饼粕进口总量的 43%，比上年降低 30 个百分点；进口额 4 756.7 万美元，下降 16.5%。

5. 干豆

干豆（不含大豆，下同）进出口量均增长。出口量 63.8 万吨，比上年增长 27.5%；出口额 7 亿美元，增长 10.7%；出口均价为每吨 1 105 美元，下跌 13.1%。进口量 110.3 万吨，比上年增长 7.8%；进口额 4.3 亿美元，下降 7.6%；进口均价为每吨 394 美元，下跌 14.2%。

芸豆（其他干芸豆）是干豆类第一大出口产品，出口量 43.1 万吨，比上年增长 38.5%，占干豆出口总量的 67.6%，比上年提高 5.3 个百分点；出口额 3.7 亿美元，增长 23.5%。

豌豆是干豆类第一大进口产品，进口量 100.2 万吨，比上年增长 10.9%，占干豆进口总量的 90.8%，比上年提高 2.5 个百分点；进口额 3.6 亿美元，增长 6.4%（表 57）。

6. 调味香料

调味香料出口量 5.6 万吨，比上年增长 4.8%；出口额 1.4 亿美元，下降 9.7%；出口均价为每吨 2 583 美元，下跌 13.8%。进口量 2 179.6 吨，增长 0.8%；进口额 1 097.2万美元，增长 12.5%；进口均价为每吨 5 033 美元，上涨 11.5%。

表 57　2016 年中国干豆贸易情况

单位：亿美元、万吨、美元/吨

产　品	出口额	出口量	出口均价	进口额	进口量	进口均价
干豆(不含大豆)	7.0	63.8	1 105	4.3	110.3	394
芸　豆	3.7	43.1	854	0.1	1.1	607
绿豆产品	2.1	10.7	1 970	0.3	2.9	1 036
红小豆	0.7	5.0	1 383	0.02	0.3	791
豌　豆	0.009	0.1	937	3.6	100.2	360

其他未磨肉桂及肉桂花仍为中国最主要出口调味香料，出口3.4万吨，比上年增长5.3%，占中国调味香料出口总量的61.2%，增长0.2%；已磨肉桂及肉桂花列第二位，出口7 628.5吨，增长13.3%。

7. 薯类

薯类出口量2.1万吨，比上年增长26.5%；出口额2 400.6万美元，增长近一倍；出口均价为每吨1 147美元，上涨57.6%。进口量771.9万吨，下降17.8%；进口额14.1亿美元，下降34.1%；进口均价为每吨183美元，下跌19.7%。

木薯和甘薯仍分居中国薯类进出口之首。甘薯出口量2万吨，比上年增长32.3%，占薯类出口总量的96.6%，提高4.2个百分点；出口额2 280.9万美元，增加近1.5倍。木薯进口量770.4万吨，比上年下降17.8%，占薯类进口总量的99.8%；进口额14亿美元，下降34.2%。

8. 蚕丝[①]、花卉、精油、酿造及蒸馏过程中的糟粕及残渣（DDGs）

蚕丝出口量8 397.3吨，比上年增长4.3%；出口额3.5亿美元，下降1.8%；出口均价为每吨41 767美元，下跌5.9%。进口量3 609.6吨，增长53.3%；进口额1 001.7万美元，增长42.4%；进口均价为每吨2 776美元，下跌7%。

花卉出口额2.9亿美元，比上年增长10%。进口额2.2亿美元，增长3.8%。

精油出口量为3.2万吨，比上年下降42.6%；出口额4.2亿美元，下降46.8%；出口均价为每吨13 059美元，下跌7.4%。进口量9 047.4吨，下降21.2%；进口额1.9亿美元，下降17.2%；进口均价为每吨20 917美元，上涨5.1%。

酿造及蒸馏过程中的糟粕及残渣（DDGs）出口量1.0万吨，比上年下降29.7%；出口额259.1万美元，下降37.2%；出口均价为每吨251美元，下跌10.6%。进口量306.7万吨，比上年下降55%；进口额6.8亿美元，下降65.8%；进口均价为每吨223美元，下跌23.9%。

（三）贸易区域

1. 粮食制品

东盟是中国粮食制品贸易第一大伙伴。对东盟出口51.4万吨，比上年增长23.6%，占中国粮食制品出口总量的35.9%。对中国香港出口16.6万吨，增长0.6%，占11.6%；韩国超越欧盟，跃居出口对象国第三位，对韩国出口13万吨，增长7.8%，占9.1%。

进口来源地仍高度集中于东盟的泰国和越南。自东盟进口218.2万吨，比上年增长14.7%；占中国粮食制品进口总量的89.4%。其中，自泰国进口151.9万吨，增长11.7%，占中国粮食制品进口总量的62.2%；自越南进口54.1万吨，增长19.5%，占22.2%。

① 本文中的蚕丝指的是海关数据库中的蚕茧及丝。下同。

2. 酒精及酒类

东盟、中国香港和中国台湾是中国酒精及酒类主要出口市场。对东盟出口 7 890.6 万升，增长 9.9%，占中国酒精及酒类出口总量的 20.8%；出口额 1.4 亿美元，下降 8.6%。对中国香港出口 7 510.5 万升，增长 2.4%，占 19.8%；出口额 8.1 亿美元，增长 21.6%。对中国台湾出口 5 168.9 万升，增长 17.7%，占 13.6%；出口额 0.4 亿美元，增长 7.5%。

欧盟是中国酒精及酒类第一大进口来源地。自欧盟进口 9.3 亿升，增长 15.3%，占中国酒精及酒类进口总量的 41.3%；进口额 26.8 亿美元，增长 9.6%。自美国进口 8.7 亿升，增加 1.7 倍，占 38.8%；进口额 4.7 亿美元，增加 1 倍。

3. 药材

中国香港、韩国和日本是中国药材主要出口市场。对中国香港出口 5.2 万吨，比上年下降 31.4%，占中国药材出口总量的 37.4%；出口额 3.2 亿美元，下降 5.9%。对韩国出口 2.5 万吨，增长 7.3%，占 18.2%。对日本出口 1.8 万吨，增长 4%，占 12.8%。

哈萨克斯坦、乌兹别克斯坦和东盟是中国药材主要进口市场。自哈萨克斯坦进口 1.6 万吨，比上年增长 11.6%，占中国药材进口总量的 42.7%。自乌兹别克斯坦进口 6 756.5 吨，增长 61.2%，占 17.7%。自东盟进口 4 590 吨，下降 19.9%，占 12%。

4. 饼粕

日本、东盟和欧盟为中国饼粕主要出口市场。对日本出口 119.3 万吨，比上年下降 2.4%，占中国饼粕出口总量的 55.3%。对东盟出口 43.9 万吨，增加 1.5 倍，占 20.4%。对欧盟出口 24 万吨，增长 37.6%，占 11.1%。

加拿大超越东盟成为中国饼粕第一大进口来源地。自加拿大进口 49.7 万吨，比上年增加 50 倍，占中国饼粕进口总量的 50.1%。自东盟进口 43 万吨，比上年下降 21.2%，占 43.4%。其中自印度尼西亚进口 26.3 万吨，占饼粕进口总量的 26.5%；自马来西亚进口 16.4 万吨，占 16.5%。

5. 干豆

欧盟仍是中国干豆第一大出口市场。对欧盟出口 9.3 万吨，比上年下降 6.4%，占中国干豆出口总量的 14.6%。对巴西出口 9.1 万吨，增加 6.4 倍，占 14.3%。对印度出口 6.5 万吨，下降 15.3%，占 10.2%。

加拿大仍为中国干豆最大进口来源地。自加进口 91.2 万吨，比上年增长 11.4%，占中国干豆进口总量的 82.7%。

6. 调味香料

中国调味香料出口市场主要是南亚国家。对孟加拉国出口 8 098.7 吨，比上年增长 37.4%，占调味香料出口总量的 14.4%；出口额 1 480 万美元，增长 23%。对巴基斯坦出口 7 457.1 吨，增长 21.6%，占 13.3%；出口额 1 629.2 万美元，下降 26.6%。对印度出口 5 112.2 吨，增长

10%，占 9.1%；出口额 1 084.7 万美元，下降 1.1%。

调味香料进口量较少，主要进口来源地集中在东盟、印度和美国。自东盟进口 904.4 吨，比上年下降 2.5%，占中国调味香料进口总量的 41.5%；自印度进口 712.2 吨，增长 62.1%，占 32.7%；自美国进口 217.8 吨，占 10%。

7. 薯类

中国香港、欧盟和日本是中国主要薯类出口市场。对中国香港出口 1.2 万吨，比上年增加 4.3 倍，占中国薯类出口总量的 57.2%；出口额 1 741.5 万美元，增长 12 倍。对欧盟出口 3 347.4 吨，下降 21.2%，占 16%；出口额 215.5 万美元，下降 30.8%。对日本出口 2 483.9 吨，下降 3.2%，占 11.9%；出口额 154.8 万美元，下降 21.9%。

东盟是薯类最主要进口来源地。自东盟进口 770.3 万吨，比上年下降 17.8%，占薯类进口总量的 99.8%；进口额 13.9 亿美元，下降 34.2%。其中，自泰国进口 619.2 万吨，下降 16.6%，占薯类进口总量的 80.2%；进口额 11.4 亿美元，下降 33.2%。

8. 蚕丝、花卉、精油、酿造及蒸馏过程中的糟粕及残渣（DDGs）

蚕丝。印度和欧盟是中国蚕丝主要出口市场。对印度出口 3 519.7 吨，比上年增长 0.6%，占中国蚕丝出口总量 41.9%；出口额 1.5 亿美元，下降 3.4%。对欧盟出口 2 653.5吨，增长 16.9%，占 31.6%；出口额 1.04 亿美元，增长 8.6%。印度是中国蚕丝第一大进口市场，自印度进口 1 592.6 吨，增长 35.6%，占 44.1%；进口额 489 万美元，增长 8.5%。

花卉。日本和东盟是中国花卉主要出口市场。对日出口 8 989.7 万美元，比上年增长 13.7%。对东盟出口 5 319.8 万美元，增长 30.5%。欧盟保持中国花卉第一大进口来源地地位，自欧盟进口 1.2 亿美元，下降 0.6%，占中国花卉进口总额的 51.9%。其中自荷兰进口 1.1 亿美元，下降 1.6%，占 48.5%。

精油。东盟和欧盟是中国精油主要出口市场。对东盟出口 1.1 万吨，比上年下降 61.2%；出口额 1.3 亿美元，下降 66.4%。对欧盟出口 5 743.4 吨，下降 8.8%；出口额 0.9 亿美元，下降 12.8%。

酿造及蒸馏过程中的糟粕及残渣（DDGs）。美国、中国台湾和韩国是 DDGs 主要出口市场。其中美国连续第二年成为第一大出口市场，对美国出口 4 791.1 吨，比上年下降 29.4%，占中国 DDGs 出口总量的 46.5%。对中国台湾出口 2 895.5 吨，增长 19.3%，占 28.1%。DDGs 进口几乎全部来自美国。

分地区农产品贸易

区域农产品贸易

2016年，中国农产品贸易仍以东部地区①为主，西部地区农产品贸易位列第二。分地区看，东部地区农产品出口额495.1亿美元，占全国农产品出口总额的67.8%，比上年提高0.3个百分点；进口额909.3亿美元，占81.5%，与上年持平。中部地区出口额68.4亿美元，占9.4%，比上年下降0.2个百分点；进口额50.6亿美元，占4.5%，提高0.5个百分点。西部地区出口额96.8亿美元，占13.3%，比上年提高0.5个百分点；进口额74.3亿美元，占6.7%，降低0.3个百分点。东北地区出口额69.6亿美元，占9.5%，比上年降低0.5个百分点；进口额81.6亿美元，占7.3%，降低0.1个百分点（图20）。

东部地区前五大出口农产品分别为水产品、蔬菜、畜产品、饮品类和水果，出口额分别占全国同类产品出口总额的81.5%、65.9%、65.6%、68.5%和47.1%，水产品、蔬菜和畜产品所占比重分别提高1个、1.4个和0.9个百分点；其余2类产品所占比重均有所降低。东部地区前五大进口产品分别为食用油籽、畜产品、水产品、饮品类和水果，进口额占全国同类产品进口总额的比重除食用油籽和水产品外，均超过85%。饮品类和水果比重提高0.6个和3.9个百分点，其余三类产品所占比重有所降低。

① 东部地区包括7省3个直辖市，分别为河北、山东、江苏、浙江、福建、广东、海南、天津、北京、上海；中部地区包括6省，分别为山西、河南、安徽、湖北、湖南、江西；西部地区包括6省5个自治区1个直辖市，分别为陕西、甘肃、青海、四川、云南、贵州、新疆、宁夏、西藏、广西、内蒙古、重庆；东北地区包括3省，分别为辽宁、吉林、黑龙江。

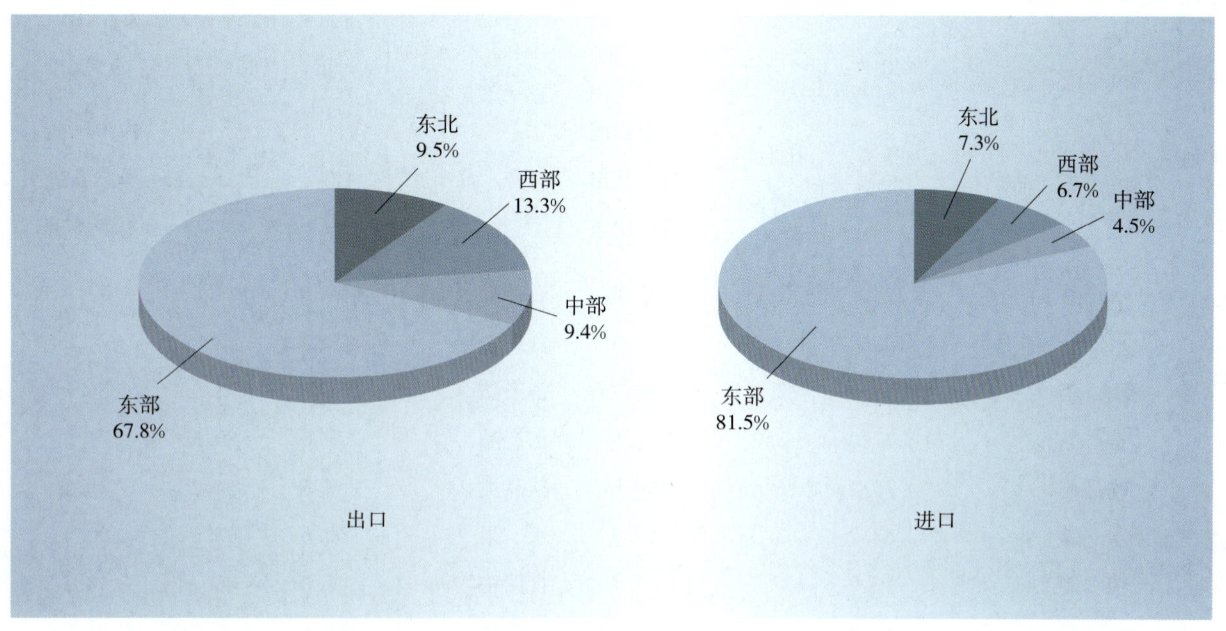

图 20 2016 年中国各区域农产品贸易比重

中部地区前五大出口产品中，除蔬菜出口额占全国同类产品出口总额比重比上年提高 0.3 个百分点外，畜产品、水果、饮品类和水产品出口额所占比重均下降。前五大进口农产品中，除食用油籽、畜产品和谷物进口额所占比重比上年提高外，棉麻丝和饮品类所占比重有所下降。

西部地区五大主要出口产品中，水果和饮品类出口额占全国同类产品出口总额比重分别提高了 1.1 个和 1 个百分点；蔬菜、水产品和畜产品所占比重分别降低了 0.5 个、0.1 个和 0.2 个百分点。前五大进口产品中，畜产品、谷物和水产品进口额占全国同类产品进口总额比重均有所增加，食用油籽和水果所占比重下降。

东北地区五大出口产品中，除干豆（不含大豆）出口额占全国同类产品出口总额比重提高 7.3 个百分点外；水产品、坚果、蔬菜和畜产品所占比重均有所下降，分别降低 0.4 个、3.9 个、1.2 个和 0.3 个百分点。五大进口产品除水产品外，食用油籽、畜产品、水果、糖料及糖进口额占全国同类产品进口总额比重均有所下降（表 58）。

各地区农产品贸易均以一般贸易为主，进料加工贸易、来料加工贸易、边境小额贸易、保税区仓储转口货物和保税区仓库进出境货物等方式较少（表 59）。

表 58 2016 年中国各区域主要农产品进出口情况

单位：亿美元、%

地区	出口				进口			
	产品	总额	比上年增长	占中国同类产品出口额比重	产品	总额	比上年增长	占中国同类产品进口额比重
东部地区	农产品	495.1	3.7	67.8	农产品	909.3	−4.6	81.5
	水产品	169.0	3.3	81.5	食用油籽	274.0	−3.5	74.0
	蔬　菜	97.0	13.3	65.9	畜产品	202.8	13.5	86.7
	畜产品	37.0	−3.0	65.6	水产品	70.0	−0.3	74.6
	饮品类	35.4	16.8	68.5	饮品类	60.5	14.2	93.1
	水　果	33.7	3.2	47.1	水　果	52.5	3.5	90.4
	粮食制品	15.5	0.7	81.1	食用植物油	47.3	−16.7	93.7
中部地区	农产品	68.4	0.7	9.4	农产品	50.6	7.5	4.5
	蔬　菜	26.1	12.7	17.7	食用油籽	22.1	26.1	6.0
	畜产品	11.8	−5.9	20.9	畜产品	11.0	46.2	4.7
	水　果	5.9	−1.7	8.3	谷　物	4.6	−23.2	8.0
	饮品类	5.8	14.1	11.1	棉麻丝	1.7	−32.5	6.9
	水产品	5.2	−14.4	2.5	饮品类	1.5	6.6	2.3
	药　材	2.1	−7.7	21.2	粮食制品	1.0	72.6	5.2
西部地区	农产品	96.8	7.0	13.3	农产品	74.3	−9.2	6.7
	水　果	28.4	6.5	39.7	食用油籽	42.1	−10.1	11.4
	蔬　菜	19.8	7.2	13.4	畜产品	7.7	33.7	3.3
	饮品类	9.7	25.3	18.8	谷　物	5.8	−22.1	10.1
	水产品	4.5	−4.4	2.2	水　果	2.5	−23.8	4.3
	畜产品	3.4	−7.6	6.0	水产品	2.0	29.1	2.1
	食用油籽	3.1	16.1	22.0	薯　类	1.6	−40.5	11.2
东北地区	农产品	69.6	−2.3	729.9	农产品	81.6	−5.7	7.3
	水产品	28.7	−0.8	207.4	食用油籽	32.2	−9.3	8.7
	坚　果	5.6	−13.8	11.9	水产品	20.9	19.8	22.3
	蔬　菜	4.3	−20.3	147.2	畜产品	12.4	0.1	5.3
	干豆（不含大豆）	4.3	25.7	7.0	水　果	2.9	−36.5	5.0
	畜产品	4.3	−7.5	56.4	糖料及糖	2.5	−37.9	16.6
	水　果	3.4	−4.4	71.4	谷　物	2.5	−34.9	4.3

表 59　2016 年中国各区域农产品贸易方式结构

单位：亿美元

贸易方式	东部		中部		西部		东北	
	出口额	进口额	出口额	进口额	出口额	进口额	出口额	进口额
合计	495.1	909.3	68.4	50.6	96.8	74.3	69.6	81.6
一般贸易	401.9	757.2	64.8	46.5	87.5	64.0	44.6	46.6
进料加工	52.0	39.9	1.8	2.2	2.5	4.3	18.8	5.2
来料加工	12.8	9.4	0.7	0.3	0.04	0.2	2.3	0.3
保税区仓储转口货物	12.1	62.2	0.002	0.2	0.4	0.6	0.7	21.0
边境小额	9.1	3.1	1.0	0.03	6.2	3.4	2.6	2.1
保税仓库进出境货物	6.1	28.8	0.09	1.2	0.1	1.8	0.5	5.6

省份农产品贸易

（一）贸易规模变化

2016 年，农产品贸易额超过 50 亿美元的有 10 个省（自治区、直辖市），数量与上年相同，分别为广东、山东、江苏、福建、上海、辽宁、浙江、天津、广西和云南，合计占全国农产品贸易总额的 82.6%。农产品贸易额在 10 亿～50 亿美元及 10 亿美元以下的分别有 11 个和 10 个省（自治区、直辖市），贸易额分别占全国的 14.7% 和 2.7%（图 21）。

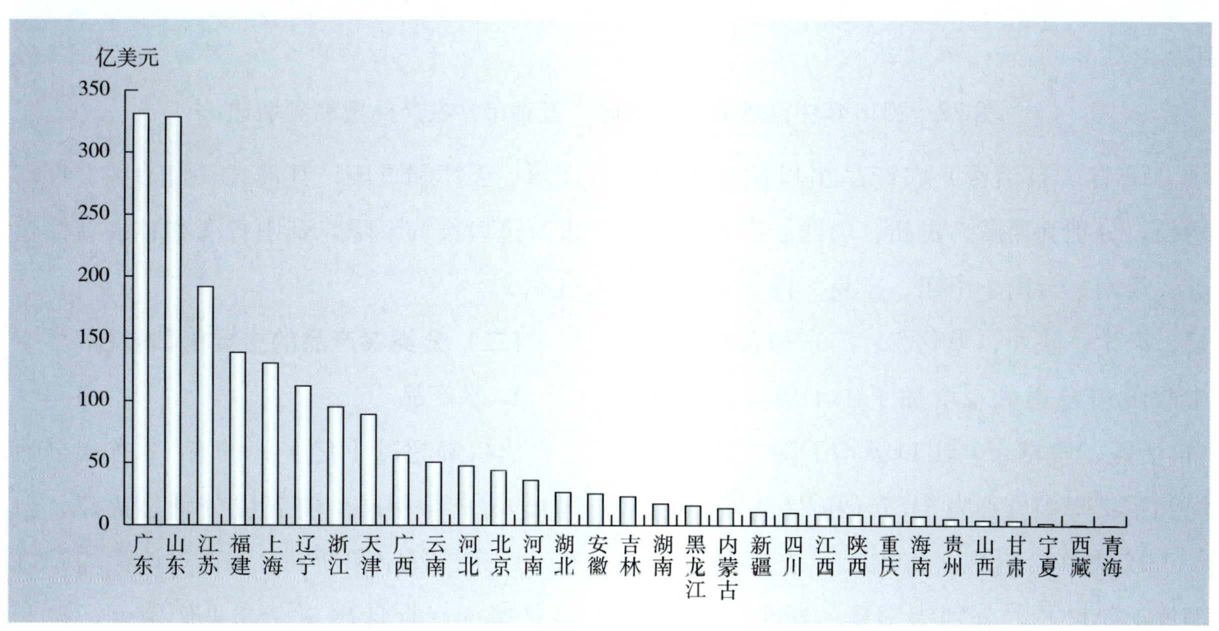

图 21　2016 年中国各省（自治区、直辖市）农产品贸易额

农产品出口额居前五位的省依次是山东、广东、福建、浙江和辽宁，排位与上年相同。5省出口额均在45亿美元以上，合计占全国出口总额的62%。进口额居前五位的依次是广东、江苏、山东、上海和天津，与上年相比，江苏由第三位升至第二位。5省（直辖市）进口额合计占全国进口总额的66.3%。

12省（自治区、直辖市）农产品贸易额比上年增长，分别为西藏、贵州、宁夏、山西、安徽、云南、湖北、内蒙古、上海、天津、湖南和河南，其中西藏增幅最大，为96.2%；其余省（自治区、直辖市）均比上年下降，其中青海54.7%，甘肃19%，河北11.4%，降幅居前三位（图22）。

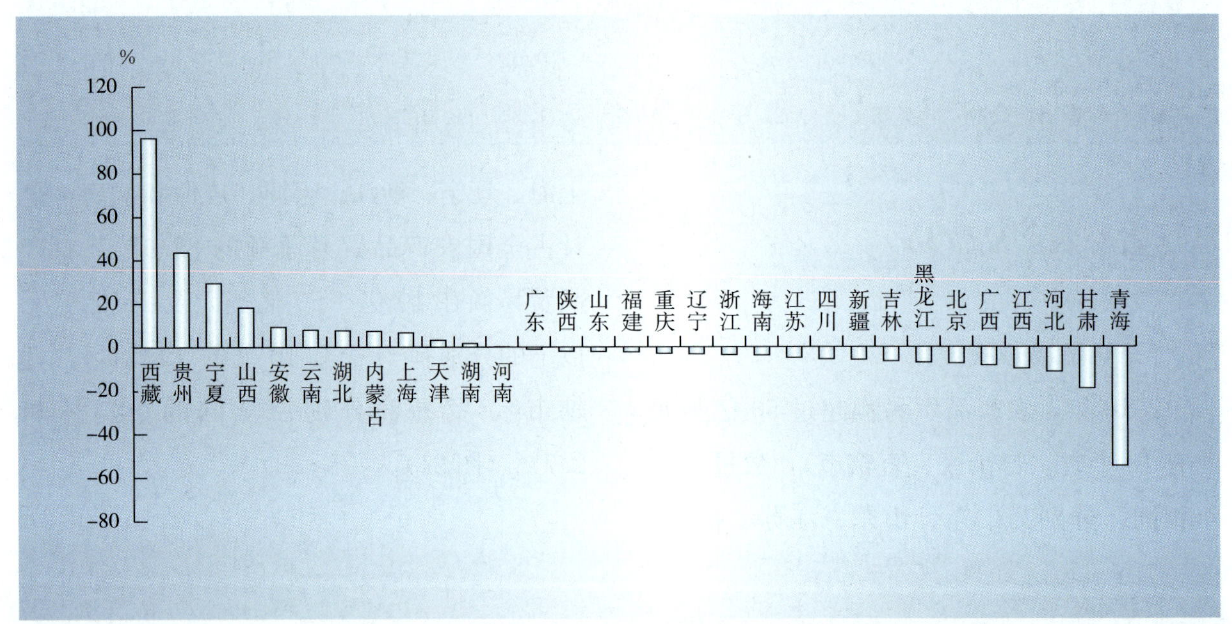

图22　2016年中国各省（自治区、直辖市）农产品贸易额增速

16省（自治区）农产品出口额比上年增长，分别为西藏、贵州、山西、广西、江苏、河南、云南、山东、宁夏、内蒙古、福建、海南、陕西、黑龙江、广东和吉林，其中西藏增幅最大，增加了1.4倍；其他省（自治区、直辖市）出口额均下降，其中青海和重庆降幅分别为34.7%和21.4%。

12省（自治区、直辖市）农产品进口额比上年增长，分别为宁夏、湖北、安徽、山西、内蒙古、新疆、湖南、上海、贵州、江西、天津和重庆，其他省（自治区、直辖市）进口额均下降，其中青海和甘肃降幅超过50%。

（二）分类农产品的主要出口省份

1. 水产品

出口额超过1亿美元的有12省（自治区），与上年相同。前五位分别是福建、山东、广东、辽宁和浙江，5省出口额均超过18亿美元，合计出口183.4亿美元，占全国水产品出口总额的88.4%。其中福建

58.5亿美元，占全国的28.2%。12省（自治区）中，出口额增长的省有5个，分别为吉林、福建、山东、广东和海南，其中吉林增幅最大，为20%。

墨鱼及鱿鱼。出口额超过1亿美元的有福建、山东、广东、浙江和辽宁，5省出口额合计26.7亿美元，占全国同类产品出口总额的95.3%。5省出口额均增长，其中山东增幅最大，为20.4%。

鳕鱼。以山东和辽宁为主，2省合计出口17.8亿美元，占全国鳕鱼出口总额的98.2%。其中山东11.3亿美元，占62.1%。两省出口额均较上年下降。

对虾。广东、福建和广西居出口前三位，合计出口12.6亿美元，占全国对虾出口总额的88.4%。其中广东7.3亿美元，比上年增长9.6%，占全国的51.3%。

罗非鱼。出口主要集中在广东、海南、广西和福建，4省（自治区）出口额合计12亿美元，占全国罗非鱼出口总额的98.3%。除福建外，其余3省（自治区）出口额均比上年下降。

鳗鱼。以福建、广东和江西为主，3省出口额合计8亿美元，占全国鳗鱼出口总额的87.3%。除广东外，其余2省出口额均比上年下降。

2. 蔬菜

出口额超过1亿美元的有17省（自治区、直辖市），比上年增加1个。山东、河南、福建、云南和江苏居前五位，5省出口额合计107.5亿美元，占全国蔬菜出口总额的73%。其中山东占40.4%。17省（自治区、直辖市）中，河南、云南、湖南、山东、安徽、广东、江苏和河北等8省份出口增长。增幅前三位的是：河南29.2%，云南28.4%，湖南26.5%。

鲜或冷藏的蒜头。山东、江苏和河南居出口额前三位。3省合计占全国同类产品出口总额的98.3%。其中山东出口18.1亿美元，比上年增长46.4%，占全国的73.6%。

干香菇。湖北、河南和福建位居出口额前三位，合计出口13.7亿美元，占全国干香菇出口总额的91.5%。3省出口额均增长：湖北增加1.2倍，河南和福建均增加1.1倍。

番茄酱罐头。新疆和天津位居出口额前两位，合计占全国的67.9%。其中新疆出口3.1亿美元，比上年下降20.8%；天津1.7亿美元，下降37.5%。

3. 水果

14个省（自治区）出口额超过1亿美元，比上年减少2个省份，前五位是云南、山东、福建、陕西和浙江，5省出口额合计48.9亿美元，占全国水果出口总额的68.5%。14个省（自治区）中，7个省（自治区）出口比上年增长，其中广西和山西增幅均超过50%。

柑橘。出口额超1亿美元的有云南、福建、浙江和广西，4省合计出口12.1亿美元，占全国的73.7%。其中云南出口4.9亿美元，比上年增长15%，占全国的29.8%；福建出口3.6亿美元、下降2.2%；

浙江下降3.5%；广西增长52.6%。

鲜苹果。山东、云南和陕西出口均超过1亿美元。山东出口额6.5亿美元，比上年增长52.3%，约占全国的五分之二。其次为云南，出口额2亿美元，增长58.1%。陕西出口1.9亿美元，增长44.2%。

鲜葡萄。以云南为主，出口额5.6亿美元，比上年下降12.3%，占全国出口总额的84.7%。

4. 畜产品

12省（直辖市）出口额超过1亿美元，数量与上年相同。前五位是广东、山东、江苏、浙江和湖南，出口额合计34亿美元，占全国畜产品出口总额的60.2%。12省（直辖市）中，除江苏增长17.2%，湖北增长14.9%和广东增长4.8%外，其余省份出口均下降。降幅前三位的是：湖南13.5%，浙江13.1%，山东11.4%。

禽产品（家禽类）。山东、广东和辽宁出口额均超过1亿美元，3省合计出口12亿美元，占全国家禽产品出口总额的79.2%。其中山东6.2亿美元，比上年下降12.5%；广东增长6.2%，辽宁增长2.4%。

生猪产品。出口额超过1亿美元的有广东、湖南、河南和山东，4省合计出口8.1亿美元，占全国生猪产品出口总额的68.5%。除河南增长2%外，其余3省出口额均较上年下降，降幅分别为：湖南7.4%，广东2.2%和山东1.7%。

肠衣。江苏、上海和河北居出口前三位，出口额均超过1亿美元，3省（直辖市）出口额合计7亿美元，占全国肠衣出口总额的65.5%。除江苏增长38.4%外，其余2省（直辖市）均下降，河北下降7.4%，上海下降5%。

5. 饮品类

出口额超过1亿美元的有10省（直辖市），比上年增加1个省份。广东和浙江居前两位，出口额均超过6亿美元，合计22.8亿美元，占全国饮品类出口总额的44.2%。10省（直辖市）中，除浙江、上海和四川外，其余省份均增长，增幅居前三位的是：江苏1.2倍，云南47.6%，湖北32.2%。

绿茶。以浙江为主，出口额4.6亿美元，比上年下降10.1%，占全国出口总额的43%。其次是安徽，出口2.3亿美元，与上年出口额持平，占全国的21.8%。湖北和福建两省出口额已逼近1亿美元，分别比上年增长48.1%和83.8%。

无醇饮料。以广东为主，出口额7.1亿美元，比上年增长3%，占全国出口总额的83.2%。

6. 粮食制品

出口额超过1亿美元的省依次是广东、山东、江苏、辽宁和福建，合计出口14.2亿美元，占全国粮食制品出口总额的74.4%。除福建和山东外，其余3省出口均增长，其中辽宁增幅最大，为12.7%。

面食。以山东和广东为主，两省出口额合计4.6亿美元，占全国的55.3%。山东出口额比上年下降0.8%，广东增

长2.1%。

（三）分类农产品的主要进口省份

1. 油籽

进口额超过1亿美元的有21省（自治区、直辖市），比上年增加1个省份。居前五位的是山东、江苏、广东、广西和辽宁，5省（自治区）进口额均超过25亿美元，合计256亿美元，占全国油籽进口总额的69.1%；合计进口量6 255.8万吨，占全国的69.9%。与上年相比，21省（自治区、直辖市）中，江西、湖北、山西、安徽和江苏等5省进口额增长，其他省（自治区、直辖市）均下降，降幅前三位依次为北京、吉林和四川，分别下降41.7%、25.8%和24.8%；从进口量上看，湖北、江西、山西、安徽、山东、江苏、广东、天津和辽宁等9省（直辖市）进口量增长，其余省份进口量下降。

大豆。8省（自治区、直辖市）进口额超过10亿美元，合计293.6亿美元，占全国大豆进口总额的86.4%；合计进口量7 281.9万吨，占全国大豆进口总量的86.4%。山东、江苏、广东、广西和辽宁居进口前五位，5省（自治区）进口额均超过20亿美元，合计占全国的70.5%；5省（自治区）进口量均超过550万吨，合计占全国进口总量的70.7%。与上年相比，除江苏和广东外，其余6省（自治区、直辖市）进口额均下降，降幅居前三位的依次为：河北17%，福建16.3%，广西6%；进口量只有河北、福建和广西下降。

2. 畜产品

进口额超过1亿美元的有16省（自治区、直辖市），比上年增加1个省份。居前五位的依次为广东、上海、天津、江苏和浙江，合计进口163.8亿美元，占全国畜产品进口总额的七成。与上年相比，16省（自治区、直辖市）中，除浙江、江苏、福建和河北外，其余进口额均增长，增幅前三位依次为：安徽2倍，四川83.3%，重庆68.2%。

乳制品。位居进口额前三位的是广东、上海和浙江，合计进口43.3亿美元，占全国乳制品进口总额的67.2%。北京、天津、山东、福建、重庆、江苏、湖南、内蒙古和辽宁进口额也超过1亿美元。与上年相比，12省（自治区、直辖市）中，除天津和辽宁外，其余进口额均增长，其中重庆和福建增幅均超过50%。

生猪产品。广东、天津和上海居进口额前三位，进口额合计42.6亿美元，占全国同类产品进口总额的73.4%。进口额超过1亿美元的还有山东、江苏、安徽、辽宁、北京和河南。与上年相比，9省（直辖市）中，除江苏外，其余进口额均增长。增幅前三位依次为：广东和天津分别增加1.8倍和1.1倍，上海增长72.1%。

牛产品。以天津和上海为主，合计进口15.8亿美元，占全国同类产品进口总额的56%。进口额超过1亿美元的还有江苏、广东、辽宁、山东和北京。与上年相比，7省（直辖市）中，除天津、广东和上海外，其余4省（直辖市）进口额均下降，其中辽宁降幅最大，为33.8%。

动物毛。进口以江苏为主，进口额15.8亿美元，占全国同类产品进口总额的63.7%。进口额超过1亿美元的还有浙江和山东。与上年相比，除浙江外，江苏和山东的进口额均下降，降幅分别为1.3%和1.5%。

3. 水产品

进口额超过1亿美元的有10省（直辖市），比上年增加1个省份。山东居首位，之后为辽宁、广东和上海，4省（直辖市）合计进口70.7亿美元，占全国水产品进口总额的75.4%。与上年相比，10省（直辖市）中，山东、浙江、广东和天津进口额下降，其余进口额均增长，其中天津降幅最大，为28.8%；吉林增幅最大，为52.6%。

饲料用鱼粉。广东和福建居进口前两位，合计进口10亿美元，占全国的62.3%。上海和辽宁进口额也超过1亿美元。

鳕鱼。以山东和辽宁为主，两省合计进口14.4亿美元，占全国鳕鱼总进口的97.2%。其中山东进口8.6亿美元，占57.8%。与上年相比，山东下降5.2%，辽宁增长7.5%。

4. 饮品类

进口额超过1亿美元的有9省（直辖市），数量与上年相同。广东和上海居前两位，2省（直辖市）合计进口35.3亿美元，占全国同类产品进口总额的54.3%。进口额超过1亿美元的还有江苏、福建、北京、浙江、山东、天津和辽宁。与上年相比，9省（直辖市）中，除辽宁外，其余进口额均增长，增幅前三位依次为：江苏增加1.2倍，山东和辽宁分别增长34.2%和17.9%。

葡萄酒。以广东和上海为主，2省（直辖市）合计进口21.5亿美元，占全国同类产品进口总额的71.3%。与上年相比，广东和上海分别增长8%和13%。

啤酒。福建和上海居进口前两位，合计进口3.5亿美元，占全国同类产品进口总额的52.2%。与上年相比，福建和上海增幅分别为28.2%和17.5%。

咖啡。进口以江苏为主，进口额2.9亿美元，占全国同类产品进口总额的59%。与上年相比，江苏增加了4.8倍。

5. 植物油

进口额超过1亿美元的有9省（自治区、直辖市），数量与上年相同。江苏、广东和天津居前三位，合计进口38.4亿美元，占植物油进口总额的61.6%。与上年相比，9省（自治区、直辖市）中，北京、上海和浙江进口额增长，其余各省（自治区、直辖市）进口额均下降，其中广东降幅最大，29.5%。

棕榈油。居进口前三位的依次是江苏、广东和天津，进口额合计20.6亿美元，占全国棕榈油进口总额的71.9%。上海、福建、山东和浙江进口额也超过1亿美元。与上年相比，7省（直辖市）中，除上海增长64.4%外，其他省（直辖市）进口额下降，

其中山东降幅最大，为34.4%。

葵花油和红花油。江苏、上海和天津居进口前三位，进口额均超过1亿美元，进口额合计6.9亿美元，占全国同类产品进口总额的83.1%。与上年相比，3省（直辖市）增幅依次为80.4%、2%和33.5%。

菜籽油。进口以江苏为主，进口额4.2亿美元，占全国菜油进口总额的80.9%。与上年相比，江苏进口额下降14.4%。

部分省（自治区）农产品贸易

根据各省贸易发展情况，选择山东、浙江、内蒙古、四川和宁夏分别概述其农产品贸易和贸易促进工作情况。

（一）山东省

2016年，山东省农产品贸易总额328.7亿美元，比上年下降2.1%。其中出口额176.5亿美元，增长7.2%，占全国农产品出口额的24.2%，连续17年居全国首位；进口额152.2亿美元，下降11%；贸易顺差24.3亿美元。

蔬菜、水产品、水果、畜产品和油籽是主要出口农产品。蔬菜出口59.6亿美元，比上年增长23.4%，其中大蒜占44.2%，洋葱占6.7%，辣椒占5.4%，生姜占5.2%；水产品出口46.9亿美元，比上年增长4.4%，其中鳕鱼占24.1%，贝类及软体动物占22.2%；水果出口17.1亿美元，比上年增长4.5%，其中苹果占49.7%，梨占7.6%；畜产品出口9.3亿美元，比上年下降11.4%，其中家禽产品占67.1%，生猪产品占13.8%；油籽出口8亿美元，比上年下降4.2%，其中89.9%是花生。

油籽、水产品、畜产品、棉麻丝、谷物、糖料及糖是主要进口农产品。油籽进口77.3亿美元，比上年下降0.2%，其中94%是大豆；水产品进口24.7亿美元，下降2.5%，其中鲜冷冻鱼占66.2%；畜产品进口15.2亿美元，与上年持平，其中动物生皮占30.3%，乳制品占16%；棉麻丝进口9.2亿美元，下降27.6%，其中95.9%是棉花；谷物进口2亿美元，下降75.9%，其中36.3%是玉米，29.7%是大麦，27%是小麦；糖料及糖进口2.5亿美元，下降50.3%（图23）。

主要出口市场有日本、东盟、欧盟、韩国和美国。出口日本41.3亿美元，比上年下降3.1%；出口东盟31.6亿美元，增长19.6%，其中对越南出口居首，占对东盟出口的26.4%；出口欧盟26.3亿美元，增长7%，其中德国占23.3%；出口韩国17.4亿美元，增长8.5%；出口美国16.7亿美元，增长7.5%。

美国和巴西是山东省进口额过30亿美元的进口来源地。自美国进口50.4亿美元，比上年下降3.1%；自巴西进口34亿美元，下降11.4%；自东盟进口8.9亿美元，下降22.8%，其中自泰国进口占自东盟总进口的49.9%（图24）。

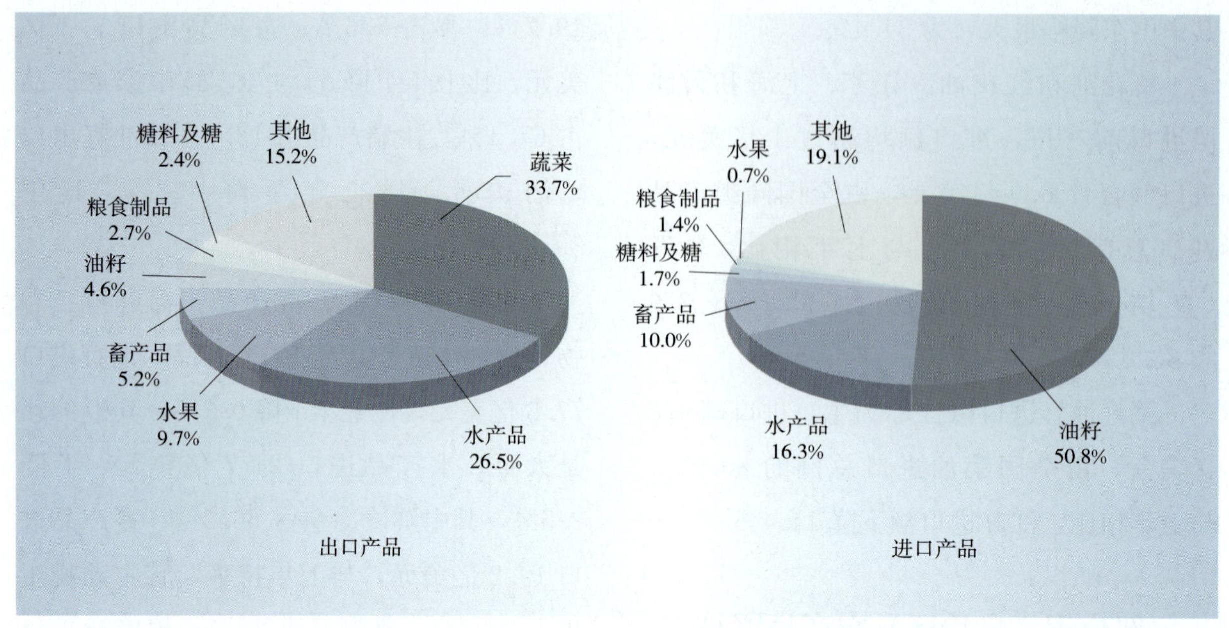

图 23　2016 年山东省进出口农产品结构

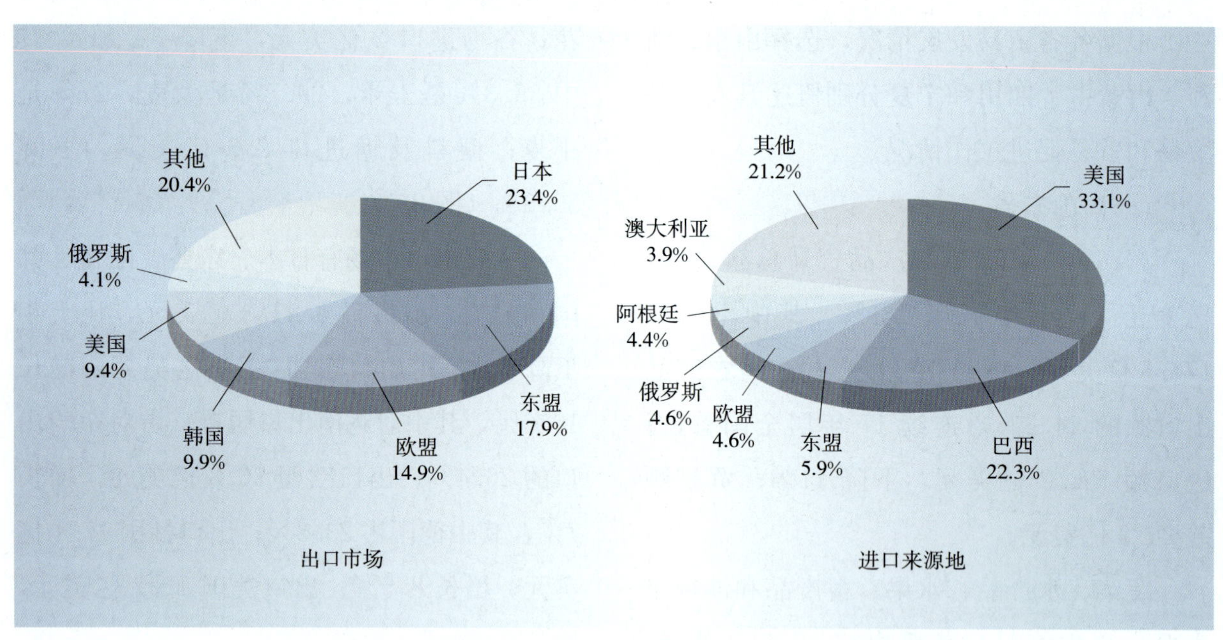

图 24　2016 年山东省农产品出口市场和进口来源地结构

2016 年，山东省有农产品出口业绩的企业 4 187 家，较上年增加 121 家。其中出口 1 000 万美元以上的企业 401 家，比上年增加 31 家，出口额合计占全省农产品出口总额的 63%；出口 5 000 万美元以上的企业 39 家，增加 13 家，出口额合计占全省农产品出口总额的 19.6%；出口过亿美元的企业有 6 家，与上年持平，出口额合计占全省农产品出口总额的 6.1%。

山东省促进农产品出口的主要政策和

措施：

（1）大力推进农产品品牌建设。印发《山东省农产品品牌建设实施方案》，召开全省农产品品牌建设大会，发布省级农产品整体品牌，宣传山东农产品整体品牌形象，认定区域公用品牌、企业品牌和品牌产品专营体验店等。

（2）助推农业出口产业转型升级。2016年继续实施出口农产品质量安全建设，支持10个县实施产业集群项目，打造企业间协会组织、政府公共服务和示范生产基地建设三个平台，充分利用财政资金的带动作用，引导农业出口产业发展，助推出口企业转型升级。

（3）着力加强出口市场监测预警和出口信息服务。继续做好农产品出口监测系统建设，提高数据质量，增强监测时效性。加强对贸易壁垒、检验检疫、出口政策等企业反馈信息处理，完善对企业出口信息服务。

（4）做好部门配合形成出口促进工作合力。密切与海关、商务厅、出入境检验检疫局等部门配合，做好农产品出口数据对接与分析，积极推进出口农产品质量安全示范区建设。至2016年，建成省级示范区106个，国家级示范区49个，基本覆盖全省农产品出口。

（5）积极组织农产品境外营销促销。组织山东省农产品企业境外参展和出口农产品质量安全示范省推介及相关经贸活动。2016年，组织展团参加西班牙、东盟等国际食品展览会，并同期举办山东名优农产品推介活动。组织考察团赴阿根廷、秘鲁和美国开展出口农产品质量安全示范的宣传推介。

（二）浙江省

2016年，浙江省农产品贸易总额95亿美元，比上年下降3.7%。其中，出口额47.9亿美元，下降3.6%；进口额47.1亿美元，下降3.7%；贸易顺差0.8亿美元。

水产品、饮品、畜产品、蔬菜和水果是主要出口农产品。水产品出口18.5亿美元，比上年下降1.4%，其中鲜冷冻鱼类占32.3%；饮品出口6.4亿美元，与上年基本持平，其中茶叶占81.3%；畜产品出口4.4亿美元，下降13.1%，其中羽毛占44.9%；蔬菜出口4.3亿美元，下降4.3%，其中加工保藏蔬菜占52.7%；水果出口3.1亿美元，下降2.1%，其中柑橘占69.9%。

畜产品、油籽、植物油、水产品和谷物是主要进口农产品。畜产品进口15.8亿美元，比上年下降2.7%，其中乳品占40.7%，动物毛占24.1%，生皮占14%；油籽进口9.9亿美元，下降4%，其中97.7%是大豆；植物油进口3.8亿美元，增长5.6%，其中棕榈油类占29.5%；水产品进口3.2亿美元，下降3.2%，其中鲜冷冻鱼占40.7%；谷物进口2.6亿美元，下降36.1%，其中大麦制品占39.3%（图25）。

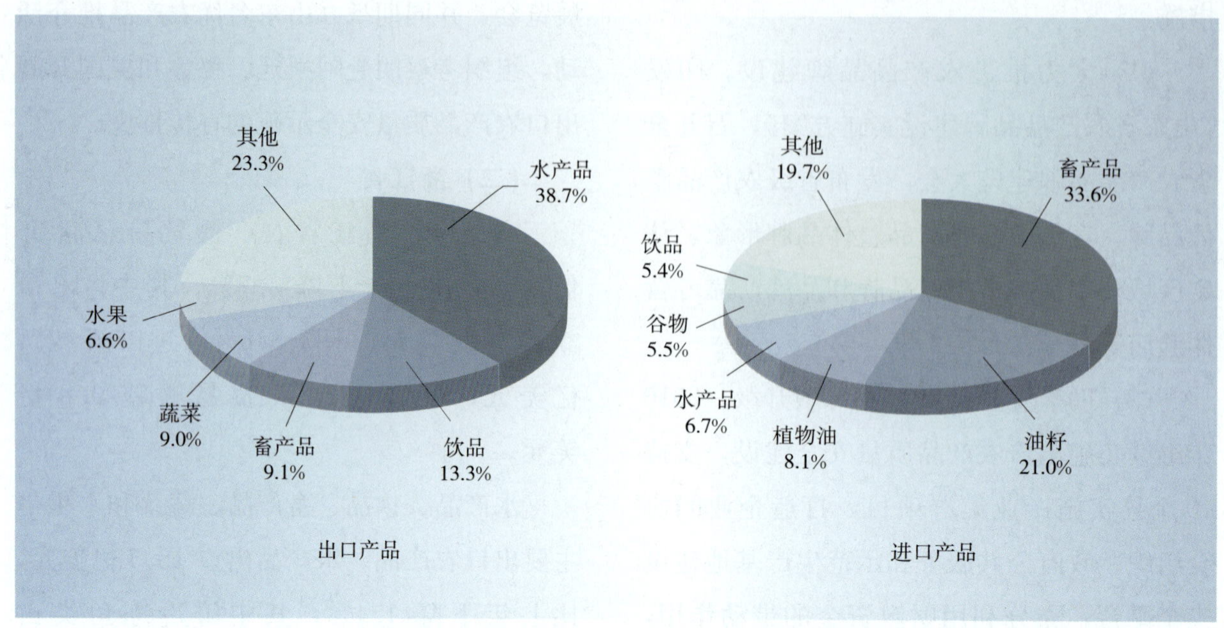

图 25 2016 年浙江省进出口农产品结构

日本、欧盟、美国、东盟、韩国和中国香港是主要出口市场。对日本出口 10.9 亿美元，比上年增长 1.5%；出口欧盟 7.2 亿美元，下降 4.1%，其中对西班牙出口居首，占对欧盟出口的 23%；出口美国 6.1 亿美元，下降 5.7%；出口东盟 4.5 亿美元，下降 21.4%，其中泰国占 36.3%；出口韩国 3.9 亿美元，增长 5.3%；出口中国香港 2.1 亿美元，下降 9.1%。

欧盟、美国、东盟、澳大利亚、巴西和新西兰是主要进口来源地。自欧盟进口 9.3 亿美元，比上年下降 2.2%，其中从法国进口占自欧盟总进口的 23%；自美国进口 7.7 亿美元，下降 3.8%；自东盟进口 7.2 亿美元，下降 4.6%，其中印度尼西亚占 52.9%；自澳大利亚进口 6.4 亿美元，下降 3.9%；自巴西进口 5 亿美元，下降 13.3%；自新西兰进口 3.5 亿美元，比上年增长 30.9%（图 26）。

2016 年，浙江省有 3 016 家企业从事农产品进出口贸易，有出口业绩的企业 1 663 家。其中出口 100 万美元以上的企业 552 家，出口额占全省农产品出口总额的 95.8%；出口 500 万美元以上的企业 234 家，出口额占全省的 79.9%；出口 1 000 万美元以上的企业 134 家，出口额占全省的 65.2%；出口 5 000 万美元以上的企业 16 家，出口额占全省的 22.5%；出口超过 1 亿美元的企业 1 家。

浙江省促进农产品出口的主要政策和措施：

（1）加强政策引导。2016 年 8 月，出台《关于促进外贸回稳向好的若干意见》，加大财税金融支持力度、加快培育外贸新业态、促进传统外贸优化升级、改善外贸营商环境、加强组织保障等五个方面共 20

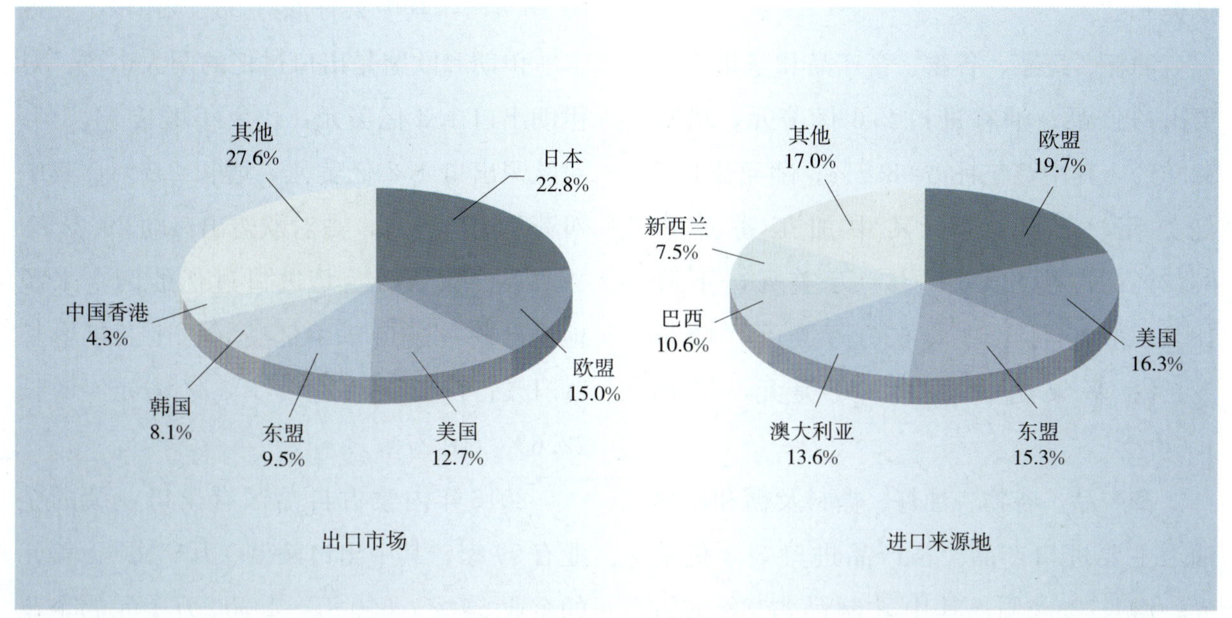

图 26 2016 年浙江省农产品出口市场和进口来源地结构

条意见，并要求各地要结合实际出台针对性配套措施，提高政策精准度，抓好落实。

(2) 强化预警机制。建立省农产品出口预警监测体系，对茶叶、蔬菜、畜产品、水果及水果罐头、蜂产品等重点出口农产品设立贸易监测预警示范点，积极发挥进出口企业协会作用，定期整理、编制外贸预警信息报告，对本行业重点市场动态进行监测、统计、分析、研究，通过与省商务厅、出入境检验检疫局、海关等部门联动，帮助企业及时应对农产品国际贸易摩擦及技术性贸易壁垒。

(3) 提升出口产品品质。进一步推动出口农产品生产基地建设，全面提升出口农产品质量安全水平。制订《浙江省出口农产品示范基地认定实施办法（试行）》，在特色优势农产品生产基地建设基础上，围绕重点出口农产品领域，开展出口农产品生产示范基地建设，至 2016 年底认定 13 个“浙江省首批出口农产品生产示范基地”。

(4) 积极开拓市场。2016 年，组织出口农产品企业参加日本、美国波士顿、法国巴黎等 15 个国际性食品展会，参展企业 247 家次、设展位 333 个，企业参展人数 460 余人次，并在上海国际食品展和中国—东盟农业国际合作展上举办浙江名优农产品推介活动，宣传浙江农业整体形象，展示浙江优势农产品，在巩固传统出口市场的同时，进一步拓展“一带一路”等新兴市场。

(三) 内蒙古自治区

2016 年，内蒙古自治区农畜产品的进出口额 13.8 亿美元，比上年增长 7.3%。其中出口额 8.2 亿美元，增长 5.9%；进口额 5.7 亿美元，增长 9.4%；贸易顺差 2.5

亿美元。

油籽、蔬菜、谷物、畜产品和坚果为主要出口产品。油籽进口 2.6 亿美元，增长 32.6%，其中葵花籽占 98.7%；蔬菜出口 1 亿美元，下降 1%，其中加工番茄占 66.2%；谷物出口 3 659 万美元，下降 18%；畜产品出口 3 630 万美元，增长 9.4%；坚果出口 3 440 万美元，增加 1.6 倍。

畜产品、谷物、油籽、糖料及糖和植物油为主要进口产品。畜产品进口 3.3 亿美元，增长 23.6%，其中乳制品占 38.9%；谷物进口 6 685 万美元，下降 16.4%，其中玉米占 97.4%；油籽进口 6 447 万美元，与上年基本持平，其中大豆占 42.9%，油菜籽占 34.6%；糖料及糖进口 2 337 万美元，下降 47.9%；植物油进口 1 581 万美元，下降 18.4%，其中菜籽油占 63.7%。

伊朗和欧盟是出口过亿的两大市场。对伊朗出口 1.3 亿美元，比上年增长 94.3%；对欧盟出口 1.2 亿美元，增长 2.7%，其中对荷兰出口居首，占对欧盟出口的 29.3%。

蒙古和新西兰是进口过亿的两个来源地。自蒙古进口 1.4 亿美元，比上年增长 39.1%；自新西兰进口 1.3 亿美元，增长 22.6%（图 27）。

2016 年内蒙古自治区有出口业绩的企业有 99 家，其中出口额 100 万～500 万美元的企业 61 家，500 万～1 000 万美元的企业 20 家，1 000 万～5 000 万美元的企业 15 家，5 000万～1 亿美元以下的企业 3 家，无过 1 亿美元企业。

内蒙古自治区促进农产品出口的主要政策和措施：

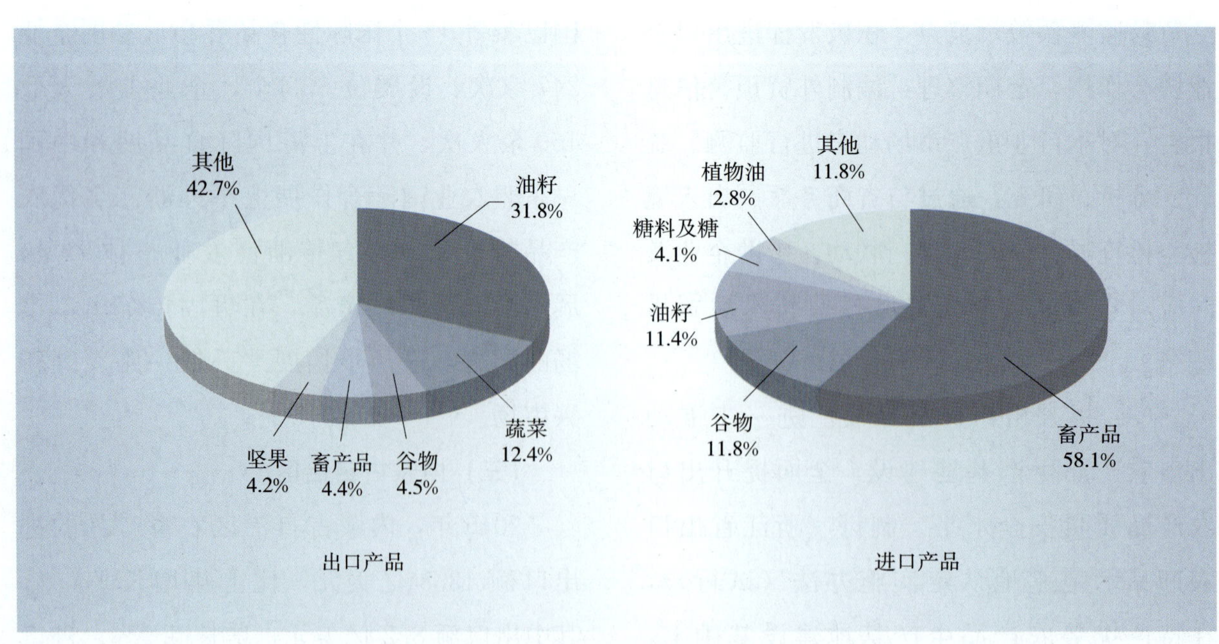

图 27　2016 年内蒙古自治区进出口农产品结构

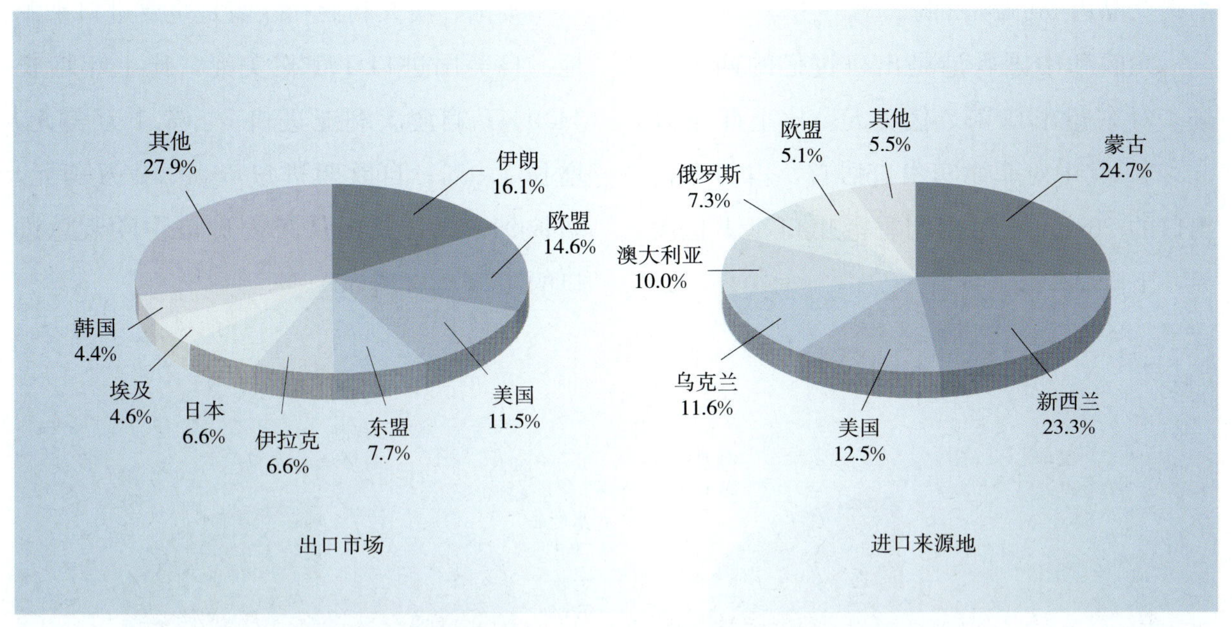

图 28　2016 年内蒙古农产品出口市场和进口来源地结构

（1）积极组织企业参加境内外展会，为企业搭建贸易平台。组织企业参加华交会、广交会、东盟博览会和亚欧博览会等国内外专业贸易展，组织企业赴马来西亚吉隆坡开展营销促进和贸易对接活动，组织经贸团就活羊出口事宜赴中东三国开展经贸洽谈，扩大内蒙古优势农畜产品的出口市场份额和影响力。

（2）依托外贸转型升级示范基地建设，优化农畜产品出口企业生产结构。目前全区外贸转型升级示范基地中有 4 个国家认定农产品示范基地，14 个自治区认定农产品示范基地。助推巴彦淖尔市番茄基地加工体系转型，出口产品从原料番茄酱为主，转向番茄汁、脱水番茄（番茄丁）、小包装番茄酱等多品种出口，拉长产业链条，提高产品附加值。

（3）加强与中国出口信用保险公司的合作协调，帮助涉农出口企业规避风险。积极配合自治区商务厅建立外贸工作厅际联席会议机制，定期同出口信用保险内蒙古专项办进行座谈，帮助农业企业解决问题。

（四）四川省

2016 年，四川省农产品贸易总额 10.2 亿美元，比上年下降 5.6%。其中出口额 5.6 亿美元，下降 8.2%；进口额 4.6 亿元，下降 2.3%；贸易顺差 1 亿美元。

饮品、畜产品、蔬菜是主要出口农产品。饮品出口 1.3 亿美元，比上年下降 28.6%，其中白酒占 97.5%；畜产品出口 6 438 万美元，下降 19.7%，其中生猪产品占 42.4%；蔬菜 6 110 万美元，增长 9.9%，其中菌类占 50%。

油籽、畜产品、谷物是主要进口农产品。油籽进口 1.8 亿美元，比上年下降 24.8%，大豆占 99.9%；畜产品进口 1.5 亿美元，增长 83.3%，其中乳品占 37.9%；谷物进口 3 476 万美元，增长 19.3%，其中高粱产品占 50.8%（图 29）。

东盟和中国香港是出口过亿的两大市场。对东盟出口 1.7 亿美元，比上年下降 6.3%，其中对菲律宾出口居首，占对东盟出口的 26.5%；对中国香港出口 1.1 亿美元，下降 22.3%。

美国、澳大利亚和欧盟是主要进口来源地。自美国进口 1.1 亿美元，比上年增长 44.9%；自澳大利亚进口 6 863.1 万美元，增长 1.9%；自欧盟进口 5 891.2 万美元，增长 91.3%，其中从丹麦进口占欧盟总进口的 46.6%（图 30）。

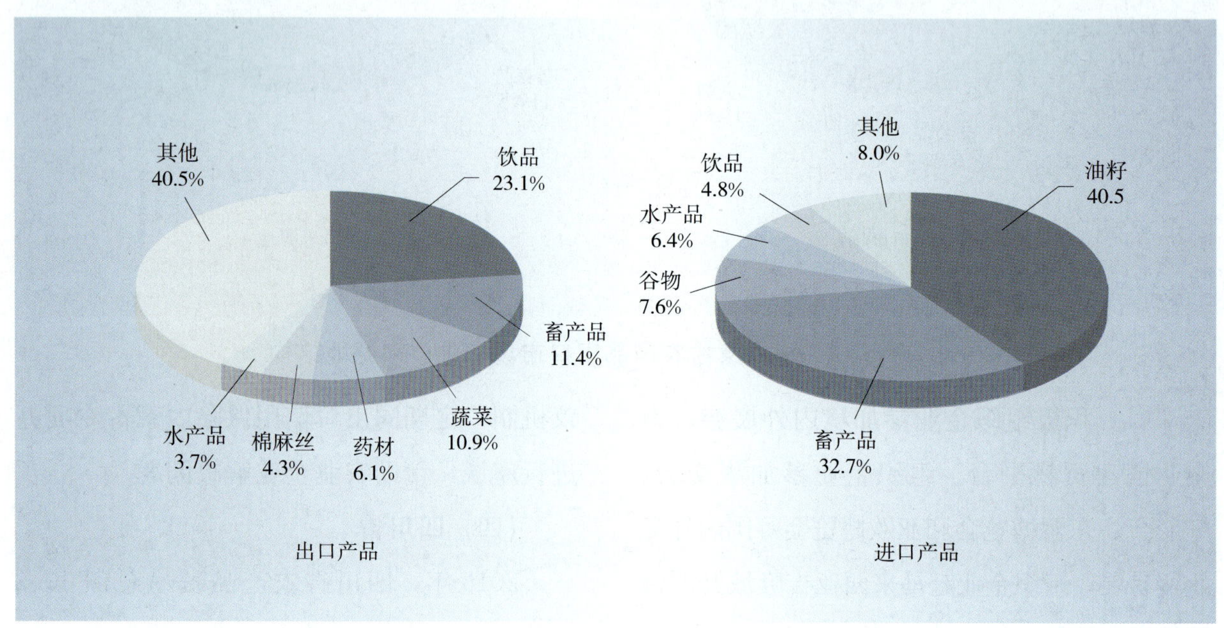

图 29　2016 年四川省进出口农产品结构

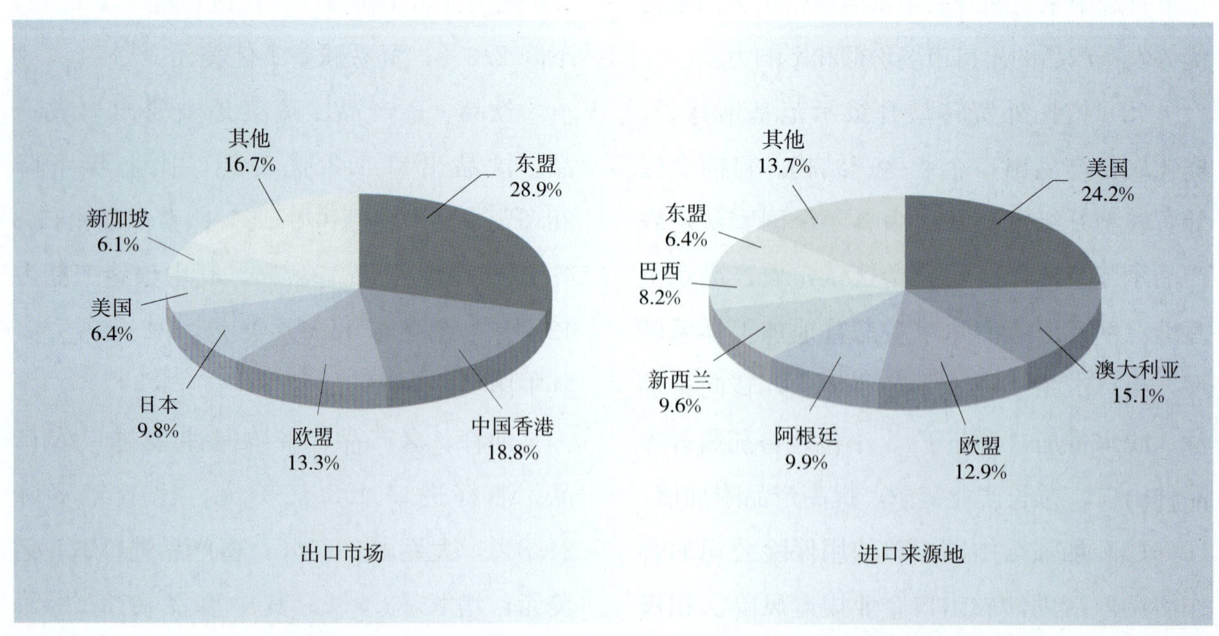

图 30　2016 年四川省农产品出口市场和进口来源地结构

2016年，四川省农产品出口企业370家，较上年减少8家。出口100万美元以上企业98家，其中出口500万～1 000万美元企业24家，出口1 000万～1亿美元企业9家，出口1亿美元以上企业1家。

四川省促进农产品出口的主要政策和措施：

（1）大力推进农产品出口基地建设。协同省商务厅、检验检疫局联合推进四川农产品出口基地建设，至2016年底已建成茶叶、猕猴桃、柑橘、柠檬、芒果、花椒、食用菌、肉用猪等国家级出口食品农产品质量安全示范区7个，省级出口食品农产品质量安全示范区6个，柠檬、猕猴桃、柑橘等出口水果基地58个。

（2）积极开拓优势农产品境外市场。邀请外商参加西博会、茶博会、菜博会等，组织农业企业参加“万企出国门”活动。2016年共组织农业企业61家90人先后赴中国香港、俄罗斯、法国、印度、卡塔尔等地参加展会，认真履行四川供澳蔬菜项目，共组织供澳蔬菜36批次、供应总量154.4吨。

（3）加强银政联合解决企业融资难题。先后与中国进出口银行、中国农业发展银行签订了合作协议，积极推荐企业申请贷款项目，帮助农业企业实施“走出去”战略，开拓境外市场。

（4）加强监测预警维护农业产业安全。重点开展柑橘、油菜、马铃薯、水稻四个品种监测预警，确定12个定点监测点，明确职责，加强调研，定期收集上报数据，撰写产业分析报告，指导开展农产品贸易救济相关工作。

（五）宁夏回族自治区

2016年，宁夏回族自治区农产品贸易总额1.8亿美元，比上年增长29.4%。其中，出口额1.3亿美元，增长6.6%；进口额5 386万美元，增加1.7倍；贸易顺差7 492万美元。

药材、水果、蔬菜和畜产品是主要出口农产品。药材出口5 204万美元，比上年增长7.6%；水果出口1 445万美元，增长44.8%，其中果汁占94.3%；蔬菜出口1 203万美元，增长23.3%；畜产品出口1 023万美元，增长10.6%。

畜产品、棉麻丝为进口额1 000万美元以上的农产品。畜产品进口3 345.7万美元，比上年增加5.7倍，其中种牛占71%；棉麻丝进口1 784万美元，增加14.4倍（图31）。

欧盟、美国、东盟和中国台湾是主要出口市场。对欧盟出口4 215.4万美元，比上年增长14.2%，其中对荷兰出口居首，占对欧盟出口的25.1%；对美国出口2 289.1万美元，增长4.7%；对东盟出口1 954.6万美元，比上年下降12.6%；对中国台湾出口1 068.5万美元，增加1.9倍。

新西兰、欧盟和澳大利亚居进口来源地前三位。自新西兰进口1 348万美元，比上年增加4.2倍；自欧盟进口1 141万美元，增长41.4%，其中从丹麦进口占欧盟进口的36.8%；自澳大利亚进口1 030万美元，增加27倍（图32）。

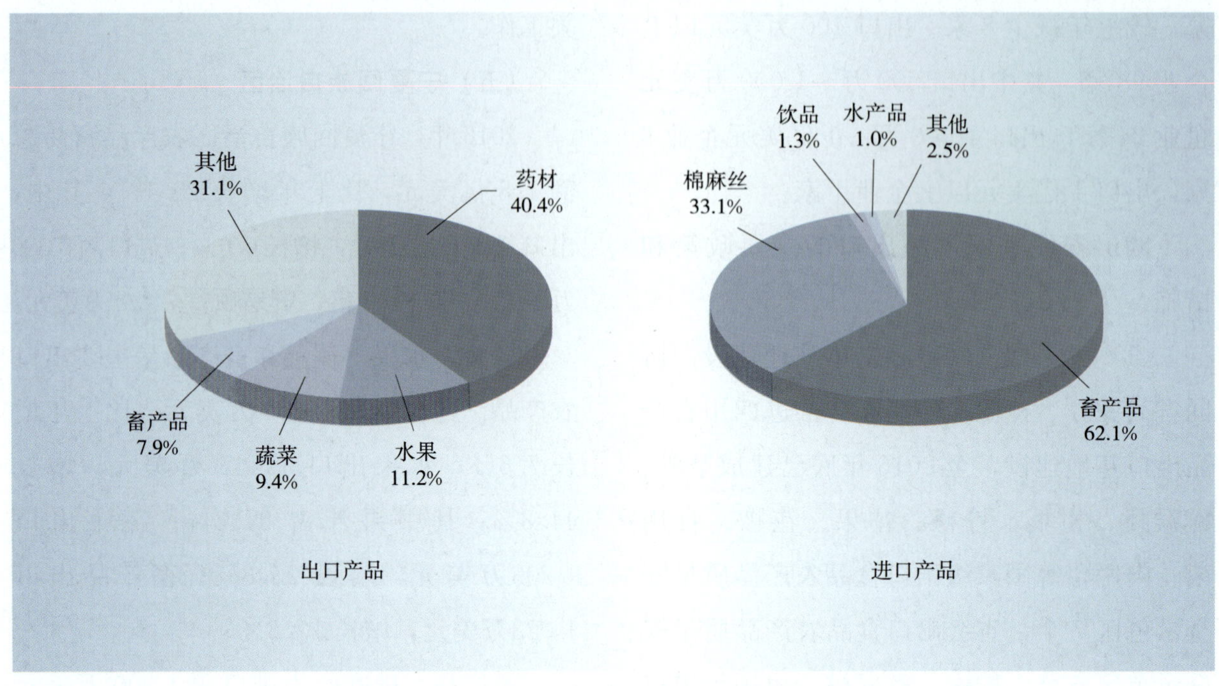

图 31　2016 年宁夏进出口农产品结构

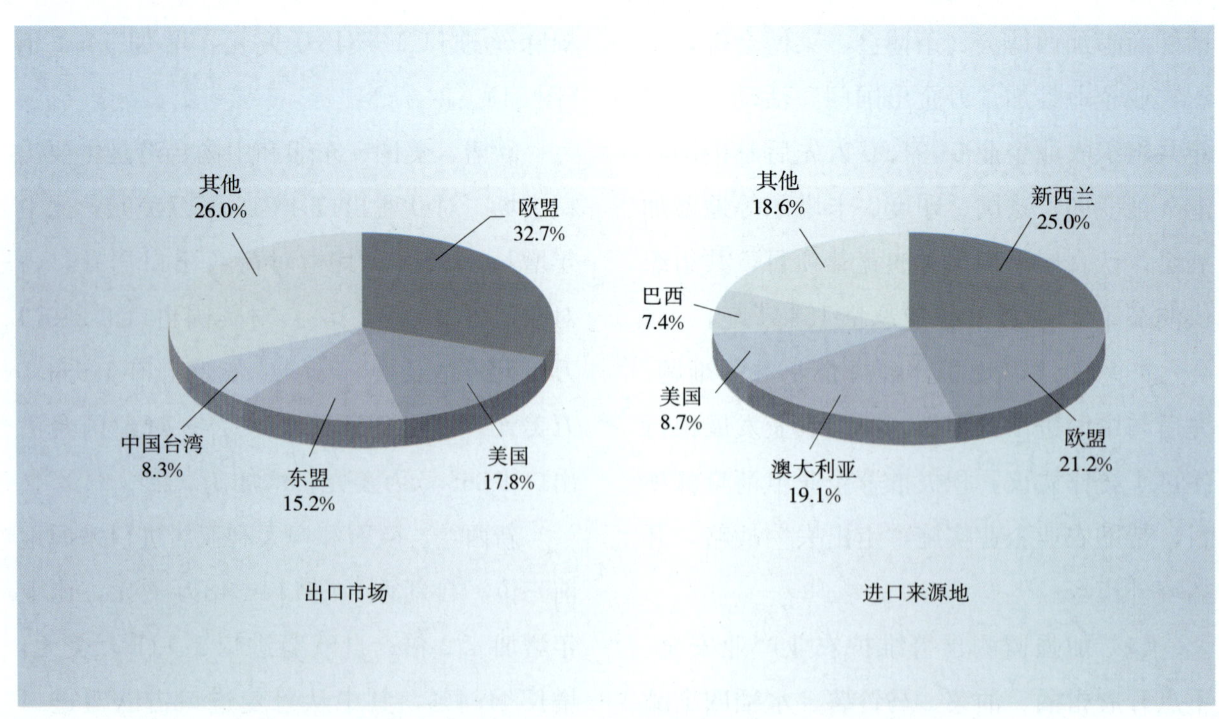

图 32　2016 年宁夏农产品出口市场和进口来源地结构

宁夏回族自治区促进农产品出口的主要政策和措施：

（1）积极做好农业国际合作战略规划。为提升自治区农业对外合作综合能力，制定《关于加快推进宁夏农业对外开放的意见》，编制《宁夏农业对外合作战略规划》。

（2）着力培养农业国际合作专门人才。组织47名基层农技人员赴以色列和德国进行境外培训，开展特色种植、旱作节水、畜牧养殖等领域外向型专家培养项目，策划建立农业国际合作人才库，对企业进行农产品国际贸易、国际资本运营及进出口业务等培训。

（3）积极拓展农业对外经贸合作渠道。积极推进与加纳、叙利亚、苏丹、南苏丹、马来西亚、约旦、毛里塔尼亚和吉尔吉斯斯坦等国家农业领域项目合作。2016年，与30多家台湾企业和机构签署枸杞种植、禽蛋养殖等14项合作协议。

（4）跟踪推进国际农业合作项目。组织实施马铃薯种植、牧草加工调制、酿酒葡萄种植、南瓜籽加工等项目，推进供台枸杞示范基地建设以及农产品促销专供香港蔬菜出口标准化基地项目，推进“中阿农业技术转移中心宁夏吉尔吉斯斯坦、哈萨克斯坦海外中心”建设。

（5）组织企业参加国内外知名展会。组织重点企业参加中国国际薯业博览会、东盟博览会、亚欧博览会、中东欧国家中宁枸杞推介会、中国国际调味品展等国际性展会，提升宁夏特色优势农产品在国际市场知名度。

主要贸易伙伴

2016年，中国农产品主要贸易伙伴依次为美国、东盟、欧盟、巴西和日本，对上述5国（地区）贸易额合计1 146.1亿美元，占中国农产品贸易总额的62.1%。

中国农产品主要出口市场依次为东盟、日本、中国香港、欧盟和美国，对上述5国（地区）出口额合计510.7亿美元，占中国农产品出口总额的70%。与上年相比，对东盟和中国香港的出口额所占比重分别提高了0.2个和1.1个百分点；对日本、欧盟和美国出口所占比重分别降低了0.6个、0.3个和0.3个百分点。

主要进口来源地依次为美国、巴西、东盟、欧盟和澳大利亚，从上述5国（地区）进口额合计787.5亿美元，占中国农产品进口总额的70.6%。与上年相比，自美国、巴西和欧盟的进口额所占比重分别提高了0.2个、0.1个和1.2个百分点；自东盟和澳大利亚的进口额所占比重分别降低了0.5个和0.9个百分点（表60）。

表60 2016年中国农产品主要出口市场和进口来源地

单位：亿美元、%

出口市场			进口来源地		
国家（地区）	出口额	占农产品出口总额比重	国家（地区）	进口额	占农产品进口总额比重
东　　盟	154.0	21.1	美　　国	238.9	21.4
日　　本	100.6	13.8	巴　　西	190.7	17.1
中国香港	99.7	13.7	东　　盟	149.9	13.4
欧　　盟	82.2	11.3	欧　　盟	141.0	12.6
美　　国	74.2	10.2	澳大利亚	67.0	6.0
前五位合计	510.7	70.0	前五位合计	787.5	70.6

美国

（一）生产

美国是世界主要农产品生产国，多种产品产量居世界前列。2016 年谷物总产量为 42 925.9 万吨，比上年减少 9.2%，其中玉米 38 477.8 万吨，增长 12%；小麦 6 285.9 万吨，增长 11.4%；大豆 11 720.8 万吨，增长 9.7%；棉花 375.1 万吨，增长 33.7%；牛肉 1 138.9 万吨，增长 5.3%；猪肉1 130.7万吨，鸡肉 1 828.3 万吨，均与上年基本持平（表 61）。

（二）贸易

美国是世界农产品出口大国，玉米、小麦、大豆、棉花出口量居世界前列，前五大农产品出口市场分别是加拿大、墨西哥、欧盟、中国和日本。2016 年玉米出口 5 651.8 万吨，比上年增长 17.3%；小麦出口 2 789.6 万吨，增长 32.2%；大豆出口 5 511.2万吨，增长 4.6%；棉花出口 287.4 万吨，增长 44.2%；牛肉出口 112 万吨，增长 8.9%；猪肉出口 235.6 万吨，增长 3.7%；鸡肉出口 297.8 万吨，增长 3.9%。

美国是中国农产品第一大进口来源国和第四大出口市场（仅次于日本、中国香港及欧盟）。2016 年中美农产品贸易额 313.1 亿美元，比上年下降 2.7%。其中中国出口 74.2 亿美元，下降 0.3%，占中国农产品出口总额的 10.2%。前五大出口产品为水产品、蔬菜、水果、畜产品和饮品，5 类产品出口额合计 54.2 亿美元，占对美国农产品出口额的 73.1%。进口额 238.9 亿美元，下降 3.4%，占农产品进口额的 21.4%，前五大进口产品为油籽、畜产品、谷物、水产品和饮品，5 类产品进口额合计 201.5 亿美元，占自美农产品进口额的 84.3%，其中油籽（主要是大豆）进口额占自美农产品进口额的 58.3%（表 62）。

表 61　2016 年美国主要农产品产量及出口情况

单位：万吨、%

产　品	产　量	占世界总产量比重	出口量	占本国产量比重
小麦	6 285.9	8.4	2 789.6	44.4
玉米	38 477.8	36.7	5 651.8	14.7
大豆	11 720.8	34.4	5 511.2	47.0
棉花	375.1	16.3	287.4	76.6
牛肉	1 138.9	18.8	112.0	9.8
猪肉	1 130.7	10.4	235.6	20.8
鸡肉	1 828.3	20.4	297.8	16.3

表 62 2016 年中国与美国主要农产品贸易情况

单位：亿美元、%

出口产品	出口额	所占比重	进口产品	进口额	所占比重
水产品	30.4	41.0	油　籽	139.4	58.3
蔬　菜	10.7	14.4	畜产品	28.9	12.1
水　果	7.9	10.6	粮食（谷物）	15.3	6.4
畜产品	3.0	4.0	水产品	12.4	5.2
饮　品	2.3	3.0	饮　品	5.5	2.3
小　计	54.2	73.1	小　计	201.5	84.3

（三）贸易政策

2016 年 2 月，美国对中国蜂蜜进行反倾销新出口商复审立案调查，涉案产品海关编码为 04090000、17029000 等。4 月，鲶鱼科鱼类（包括鲶鱼、巴沙鱼、把鱼和龙利鱼）进口产品将列入美国农业部检查项目。包括中国在内的四个国家必须执行并提供与美国农业部检查项目同等效力的文件等一系列操作，才能继续在过渡期内出口这些鱼类至美国。5 月，美国就中国白羽肉鸡反倾销、反补贴措施案（DS427）的执行措施，在世贸组织争端解决机制项下提出了磋商请求。同月，美国和加拿大签署协议，相互承认彼此的食品安全体系。6 月，美国对中国新鲜大蒜作出第 20 次反倾销行政复审终裁，涉案产品海关编码为 0703200000、0703200005 等。同月，美国国际贸易委员投票决定对中国、巴西、印度、泰国和越南的冷冻暖水虾进行反倾销全面日落复审产业损害立案调查。10 月美国对中国淡水小龙虾尾肉作出反倾销行政复审和新出口商复审初裁。12 月，美国食品和药物管理局（FDA）更新了面向中国、智利和欧盟出口乳制品的电子系统要求。由于部分国家地区对乳制品进口采取准入列表制度，FDA 将启用新的乳制品出口电子系统，方便美国生产商和加工商申请向这些国家和地区出口乳制品，首批国家和地区为中国、智利和欧盟。

欧盟

（一）生产

欧盟主要农产品包括谷物、油籽、畜产品、水果和食糖。2016 年谷物播种面积略有增长，但受极端天气影响，小麦减产严重，导致欧盟谷物产量略下降。全年欧盟谷物收获面积为 5 764 万公顷，与上年基本持平；谷物产量 29 891 万吨，比上年减少 4.7%。其中小麦收获面积比上年增长 1.3%，由于主产国法国小麦在开花期和成熟期遭受暴雨和病虫害等影响，导致欧盟小

麦产量比上年下降 9.5%，为 14 486 万吨；玉米收获面积比上年下降 8.2%，但产量增长 3.3%，为 6 031 万吨。油菜籽产量比上年下降 9.4%，为 2 010 万吨。食糖产量比上年增长 13.4%，为 1 620 万吨。牛肉产量与上年持平，为 785 万吨（表 63）。

（二）贸易

欧盟是中国第四大农产品进口来源地及第三大农产品出口市场。中欧农产品贸易中方延续了 2012 年以来的逆差态势，2016 年逆差额扩大到 58.7 亿美元，比上年扩大 15.3%。2016 年，中国从欧盟进口农产品 141 亿美元，增长 6.2%，主要包括畜产品、饮品、棉麻丝、粮食制品和植物油，5 类产品进口额合计 120.8 亿美元，占中国自欧盟进口农产品总额的 85.7%，其中畜产品和饮品类合计近 80%。

2016 年，中国对欧盟出口农产品 82.2 亿美元，比上年增长 0.4%，主要包括水产品、蔬菜、畜产品、饮品和水果，5 类产品出口额合计 53.5 亿美元，占中国对欧盟农产品出口总额的 65.1%（表 64）。

表 63　2016 年欧盟主要农产品产量和进出口量

单位：万吨、%

产　品	产　量	占世界总产量比重	进口量	出口量	出口量占国内产量比重
小　麦	14 486.2	19.4	600.0	2 550.0	14.2
玉　米	6 030.9	5.8	1 310.0	200.0	1.3
油菜籽	2 010.0	29.6	370.0	40.0	2.8
食　糖	1 620.0	9.5	325.0	150.0	2.7
牛　肉	785.0	13.0	37.0	33.5	3.5

数据来源：美国农业部。

表 64　2016 年中国与欧盟主要农产品贸易情况

单位：亿美元、%

出口产品	出口额	所占比重	进口产品	进口额	所占比重
水产品	23.2	28.2	畜产品	81.1	57.5
蔬　菜	12.8	15.5	饮　品	30.4	21.6
畜产品	9.1	11.0	棉麻丝	4.1	2.9
饮　品	4.4	5.4	粮食制品	2.7	1.9
水　果	4.0	4.9	植物油	2.5	1.8
小　计	53.5	65.1	小　计	120.8	85.7

（三）贸易政策

地区和双边方面，1月1日，欧盟—乌克兰自由贸易区协定正式生效。5月，与墨西哥开始贸易和投资协定谈判；各成员国代表同意启动对印度尼西亚的自贸区谈判。10月，与加拿大签署《综合经济与贸易协定》；与南部非洲5国—博茨瓦纳、莱索托、纳米比亚、南非和斯威士兰的经济伙伴关系协定（EPA）正式生效，莫桑比克待完成国内审批程序后，也会加入上述协定。

贸易新规方面，4月，重申了欧委会新的贸易通讯文件在反腐败领域的精神，包括在欧盟所有贸易协定中纳入反腐败条款。9月1日起，欧盟海关借助新的信息科技系统有效地发现海关欺诈，记录集装箱海上运输路径，并采集进出欧盟以及在欧盟境内转运的货物信息。有机产品方面，7月，发布进口有机食品的进口电子认证制度要求。10月，修订进口有机产品检验证书内容；发布关于进口有机产品引入电子认证体系的规定，并将于6个月后实施。12月，修订从第三国进口有机产品规则。

从针对中国的农业贸易政策看，2月26日，欧盟对原产于中国的阿斯巴甜作出反倾销初裁，对中国涉案产品征收55.4%～59.4%的临时反倾销税，为期6个月。3月7日，对中国野生捕捞的、彻底去除生殖腺和内脏的扇贝闭壳肌产品解禁。

5月12日，欧洲议会以83%的票数通过了拒绝给予中国市场经济地位的决议。11月上旬，欧盟委员会提交了一项新的反倾销、反补贴立法提案，核心是在《中国加入世界贸易组织议定书》第15条到期后，以“市场扭曲”代替“非市场经济地位”概念，在其反倾销实践中继续使用“替代国”做法，同时辅助以反补贴手段，强化贸易保护。

东盟

（一）生产

东盟的重要农作物是稻谷。2016年，主要产稻国印度尼西亚、越南、泰国、缅甸和菲律宾稻谷产量分别为3 660万吨、2 780万吨、1 860万吨、1 250万吨和1 150万吨，分别占世界的7.6%、5.8%、3.9%、2.6%和2.4%（表65）。

印度尼西亚和马来西亚是世界棕榈油主要生产国，近年来印度尼西亚棕榈油产量一直保持稳定增长，而马来西亚棕榈油产量在2014年、2015年连续两年下降后回升。2016年，两国产量分别为3 500万吨和2 000万吨，分别比上年增长9.4%和13%，合计占世界总产量85.3%。中国是全球最二大棕榈油进口国，也是印、马两国棕榈油主要出口市场，两国对中国出口量分别占其产量的7.6%和9.1%、出口量的10.3%和10.5%（表66）。

（二）贸易

2016年，泰国大米出口量为1 000万吨，占世界大米出口总量的24.2%，仅次于印度，为世界第二大大米出口国。越南大米出口居世界第三位，2016年出口580万吨，

表 65　2016 年东盟主要国家稻谷产量及进出口量

单位：万吨、%

国　家	产　量	占世界总产量比重	进口量	占世界总进口量比重	出口量	占世界总出口量比重
印度尼西亚	3 660.0	7.6	100.0	2.6	—	—
越　　南	2 780.0	5.8	30.0	0.8	580.0	14.0
泰　　国	1 860.0	3.9	25.0	0.7	1 000.0	24.2
缅　　甸	1 250.0	2.6	—	—	150.0	3.6
菲 律 宾	1 150.0	2.4	100.0	2.6	—	—

数据来源：美国农业部。

表 66　2016 年东盟主要国家棕榈油产量及出口量

单位：万吨、%

国　家	产　量	占世界比重	出口量	对中国出口量	对中国出口量占产量比重	对中国出口量占总出口量比重
印度尼西亚	3 500.0	54.3	2 570.0	264.4	7.6	10.3
马来西亚	2 000.0	31.0	1 750.0	182.9	9.1	10.5
合　　计	5 500.0	85.3	4 320.0	447.3	—	—

数据来源：产量和出口量来自美国农业部，对中国出口量来自中国海关统计。

占世界出口总量的 14%，大米加工和出口成为越南重要经济来源。菲律宾仍然是东盟最大大米进口国，2016 年进口量 100 万吨，占世界大米进口量的 2.6%。

2016 年，中国与东盟农产品贸易额 303.9 亿美元，其中中国出口 154 亿美元，比上年增长 4.2%。东盟是中国第一大农产品出口市场，主要出口品种有蔬菜、水果、水产品、糖料及糖和饮品类，5 类产品合计 116.9 亿美元，占中国对东盟农产品出口总额的 75.9%；东盟是中国第三大进口来源地，中国自其进口 149.9 亿美元，下降 7.5%，主要包括植物油、水果、谷物、薯类和水产品，5 类产品合计 102.9 亿美元，占中国从东盟进口农产品总额的 68.6%，其中植物油（以棕榈油为主）占 24.9%（表 67）。

表 67 2016 年中国与东盟主要农产品贸易情况

单位：亿美元、%

出口产品	出口额	所占比重	进口产品	进口额	所占比重
蔬　菜	42.4	27.5	植物油	37.4	24.9
水　果	31.5	20.5	水　果	24.8	16.5
水产品	28.1	18.2	谷　物	14.3	9.5
糖料及糖	8.0	5.2	薯　类	13.9	9.3
饮品类	6.9	4.5	水产品	12.5	8.4
合　计	116.9	75.9	合　计	102.9	68.6

（三）贸易政策

越南。3 月，越南规定 2016 年鸡蛋、鸭蛋、雁鹅蛋及其他家禽蛋进口关税配额为 486 202 打。10 月，越南与欧亚经济联盟（欧亚经济联盟成员国包括俄罗斯、白俄罗斯、哈萨克斯坦、亚美尼亚和吉尔吉斯斯坦）自由贸易协定正式生效，越南水产品关税立即调降至零，部分纺织品关税亦将调降至零，其余纺织品将在 3 年、5 年及 10 年内逐步削减关税。

印度尼西亚。2 月，《关于新鲜植物源性食品进出口食品安全控制》正式生效，其对出口至印度尼西亚的新鲜植物源性食品设立了严格的准入门槛和复杂的准入程序。7 月，发布进口牛肉及制品检验检疫要求修订草案。草案涵盖了进口牛肉及制品的要求、进口程序、控制和处罚措施，修订内容主要涉及有关清真食品要求和标签规定、卫生证书中应注明产品数量和进口申报要求等，该条例自公布之日起生效。

泰国。11 月，泰国发布 G/TBT/N/THA/492 通报，修订皇家渔业法令。根据该法令的规定，进口鱼和渔产品需检查泰国 2558（2015）决议发布的渔业许可证等相关文件，该法自公布之日起 15 日生效。

缅甸。2015 年 3 月，缅甸与中国签订谅解备忘录，约定在 2015 年内由缅甸向中国出口大米 10 万吨，后因水灾影响缅政府暂停大米出口。2016 年，为履行与中国关于大米出口的谅解备忘录，缅甸全年向中国出口大米 8.8 万吨。

日本

（一）生产

2016 年日本耕地总面积 447 万公顷，比上年下降 0.6%。其中，稻谷种植面积 147.8 万公顷，下降 1.8%，产量 804.2 万吨，增长 0.7%；小麦种植面积 21.4 万公顷，增长 0.6%，产量 77.8 万吨，下降 22.5%。蛋类产量 256 万吨，比上年增长 1.6%。

（二）贸易

日本是世界主要农产品进口国。根据日本农林水产省数据，2016 年日本农产品进口额 535.6 亿美元，比上年增长 3.7%。主要进口产品包括水产品、畜产品和蔬菜。主要来源地美国占 18.5%，下降 15.6%；中国占 13.6%，下降 11.3%；泰国占 6.1%，下降 12%；加拿大占 6%，下降 11.7%；澳大利亚占 5.7%，下降 11%。日本农产品出口额 42.2 亿美元，下降 11.2%。

中国对日出口额达 100.6 亿美元，比上年下降 1.5%。对日农产品出口额前五类产品是水产品、蔬菜、畜产品、水果和饼粕。除水产品小幅增长 1.8%外，其余四大产品均有所下降（表 68）。

（三）贸易政策

2016 年 6 月，日本厚生劳动省发布生食发 0608 第 5 号，修订《食品、添加剂等规格基准》。根据食品卫生法（1947 年法律第 233 号）第 11 条第 1 项，修订生食用鲜鱼贝类、生蚝及冷冻食品（限生食用鲜鱼贝类）的规定，允许二氧化碳被用作次氯酸钠的 pH 调节剂用于新鲜的鱼或生蚝加工，但不得直接使用于新鲜的鱼或生蚝加工。该通知内容自公布之日起生效，给予 6 个月实施过渡期。

7 月，日本厚生劳动省发布食安监发 0730 第 0730003 号通知，为确保进口牛肉安全，修订进口牛肉检验检疫措施。主要内容包括：①牛海绵状脑病（BSE）发生国进口的牛肉检验检疫措施，应按照 2001 年 2 月 15 日发布的食监发第 18 号、2003 年 12 月 26 日发布的食安监发第 1226001 号通知规定办理；②为防止 BSE 风险低的国家的进口牛肉存在 BSE 感染风险，除牛头部外，进口商应指导出口商做好防护措施确保牛肉产品安全；③从牛提取的明胶及骨胶原等产品进口，按照 2015 年 3 月 27 日发布的食安监发 0327 第 2 号通知规定办理。

11 月，日本财务省宣布重新调整“特惠关税”制度的对象国，按照新标准将中国、墨西哥、巴西、泰国、马来西亚等 5 个国家从发展中国家关税减免名单中剔除，并将从 2017 年开始逐步实施对包括牛蒡、松茸、笋、姜等农产品在内的中国农产品取消特惠关税，过渡期为 3 年。

表 68　2016 年中国对日本出口农产品情况

单位：亿美元、%

出口产品	出口额	比上年增长	占对日本农产品出口额比重
水产品	37.0	1.8	36.8
蔬　菜	21.7	−0.2	21.6
畜产品	12.3	−7.4	12.2
水　果	5.2	−6.3	5.2
饼　粕	4.4	−11.5	4.4
合　计	80.7	−1.6	80.2

韩国

（一）生产

韩国最重要的粮食作物是稻谷，可以基本实现自给。据韩国统计局数据，2016 年韩国稻谷种植面积比上年下降 2.6%，单产下降 0.6%，导致总产量只有 419.7 万吨，下降 3.0%。韩国还生产少量的大豆、玉米、小麦。

韩国牛肉、猪肉、鸡肉产不足需，均依赖进口。2016 年 12 月韩国肉牛存栏 271.7 万头，比上年增长 1.5%，但低于 2013 年、2014 年同期水平。韩国生猪和肉鸡存栏量自 2013 年以来持续增长，2016 年 12 月生猪存栏 1 037.7 万头，肉鸡存栏 8 783 万只。

韩国种植的蔬菜品种比较集中，主要包括白菜、萝卜、洋葱、辣椒等，近 5 年蔬菜产量整体呈下降趋势。因面积减少和单产降低等原因，2016 年白菜、萝卜和辣椒产量分别下降 21.4%、22.8%和 12.5%，只有洋葱产量增长 18.7%。韩国水果产量最大的是苹果和梨，2016 年产量分别下降 1.1%和 8.8%。

韩国三面环海，独特的地理位置为水产品生产提供了良好条件。2015 年韩国水产品产量超过 330 万吨。韩国海洋捕捞业发达，而水产养殖起步较晚。但是，随着韩国政府对养殖业关注不断提高，近年养殖产品在水产品中的占比持续上升。韩国主要捕捞水产品包括鲭鱼、带鱼、凤尾鱼、鱿鱼、金枪鱼和虾蟹，主要养殖水产品则有比目鱼、牡蛎、海藻等。

（二）贸易

韩国农产品进口主要是畜产品、谷物和水产品，出口主要是水产品和水果。美国是韩国第一大农产品贸易伙伴和农产品进口来源地，中国位居第二。韩国是中国第六大农产品出口市场。2016 年，中韩农产品贸易呈现增势，中国对韩国农产品出口占中国农产品出口总额的 6.4%，出口额 46.7 亿美元，比上年增长 7.4%；进口额 10.1 亿美元，增长 17.2%；顺差 36.6 亿美元，扩大 5.1%。中国对韩国农产品出口以水产品和蔬菜为主，二者合计占对韩农产品出口总额的 61.6%，其中水产品主要为鲜活冷藏冷冻鱼和甲壳软体动物。韩国是水产品净进口国，进口水产品主要来自中国、俄罗斯、越南、美国和挪威等。此外，粮食制品、谷物、油籽、药材等也是中国对韩国出口较多的产品。中国从韩国进口的农产品主要为水产品、食糖、蜂蜜及加工食品饮料（表 69）。

（三）贸易政策

2016 年，韩国《食品安全管理特别法》（简称《特别法》）开始正式实施，年初韩国政府还公布了《食品安全管理特别法实施规则》（简称《实施规则》）以具体落实《特别法》。《特别法》对产品进口前、通关过程和流通过程的管理都明显加强，尤其强化了境外出口企业登记（初次出口前必须登记）和实地检查（企业拒绝检查可以停止来自该企业的进口）力度，并根据各国发生的食品安

表 69 2016 年中国对韩国出口主要农产品情况

单位：亿美元、%

出口类别	出口额	比上年增长	占对韩农产品出口额比重
农产品	46.7	7.4	—
水产品	16.5	5.5	35.2
蔬　菜	12.3	18.7	26.4
油　籽	2.0	−13.3	4.2
饮品类	1.7	65.3	3.7
粮食制品	1.7	4.6	3.6
合　计	34.2	10.5	73.1

全事件等对进口产品实行分级管理（分为优秀、一般和特别管理），从进口到销售环节对产品实行可追溯管理。该《特别法》被普遍认为是韩国史上最严格的进口产品管理规则。

《实施规则》则包括境外生产企业登记事项，进口停止措施实施及解除方式，境外食品卫生评价机关认定条件，境外企业畜产品出口卫生状态评价程序启动条件，进口产品经营者分级管理以及实施流通追溯管理的进口食品范围等内容。

巴西

（一）生产

巴西是世界食糖、咖啡、柑橘、大豆和牛肉的主要生产国。2016 年，食糖、咖啡、柑橘产量居世界首位，大豆、牛肉产量居世界第二，玉米产量居世界第三。其中食糖 3 465万吨，比上年下降 3.6%；咖啡 336.6 万吨，增长 13.6%；柑橘 1 820 万吨，增长 27%；大豆 10 400 万吨，增长 7.7%；玉米 8 650 万吨，增长 29%；牛肉产量 928.4 万吨，下降 1.5%（表 70）。

（二）贸易

目前，巴西是世界最大食糖、咖啡、大豆出口国和世界第二大玉米出口国。2016 年，巴西食糖出口 2 435 万吨，比上年增长 1.7%，占世界食糖出口总量的 45.4%；大豆出口 5 950 万吨，增长 9.4%，占世界大豆出口总量的 42.5%，其中向中国出口占其产量的 36.7% 和出口量的 64.2%；咖啡出口 205.4 万吨，下降 3.8%，占世界咖啡出口总量的 26.8%；玉米出口 2 800 万吨，占世界玉米出口总量的 18.8%；畜产品出口以牛肉为主，2016 年出口 185 万吨，增长 8.5%，其中对中国出口量 17.1 万吨，增长 203.3%。

2016 年，巴西是中国农产品第二大进口来源地，进口额 190.7 亿美元，比上年下降 4.1%，占中国农产品进口总额的 17.1%；逆差 184.1 亿美元，缩小 4.6%。主要进口产品为油籽、畜产品、糖料及糖、

表 70　2016 年巴西主要农产品产量及出口量

单位：万吨、%

农产品	产　量	占世界总产量比重	出口量	对中国出口量	对中国出口量占其产量比重	对中国出口量占出口总量比重
大　豆	10 400.0	30.9	5 950.0	3 820.5	36.7	64.2
大豆油	775.0	14.3	140.0	28.8	3.7	20.6
食　糖	3 465.0	19.5	2 435.0	198.9	5.7	8.2
咖　啡	336.6	35.8	205.4	0.3	—	—
玉　米	8 650.0	8.3	2 800.0	—	—	—
牛　肉	928.4	15.3	185.0	17.1	1.8	—

数据来源：产量和出口量来自美国农业部，对中国出口量来自中国海关统计。

植物油和棉麻丝，5 类产品合计占中国自巴西农产品进口总额的 97.9%，其中油籽（全部为大豆）占 81.5%。自巴西进口的油籽、糖料及糖、棉麻丝比上年下降，畜产品、植物油进口额增长。畜产品进口以牛肉为主，自 2015 年中国解除了对巴西牛肉的进口禁令后，2016 年从巴西进口牛肉 7.7 亿美元，比上年增加 1.7 倍（表 71）。

表 71　2016 年中国从巴西进口主要农产品情况

单位：亿美元、%

进口产品	进口额	比上年增长	占从巴西进口农产品总额比重	占中国同类产品进口总额比重
油　　籽	155.5	−8.0	81.5	41.9
畜 产 品	20.1	101.9	10.5	8.6
糖料及糖	7.0	−25.4	3.7	46.3
植 物 油	2.6	31.9	1.4	4.2
棉 麻 丝	1.5	−40.5	0.8	6.3
合　　计	186.8	−3.2	97.9	26.4

（三）贸易政策

2016 年 7 月，巴西发布 G/SPS/N/BRA/1152 至 G/SPS/N/BRA/11526 号通报，制定了西红柿、大豆等部分食品中嘧菌酯、阿维菌素、4 -吲哚- 3 -丁基酸、赤霉酸、噻二唑素- S -甲基等农残最大限量；发布 G/TBT/N/BRA/682 通报，修订了于 2006 年 11 月 21 日实施的动物食品的加工的技术法规 NoSDANo 65，修订了附件一、二、三、四部分，目的是建立生产、销售和使用饲料产品，以及在饲料中加入兽药、抗生素、抗寄生虫药物的标准和程序，以保证

对人类和动物不造成健康危害，并于 2017 年 7 月开始生效。12 月，巴西发布冷冻鱼质量安全规范草案（G/TBT/N/BRA/701 公报）。草案提出了冷冻鱼必须建立身份和质量要求，规定了有关鱼原料的新鲜度要求、水产养殖获得的冷冻或解冻的鱼的品种，以及在最终制备中进行冷冻的有关规定。

澳大利亚

（一）生产

2016 年，受天气条件改善和灌溉用水充沛等有利因素影响，澳大利亚主要农产品产量普遍提高。其中，小麦产量达到创纪录的 3 300 万吨，比上年增长 34.7%。由于当前全球小麦库存依然处于较高水平，澳大利亚小麦增产将进一步加大全球供应压力。大麦产量 1 060 万吨，比上年增长 23.4%。食糖产量 490 万吨，比上年增长 4.3%。棉花产量 99 万吨，增长 73.1%。高粱和牛肉产量出现下降，其中高粱 150 万吨，下降 26.4%，牛肉 207.5 万吨，下降 18.5%（表 72）。

（二）贸易

作为全球最主要的农产品出口国之一，2016 年澳农产品出口继续保持快速增长。其中小麦出口 2 450 万吨，比上年增长 51.9%，占世界小麦总出口量的 13.7%，出口市场主要是印度尼西亚、日本、韩国、马来西亚等东南亚和东亚国家。大麦出口 700 万吨，增长 29.6%，占世界大麦出口的 26.2%，其中对中国出口 325.2 万吨，占其大麦总出口的 46.5%。牛肉出口 138.5 万吨，比上年下降 25.3%，占世界牛肉总出口的 14.7%，主要出口市场为美国、加拿大、日本和韩国。食糖出口 370 万吨，比上年增长 3.9%。

表 72 2016 年澳大利亚主要农作物产量及出口量

单位：万吨、%

农产品	产量	比上年增长	占世界总产量比重	出口量	对中国出口量	对中国出口量占总出口量比重	对中国出口量占总产量比重
大麦	1 060.0	23.4	7.5	700.0	325.2	46.5	30.7
棉花	99.0	73.1	4.3	90.2	21.8	24.2	22.1
牛肉	207.5	−18.5	3.4	138.5	11.1	8.0	5.3
高粱	150.0	−26.4	2.4	78.2①	77.9	99.6	51.9
小麦	3 300.0	34.7	4.4	2 450.0	137.5	5.6	4.2
食糖	490.0	4.3	3.0	370.0	19.7	5.3	4.0

① 美国农业部对 2016 年澳大利亚高粱出口量的估值为 40 万吨，与中国海关统计的中国自澳大利亚进口 77.9 万吨高粱差距较大。此处澳大利亚高粱出口量数据来自 UN Comtrade。

2016年中澳两国农产品贸易出现下降，但中国继续保持澳第一大农产品出口市场地位。2016年两国农产品贸易额为76.8亿美元，比上年下降15%。其中中国进口67亿美元，比上年下降16.9%，占中国农产品进口总额的6%；出口9.9亿美元，增长1.4%；逆差57.1亿美元。前五位进口产品为畜产品、谷物、饮品、棉麻丝和水果，合计占中国自澳进口农产品总额的89.8%（表73）。

（三）贸易政策

2016年7月，澳新食品标准局发布《食品标准法典》第164号修正案，批准三项申请：①A1109：解淀粉芽孢杆菌源谷氨酰胺作为生产调味料时的加工助剂（酶）；②A1116：抗草铵膦与抗虫转基因玉米MZIR098用于食品；③A1120：琼脂糖离子交换树脂作为加工助剂用于乳铁蛋白生产。本次修订自公告之日起生效。

8月，澳大利亚农业水利资源部（DAWR）发布通告，关税码1212.12分类名录下的进口棕色海藻进口时需要声明。1212.12税码所属货物（食品用）海藻以及其他海草产品，根据生物安全法规定，需要回答“是否属于褐藻/褐藻类（棕色海带）”问题。澳大利亚调整进口海藻管理办法目的是减少对其他低风险海藻的过度检验问题，该通告自2016年9月7日开始实施。

10月，澳新食品标准局发布G/SPS/N/AUS/403号通告，修订部分鱼组胺相关规定。通报规定，进口至澳大利亚的鲭科、鲯鳅科、蓝鱼科、鲱科、鳀科和竹刀鱼科的鱼类、鱼类产品或上述鱼及鱼类产品含量在300克/千克的产品，其组胺含量不得超过200毫克/千克。根据属于为澳大利亚进口食品控制法中指定的鱼及鱼制品类别的风险分析规定，初次进口时，上述产品应100%检查和分析组胺的含量，如果连续检测组胺合格，则检查和分析率将逐步减少到25%，最终减少至5%。该通报评议期为60日。

表73 2016年中国从澳大利亚进口主要农产品情况

单位：亿美元、%

产品	进口额	比上年增长	占自澳进口农产品比重	占中国同类产品比重
畜产品	35.8	−11.7	53.5	15.3
谷物	12.6	−41.2	18.7	22.0
饮品	6.0	25.0	8.9	9.2
棉麻丝	3.8	−18.7	5.7	15.8
水果	0.7	−15.1	2.9	0.3
合计	60.1	−17.2	89.8	13.7

农业贸易谈判与救济

WTO农业贸易谈判

近年来，全球经济仍处于2008年金融危机后的深度调整期，区域贸易协定蓬勃发展，相比之下，以推动全球贸易自由化为主要目标的WTO多哈回合谈判，由于缺乏必要的政治经济环境而动力不足，难以取得实质性的进展。2016年上半年的"反思期"之后，大部分成员希望继续推动谈判，期待在2017年12月召开的第11届部长会（MC11）上收获部分成果，维护多边贸易体制。

2015年年底内罗毕部长会议后，WTO多哈回合谈判进入长达半年的"反思期"，成员主要思考多边贸易体制和多哈谈判的走向。2016年下半年以来，农业谈判逐步从"反思期"过渡到实质性议题讨论阶段，围绕MC11可能取得的成果，凯恩斯集团、非加太集团（非洲、加勒比、太平洋国家集团，ACP）、最不发达国家（LDC）、三十三国协调组（G33）以及巴西、阿根廷、新加坡等提出了一系列新提案，涉及国内支持、市场准入、棉花、粮食安全公共储备（PSH）和特殊保障机制（SSM）等议题。

1. 各方对如何推进后内罗毕农业谈判存在巨大分歧

由于2015年内罗毕部长宣言未能明确是否继续坚持多哈发展授权和既有共识，目前谈判整体态势犹如回到2001年谈判启动之初，成员主要就如何推进下一步谈判和议题选择等进行磋商，分歧难以弥合。中国、印度、印度尼西亚等存在大量小规模生计型农业的发展中成员，强调继续坚持多哈回合的发展授权、特殊差别待遇和既有谈判基础，同时要求按照内罗毕部长宣言要求，推进粮食安全公共储备（PSH）和特殊保障机制（SSM）谈判。美国、欧盟、澳大利亚、加拿大等发达成员以及巴西、阿根廷等发展中出口成员则强调要在发展授权以外寻找新思路、新方法、新途径推进谈判。

2. 发展中成员内部出现分化

发展中成员虽然总体上仍坚持发展授权和特殊差别待遇，但由于其中出口成员和进口成员在具体问题上诉求各不相同，实际上已经发生分化，使得整体谈判力量弱化。农业谈判20方协调组（巴西、印度、中国等20个发展中成员，G20）曾是多哈农业谈判前期发展中成员对抗美欧等发达成员的主要力量，为维护发展中成员利益发挥了关键引领作用，但目前濒临解体，基本丧失了集团作战能力。G20协调国巴西以及其他出口成员出于自身利益需要，要求扩大市场准入，削减支持补贴，对中国享有灵活性待遇持保留态度。

3. 国内支持等议题成为谈判焦点

在后内罗毕农业谈判中，不少成员提出国内支持应该成为MC11的收获成果，并提出一系列相关提案和文件。近年来，为转移自身在国内支持方面的压力，美国片面夸大中国农业支持水平，宣称“中国是最大的扭曲贸易农业补贴国”，提出将中国等新兴国家国内支持削减作为完成多哈农业谈判的前提条件，试图将谈判中错综复杂的利益博弈引向发展中大国。欧盟、日本、澳大利亚、加拿大等发达成员，以及阿根廷、巴西等农业出口成员也附和美国，提出农业生产大国和主要补贴成员都要做贡献，要求中国、印度等发展中大国在国内支持上做贡献。非加太集团（ACP）、最不发达国家（LDC）等希望搭便车，要求削减国内支持。2016年的农业谈判中，上述成员提出一系列国内支持相关提案和文件，除了强调相关国内支持措施对贸易和生产的扭曲作用及对国际农产品市场和其他成员的负面影响外，在国内支持纪律方面提出了几个要素：总量约束和削减，即对扭曲贸易措施进行数量或产值比例方面的封顶限制，并以此为基础进行削减；特定产品纪律，对单一产品支持进行限制，避免支持集中于少数产品；以及考虑出口和市场份额等因素。总体而言，这些文件具有的共同特点是，不再提及体现多哈发展授权的2008年模式案文，重新界定特殊差别待遇，要求所有主要成员均做出贡献，矛头直指中国、印度等发展中大国。中国和印度等发展中成员强调多哈发展目标，要求农业谈判给予发展中成员充分有效的特殊差别待遇来解决其粮食安全和农民生计等发展关注。

此外，美国诉中国三大粮食产品补贴政策将使国内支持谈判面临更大的不确定性。成员普遍认为美国诉中国粮食产品补贴政策是极不负责的做法，将使谈判局面进一步复杂化。有成员指出，如果中国现有补贴政策已突破承诺，那就意味着中国没有空间再做减让，美国在此时打官司足以证明其没有完成多哈回合的诚意和政治意愿。围绕诉讼，中美之间的博弈对当前谈判必将产生重要影响。在争端解决机构最终判决之前，国内支持很难收获成果。

4. 农业其他议题分歧依旧

内罗毕部长决定授权在MC11前达成粮食安全公共储备永久方案。在后内罗毕农业

谈判中，G33成员坚持修改农业协定，将粮食安全储备相关支持计入绿箱，而发达成员及发展中出口成员则强调对黄转绿的规则改变有体制性关注，坚决反对，只同意临时方案，双方僵持不下。关于SSM的讨论也呈现出类似局面，反对成员坚持在没有市场准入的情况下不可能设立SSM，拒绝深入讨论技术方案。市场准入方面虽有成员提出提案，但应者寥寥，相对于国内支持，成员对市场准入取得成果的期望值更低。

在此背景下，农业谈判和MC11前景不容乐观。美国诉中国三大粮食产品补贴政策和关税配额管理，以及特朗普政府可能的贸易政策取向，将使谈判前景更加复杂，面临更大的不确定性。从美国退出TPP和要求重新谈判北美自由贸易协定以为美国争取更好的贸易条款来看，美在WTO中的立场也会进一步趋于"内顾"和强硬，这无疑又将增加多边贸易谈判的不确定性。一些成员提出"制定长期目标，以分步走的方式推动谈判"，显示出成员对MC11成果的预期大幅降低。

自由贸易区谈判

（一）谈判概述

2016年，中国自贸区建设继续呈稳步增长、全面铺开和高密度推进的总体态势。经过系列谈判，10月，中国商务部和格鲁吉亚经济与可持续发展部共同签署《关于实质性结束中国—格鲁吉亚自由贸易协定谈判的谅解备忘录》，完成谈判。11月，中国商务部和新西兰贸易部共同宣布正式启动中国—新西兰自贸协定升级谈判；与智利外交部共同签署《中华人民共和国商务部和智利共和国外交部关于启动中国—智利自由贸易协定升级谈判的谅解备忘录》，宣布启动升级谈判。全年持续推进与东盟、日本、韩国、澳大利亚、新西兰及印度间的区域全面经济伙伴关系（RCEP）协定和中日韩自贸协定两大区域性自贸谈判。

截至2016年年底，中国已先后与东盟、智利、巴基斯坦、新西兰、新加坡、秘鲁、哥斯达黎加、冰岛、瑞士、韩国、澳大利亚等11国（经济体）签署了双边或区域自贸协定；与中国香港、中国澳门分别签署了"更紧密经贸关系安排"（CEPA）。2016年，中国（大陆）与上述已生效自贸区伙伴的农产品贸易额合计683.7亿美元，占当年农产品贸易总额的37%。

1. 正在谈判的自贸区

"区域全面经济伙伴关系协定"（RCEP）2012年11月启动谈判，成员包括东盟10国、中国、日本、韩国、澳大利亚、新西兰和印度共16方，人口约占全球50%，国内生产总值、贸易额、吸引外资均接近全球1/3。2016年2月、4月、6月、8月、10月和12月先后举行了第11～16轮谈判。

中日韩自贸协定谈判于2012年11月启动，2016年6月举行了第10轮谈判，就货物贸易、服务贸易、投资和协定领域范围等问题深入交换了意见。

中国与格鲁吉亚自贸协定谈判于2015年12月启动，2016年2月、5月和7月先后举行3轮谈判，10月双方实质性结束谈判并签署《关于实质性结束中国—格鲁吉亚自由贸易协定谈判的谅解备忘录》。

中国与巴基斯坦自由贸易协定于2007年生效，双方约定关税减让分两阶段进行。2011年启动第二阶段降税谈判，2016年12月双方开展了第二阶段第7轮谈判。

中国与海湾合作委员会（成员为阿拉伯联合酋长国、阿曼、巴林、卡塔尔、科威特和沙特阿拉伯6国，简称“海合会”）自贸协定谈判于2004年7月启动，至2009年举行了5轮谈判，随后海合会决定停止所有正在进行中的与十几个国家和地区贸易伙伴的自由贸易谈判。2015年12月，海合会决定重启与中国的自贸协定谈判。2016年3月、5月、10月和12月先后举行了第6～9轮谈判，完成了9个议题谈判，就部分章节内容接近达成一致。

中国与马尔代夫自贸协定谈判于2015年9月启动，同年12月举行首轮谈判。2016年3月、5月和9月分别举行了第2～4轮谈判，双方就货物贸易、服务贸易、投资、经济技术合作等议题深入交换了意见，达成广泛共识。

中国与斯里兰卡自贸协定谈判2014年9月启动，同年开展了两轮谈判，2015年未开展谈判。2016年8月和11月分别举行第3、4轮谈判。双方就货物贸易、服务贸易、投资、经济技术合作、原产地规则等议题充分交换了意见，取得积极进展。

中国与挪威自贸协定谈判于2008年9月启动，2010年9月举行第8轮谈判后停滞，至2016年无实质性进展。

2. 处于可行性研究的自贸区

3月，中国与尼泊尔共同签署《中华人民共和国商务部和尼泊尔商业部关于启动中国—尼泊尔自由贸易协定联合可行性研究谅解备忘录》，宣布正式启动双边自贸协定联合可行性研究。双方同意成立工作组，尽快就共同关注的领域开展全面研究。

11月，中国商务部与毛里求斯财政和经济发展部共同签署了启动《中毛自由贸易协定联合可行性研究的谅解备忘录》，宣布正式启动双边自贸协定联合可行性研究，双方同意尽快就共同关注的领域展开全面研究。同月，中国—斐济自贸协定联合科研工作组第二次会议召开，双方就可研报告初稿交换了意见，对联合可研涉及的领域和内容达成共识。

（二）中国与自贸区伙伴农产品贸易情况

1. 中国与东盟自贸区

受自贸区降税和需求拉动影响，中国与东盟农产品贸易发展迅速，2003—2016年贸易总额年均增长14.9%，高于对全球12.4%的增速。2016年贸易总额303.9亿美元，比上年下降2%；其中中国出口154亿美元，增长4.2%，进口149.9亿美元，下降7.5%；贸易平衡由上年的逆差转为顺差4.1亿美元。东盟为中国农产品第一大出口市场和第三大进口来源地。

从贸易结构看，对东盟出口以蔬菜、温带水果、水产品和制成食品等劳动密集型农产品为主。2016 年，蔬菜、水果、谷物和水产品出口额分别占中国对东盟农产品出口总额的 27.5%、20.5%和 18.2%；进口以棕榈油、水果、谷物和木薯为主，分别占中国自东盟农产品进口总额的 19.1%、16.5%、9.5%和 9.3%。

2. 中国与智利自贸区

中国与智利自贸协定 2006 年生效后，双边农产品贸易额快速增长，2006—2016 年贸易额年均增长 21.4%。2016 年双边农产品贸易额 26 亿美元，比上年增长 16.6%。其中中国出口 3 亿美元，增长 2.5%；进口 23 亿美元，增长 18.7%；贸易逆差继续扩大 21.6%。

从贸易结构看，中国自智利主要进口水产品和水果。自 2006 年双边自贸协定生效实施 10 年内，冻红大马哈鱼和冻鳟鱼等水产品进口关税从 10%～12%逐步降为零，鲜葡萄和鲜苹果等水果进口关税从 10%逐步降为零，智利相关产品竞争优势进一步提升。2016 年，中国自智利进口水果 12.2 亿美元，占自智利进口农产品额的 52.8%。其中进口樱桃占 28.2%，葡萄占 12.5%。进口葡萄酒 2.7 亿美元，占 11.6%；进口饲用鱼粉 9 173.7 万美元，占 4%。

3. 中国与巴基斯坦自贸区

2007 年“中国与巴基斯坦自贸协定”生效实施以来，双边农产品贸易保持良好增长势头，2007—2016 农产品贸易总额年均增长 15.4%。2016 年双边农产品贸易额 7.3 亿美元，比上年下降 2.2%。其中中国出口 3.4 亿美元，增长 4.3%；进口 3.9 亿美元，下降 7.1%；逆差比上年缩小 44.5%。

从贸易结构看，中国农产品出口主要是蔬菜，2016 年出口额 1.4 亿美元，占对巴农产品出口额的 41.1%。其次为谷物、饮品和干豆。进口主要为谷物（主要是大米）、水产品和坚果，分别占自巴进口农产品总额的 64%、16.6%和 12.9%。

4. 中国与新西兰自贸区

中国与新西兰自贸协定实施以来，双边农产品贸易发展迅速，2008—2016 年农产品贸易额年均增长 19.6%。2016 年，双边农产品贸易额 47 亿美元，比上年增长 1.8%。其中中国出口 1.9 亿美元，增长 2.8%；进口 45.1 亿美元，增长 1.8%；贸易逆差扩大 1.7%。

从贸易结构看，中国进口产品主要有畜产品、水产品和水果，其中乳制品尤其是奶粉最多。自贸区实施后，新西兰乳制品竞争力得到强化，生产潜力明显释放。2016 年，中国自新西兰进口乳制品 78.9 万吨。其中奶粉 52.7 万吨，比 2008 年增加 10.4 倍，年均增长 33.9%，奶粉进口额占自新西兰畜产品进口总额的 43.5%。进口羊肉 3.9 亿美元，占自新西兰进口总额的 8.7%。

新西兰动植物检验检疫措施严格、市场容量有限，中国蔬菜、水果、水产品和禽肉等出口优势产品潜力无法充分发挥。2008—2016 年，中国水果和蔬菜对全球出口额分别增长 68.7%和 127.1%，同期对新西兰出口额则分别下降 27.7%和增长 56.5%。

5. 中国与秘鲁自贸区

中国与秘鲁自贸协定是中国与拉美地区达成的首个全面自贸协定，2010 年 3 月实施。2010—2015 年，双边农产品贸易总额年均增长 8.7%，但 2016 年出现明显下滑，全年农产品贸易额 11.4 亿美元，比上年下降 24.6%。其中中国出口 8 182.5 万美元，增长 8%；进口 10.6 亿美元，下降 26.3%；贸易逆差缩小 28.3%。

从贸易结构看，中国自秘鲁进口的农产品主要是水产品和水果，高度集中在饲用鱼粉和葡萄上。2016 年进口鱼粉 7.3 亿美元，占自秘鲁农产品进口总额的 68.9%；葡萄 1.6 亿美元，占 15.1%。对秘鲁出口农产品主要包括水产品、糖料及糖、干豆（不含大豆）和蔬菜，2016 年出口额分别为 1 468.4 万美元、869.5 万美元、583.4 万美元和 546.2 万美元，分别占对秘鲁农产品出口额的 17.9%、10.6%、7.1%和 6.7%。

6. 中国与哥斯达黎加自贸区

2011 年 8 月，中国与哥斯达黎加自贸协定生效，双边农产品贸易发展较快，哥斯达黎加现已成为中国在中美洲地区的重要贸易伙伴，中国也成为哥斯达黎加继美国之后的第二大农产品贸易伙伴。2011—2015 年，双边农产品贸易总额年均增 21.1%。2016 年降幅显著，全年农产品贸易额 1.1 亿美元，比上年下降 22.2%。其中中国出口 6 022.8万美元，增长 0.5%；进口 4 743 万美元，下降 39.5%；贸易逆差缩小 30.1%。

从贸易结构看，双方贸易产品比较集中。2016 年中国自哥进口农产品高度集中在畜产品（主要是动物生皮），进口 4 100 万美元，占 86.4%。中国出口的水产品、蔬菜和干豆合计占对哥农产品出口额的 81.8%。水产品 2 107.4万美元，占 35%，其中罗非鱼占水产品出口总额的 75.7%。蔬菜 1 639.6 万美元，占 27.2%。其中大蒜占蔬菜出口总额的 53.3%，蘑菇占蔬菜出口总额的 24.6%；干芸豆1 179.3万美元，占 19.6%。

7. 中国与冰岛自贸区

中国与冰岛自贸协定 2014 年 7 月正式生效实施。2014—2016 年，双边农产品贸易总额年均增长 30.2%。2016 年，双边农产品贸易额 8 509.7 万美元，比上年增长 56.7%。其中中国出口 634.2 万美元，增加 5.9 倍；进口 7 875.4 万美元，增长 47.5%；贸易逆差 7 241.2 万美元，扩大 38%。

从贸易结构看，双方贸易产品比较集中。中国农产品进口以水产品为主，2016 年水产品进口 7 761.6 万美元，占中国自冰岛农产品进口总额的 98.6%，其中鲭鱼占农产品进口总额的 22.8%，占水产品进口总额的 23.2%；出口也集中在水产品（主要是墨鱼和鱿鱼），占对冰岛农产品出口额的 89.8%。

8. 中国与瑞士自贸区

中国与瑞士自贸协定 2014 年 7 月正式实施。2014—2016 年双边农产品贸易额年均增长 11.9%。2016 年，双边农产品贸易

额 2.1 亿美元，比上年增长 17.8%。其中中国出口 4 621.3 万美元，增长 26.6%；进口 1.6 亿美元，增长 15.5%；逆差 1.1 亿美元，比上年扩大 11.5%。

从贸易结构看，中国进口农产品相对集中，出口农产品相对分散。中国进口农产品主要是畜产品和饮品类，高度集中在婴幼儿配方奶粉和可可制品上，2016 年进口额分别为 6 968.1 万美元和 2 739.9 万美元，分别占自瑞士进口农产品额的 43.6% 和 17.1%。出口农产品比较分散，以蔬菜、饮品、水产品和饼粕为主。

9. 中国与澳大利亚自贸区

中国与澳大利亚自贸协定 2015 年 12 月正式生效实施。2016 年，双边农产品贸易额 76.9 亿美元，比上年下降 15%。其中中国出口 9.9 亿美元，增长 1.4%；进口 67 亿美元，下降 16.9%；贸易逆差 57.1 亿美元，比上年缩小 19.4%。

从贸易结构看，中国进口农产品主要是畜产品、谷物和饮品，合计占自澳进口农产品总额的 81.1%。自澳大利亚的优势农产品进口增幅明显，其中水果进口 8.3 万吨，增长 55.7%；葡萄酒进口 10 487.2 万升，增长 52.8%；乳制品进口 14.6 万吨，增长 18.1%。中国对澳大利亚出口农产品较为分散，主要是水产品、蔬菜、粮食制品和水果，2016 年出口额分别为 3.2 亿美元、1.2 亿美元、7 658.6 万美元和 7 084.7 万美元。

10. 中国与韩国自贸区

中国与韩国自贸协定 2015 年 12 月正式生效实施。2016 年，双边农产品贸易额 56.8 亿美元，比上年增长 9%。其中中国出口 46.7 亿美元，增长 7.4%；进口 10.1 亿美元，增长 17.3%；贸易顺差比上年扩大 5%。

从贸易结构看，中国从韩国农产品进口较为分散，出口则相对集中。2016 年，自韩进口农产品主要有水产品、饮品、畜产品、糖料及糖和粮食制品，合计占自韩农产品进口总额的 72.5%。其中最多的是砂糖和奶粉，分别占农产品进口总额的 10.2% 和 9.8%。中国对韩出口农产品集中在水产品和蔬菜，合计占对韩出口总额的 61.6%。其中水产品出口额 16.5 亿美元，增长 5.5%；蔬菜出口额 12.3 亿美元，增长 18.9%。

农业产业损害监测预警

2016 年，中共中央 1 号文件要求“健全贸易救济和产业损害补偿机制”，由农业部牵头开展的农业产业损害监测预警体系（以下简称“监测预警体系”）建设进入深化和提高阶段，为缓解国内相关产业压力、争取产业发展空间、进行产业转型升级发挥了积极作用，农业产业损害监测预警水平迈上新台阶。

密切部际协作，维护国内产业利益。2016 年，商务部会同农业部等相关部委积极开展食糖保障措施立案调查；开展了对原产于美国的干玉米酒糟（DDGs）进行反倾销和反补贴“双反”立案调查并作出初裁；

完成了对原产于美国的进口白羽肉鸡产品进行的反倾销、反补贴措施期终复审调查，确定对美国白羽肉鸡继续征收“双反”税；启动对原产于欧盟的马铃薯淀粉进行反补贴期的终复审调查。国务院有关部委按照中央相关文件启动农业产业损害补偿的实地调研等机制设计。

积极参与农业贸易争端案件应对的相关工作。针对美国就中国小麦、大米（籼米和粳米）、玉米等农产品相关国内支持政策（DS511）和中国粮食进口关税配额管理（DS517）向世贸组织提起申诉的两起案件，农业部及时研判案件的潜在影响并提出应对建议，密切配合并支持主管部门开展相关应诉工作。

深入开展产业损害监测预警分析和信息服务。2016年，农业部通过修订监测预警分析报告规范要求，进一步明确了监测分析重点，对大豆、大麦、高粱、棉花、油菜籽、食糖和乳制品等重点产品进行了深度产业损害分析。

加强专业人才队伍建设。2016年，中国农业部先后举办贸易救济及维护产业安全培训班，全国农业、商务部门及产业体系专家、企业、合作社、家庭农场以及种养殖大户等近200人次参加了培训。通过培训，产业链相关人员增加了国际经贸形势、产业损害、贸易救济等方面知识储备，提升了规则及法律意识，对依法合规有效使用贸易救济规则保护自身利益的自觉性大大提升。

农业贸易争端与救济

（一）进口调查

1. 中国对美国干玉米酒糟（DDGs）进行反倾销和反补贴“双反”立案调查

1月12日，商务部发布2016年第2、3号公告，决定对原产于美国的进口干玉米酒糟进行反倾销、反补贴立案调查。该产品归在《中华人民共和国进出口税则》：23033000项下。

9月23日调查机关初步认定，原产于美国的进口干玉米酒糟存在倾销，国内干玉米酒糟产业受到实质损害，而且倾销与实质损害之间存在因果关系。根据《中华人民共和国反倾销条例》第二十八条和第二十九条的规定，调查机关决定采用保证金形式实施临时反倾销措施。初裁反倾销税税率为33.8%。初裁明确征收保证金的方法是：自2016年9月23日起，进口经营者在进口原产于美国的干玉米酒糟时，应依据初裁决定所确定的各公司的倾销幅度向中华人民共和国海关提供相应的保证金。保证金以海关审定的完税价格从价计征，计算公式为：保证金金额＝（海关审定的完税价格×保证金征收比率）×（1＋进口环节增值税税率）。

9月28日，调查机关初步认定，原产于美国的进口干玉米酒糟存在补贴，国内干玉米酒糟产业受到实质损害，而且补贴与实质损害之间存在因果关系。根据《中华人民共和国反补贴条例》第二十九条、第三十条

的规定，商务部向国务院关税税则委员会提出对原产于美国的进口干玉米酒糟产品采取临时反补贴措施的建议。国务院关税税则委员会根据商务部的建议作出决定，自2016年9月30日起采用临时反补贴税保证金的形式对原产于美国的干玉米酒糟产品实施临时反补贴措施。初裁从价补贴率为10%～10.7%。初裁明确临时反补贴税保证金征收方法是：进口经营者在进口原产于美国的干玉米酒糟产品时，应依据初裁确定的各公司从价补贴率向中华人民共和国海关提供相应的临时反补贴税保证金。临时反补贴税保证金以海关审定的完税价格从价计征，计征公式为：临时反补贴税保证金金额＝海关完税价格×临时反补贴税保证金比率；进口环节增值税保证金以海关审定的完税价格乘以临时反补贴税保证金比率作为计税价格从价计征，计征公式为：进口环节增值税保证金＝海关完税价格×临时反补贴税保证金比率×进口环节增值税税率。进口经营者进口上述产品时可按下列公式一并缴纳保证金：保证金金额＝（海关完税价格×临时反补贴税保证金比率）×（1＋进口环节增值税税率）。

2. 对美国白羽肉鸡继续征收“双反”税

根据对原产于美国的进口白羽肉鸡产品进行的反倾销、反补贴措施期终复审调查结果，商务部决定自2016年9月27日起，对原产于美国的进口白羽肉鸡产品继续征收反倾销税，实施期限5年，反倾销税税率为46.6%～73.8%；自2016年8月30日起，对原产于美国的进口白羽肉鸡产品继续征收反补贴税，实施期限5年，反补贴税税率为4%～4.2%。

3. 对欧盟马铃薯淀粉进行反补贴期终复审调查

7月15日，商务部收到中国淀粉工业协会马铃薯淀粉专业委员会代表国内马铃薯淀粉产业提交的反补贴措施期终复审申请书。

9月14日，商务部发布2016年第43号公告，对原产于欧盟的进口马铃薯淀粉所适用的反补贴措施进行期终复审调查。在反补贴措施期终复审调查期间，对原产于欧盟的进口马铃薯淀粉继续按照商务部2011年第54号公告公布的征税范围和税率征收反补贴税。本次复审的补贴调查期为2015年4月1日至2016年3月31日，产业损害调查期为2012年1月1日至2016年3月31日。复审调查将于2017年9月15日前结束。

4. 中国对进口食糖启动保障措施调查

7月27日，商务部收到广西糖业协会代表国内食糖产业正式提交的《中华人民共和国食糖产业保障措施调查申请书》，申请人请求对进口食糖进行保障措施调查。

9月22日，商务部发布2016年第46号公告，启动对食糖的保障措施调查。本次调查确定的调查期为2011年1月1日至2016年3月31日。被调查产品归在《中华人民共和国进出口税则》的17011200、17011300、

17011400、17019100、17019910、17019920以及17019990税目项下（其中17011300和17011400在2011年版《中华人民共和国进出口税则》归在17011100项下）。这是中国首次在农产品贸易中启动保障措施调查。

（二）出口应诉

1. 美国取消对中国蜂蜜反倾销行政复审调查

4月14日，应美国蜂蜜生产者协会和苏斯蜂蜜协会提交的撤销申请，美国商务部发布公告，取消对中国蜂蜜反倾销行政复审调查。

2. 美国对中国新鲜大蒜做出反倾销行政复审终裁

6月20日，美国商务部对中国新鲜大蒜反倾销行政复审终裁，中国涉案企业普遍税率为4.71美元/千克。

3. 美国对中国等4国冷冻暖水虾做出第二次反倾销快速日落复审终裁

7月7日，美国商务部对进口自巴西、印度、中国和泰国的冷冻暖水虾做出第二次反倾销快速日落复审终裁，决定继续对上述国家冷冻暖水虾征收反倾销税。

4. 美国对中国味精做出反倾销行政复审初裁

8月5日，美国商务部对进口自中国的味精做出反倾销行政复审初裁，初步裁定本次反倾销行政复审的全部38家中国涉案企业适用40.41%的中国普遍税率。

5. 美国中国淡水小龙虾尾肉做出反倾销行政复审和新出口商复审初裁

10月12日，美国商务部对中国淡水小龙虾尾肉做出反倾销行政复审和新出口商复审初裁，初步裁定中国涉案企业的普遍税率仍为223.01%。

6. 阿根廷对中国含羊毛织物做出反倾销初裁

12月7日，阿根廷生产部对原产自中国的含羊毛织物做出反倾销初裁，对中国涉案产品以商品离岸价为基础计征税率为154%的临时从价反倾销税。

农业贸易促进行动

农业展览

根据对全国农业展览举办情况的调查统计[①]，2016年全国各地举办中等规模以上（总展览面积2 000平方米以上）农业展览活动297个，扣除54个同期同场地举办的展览，展览实际举办次数计为243次，比上年下降8%。

（一）展览举办情况

1. 展览类别及分布

根据展览活动的主题和主要展出内容，可以大致划分为13类（图33）。其中“农产品、加工品”类展览47个，占总数的19.3%；“食品或饮品”类展览36个，占比14.8%；“农业生产资料”类展览11个，占比4.5%。以上三类综合性展览合计占当年全国农业展览总数的38.6%，比上年下降3.3个百分点。

在专业性展览的子行业分类中，“渔业”类展览最多，共计25个，占总数的10.3%；其次是“农机”20个，占总数的8.2%；“粮油”类17个，占总数的7.0%；“园艺”类13个，占5.3%；“畜牧”类12个，占4.9%；“茶叶”类10个，占4.1%；“化肥”类7个，占2.9%；“种子”“农技”类各6个，各占2.5%；其余“糖酒”“果品”“林业”“农药”“饲料”等类展览所占比例均不到1%。

2. 展览规模

根据对部分展览数据的统计，2016年中国农业展览平均面积为34 198平方米，比上年增长13.2%；平均参展商家749家，比上年下降9%；平均参展观众约3.5万人次。据此估算，全年农业展览面积约831万平方米，

① 在调查统计过程中，食品、以农产品为原料加工成的饮料（含果汁、蔬菜汁、酒类、饮用醋、茶及咖啡饮料等）、调味品、农业生产机械、农化产品、观赏动植物等为主要内容的相关展览被包含在内，但非食用农产品的加工机械、酒店用品、编织品及其他手工艺品为主要内容的相关展览不包含在内。

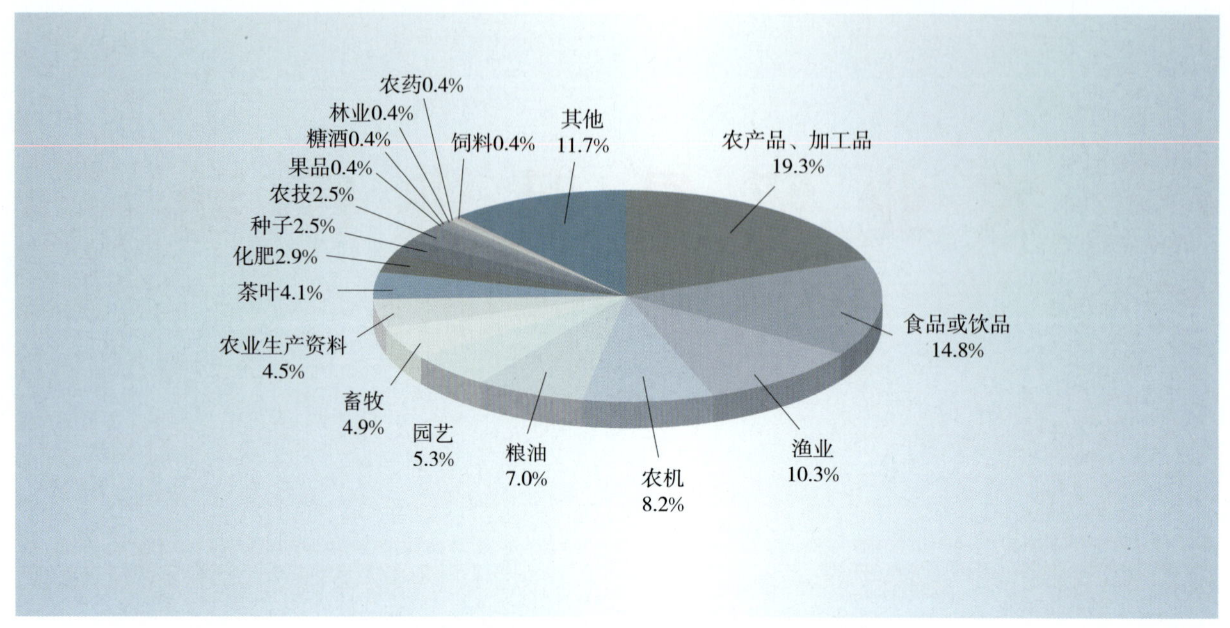

图 33　2016 年农业展览行业类别分布图

参展商总数超 16 万家，观众约 765 万人次[①]。

根据对 134 个农业展览统计，综合性展览平均展览面积为 43 560 平方米，专业性展览平均展览面积为 37 157 平方米（表 74）。

3. 展位价格

根据 154 个有价格信息的展览数据，2016 年农业展览标准展位[②]平均价格为 8 183元；空地展位平均价格为每平方米 842 元[③]，其中超过千元的有 48 个。从均值来看，标准展位均价比上年上涨 11.8%，空地价格比上年上涨 10.5%。空/标展位价格比[④]为 0.926，较上年略有下滑。

专业性展览与综合性展览比较，其标准展位均价高 14.5%，空地展位均价高 29.2%。从地域看，东部展位价格基本稳定，中西部展位价格增长较快（表 75）。

表 74　农业展览规模

单位：次、平方米

展览类型	2 万平方米以上（含 2 万）	0.5 万（含）～2 万平方米	0.5 万平方米以下	总计	平均展览面积
综合展	26	16	5	47	43 560
专业展	58	26	3	87	37 157
合　计	84	42	8	134	39 403

① 全国总数的估算方法为年度展会次数×平均展览面积（平均参展商数或平均参观观众人次）。

② 标准展位面积 9 平方米。

③ 以上两平均价格均为展位名义价格的简单平均值。在考虑打折展位、不同展览规模等因素后，行业平均价格应低于以上两价格。

④ 计算公式为：空地均价×9/标展均价。该比值在一定程度上反映了展览展示效果的高低，比值越高，通常效果越好。

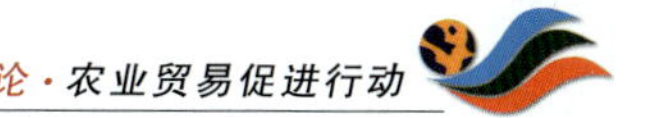

表 75 农业展览价格

单位：个、%、元

展位类型	有效值	平均值	比上年增长	最高单价
标准展位	154	8 183	11.8	34 800
综合展	53	7 473	−0.6	18 000
专业展	101	8 555	18.9	34 800
东部	107	8 115	0.2	18 000
中部	35	8 488	41.8	34 800
西部	12	7 898	45.3	15 000
空地展位	139	842	10.5	5 000
综合展	47	706	−10.0	1 280
专业展	92	912	21.9	5 000
东部	97	816	−1.6	3 900
中部	31	841	45.1	1 300
西部	11	1 072	65.7	5 000

（二）发展特点和趋势

1. 成熟展览领跑农业会展行业

2016 年，举办 10 届以上（不含 10 届）的展览有 81 个，占全年总数的 33.3%，比 2015 年提高 0.6 个百分点。举办 7～10 届的有 53 个，占 21.8%，比上年提高 0.4 个百分点；举办 3～6 届的有 41 个，占 16.9%，下降了 9 个百分点；举办 3 届以下的有 68 个，提高了 7.9 个百分点（图 34）。

举办 10 届以上的农业展览所占比重有

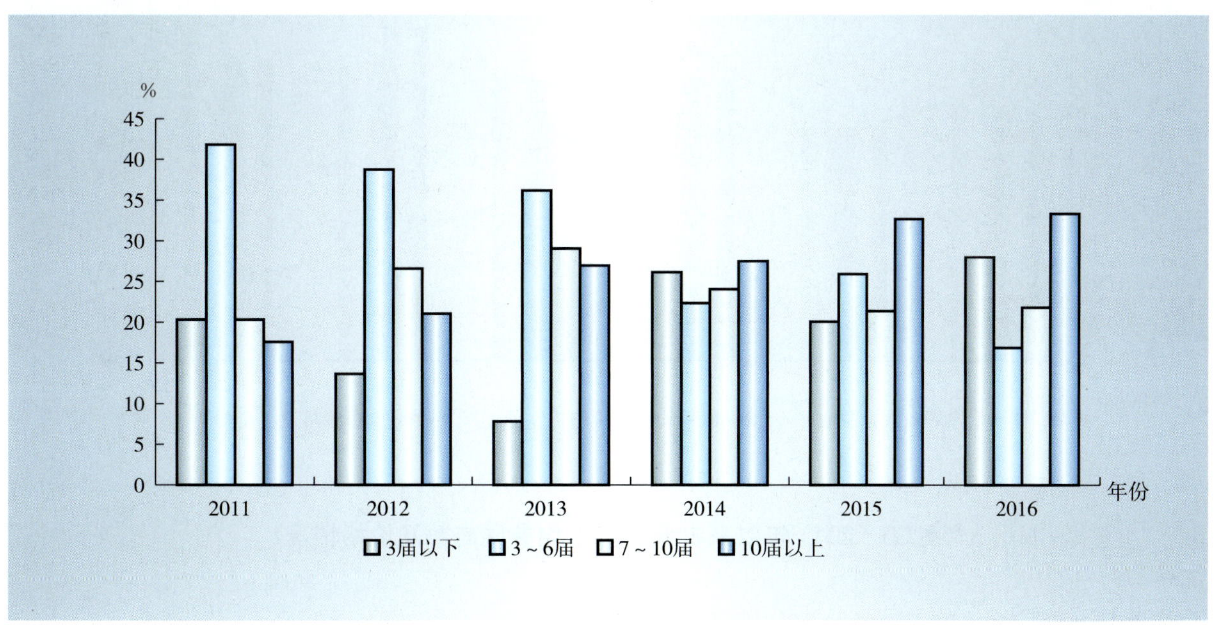

图 34　2011 年以来农业展会届数分布

所上升，中间段展览比重有所下降，3 届以下新办展览比重提高。总体来看，农业展览行业发展依然处于成熟展览领跑的状态，市场优化配置资源的作用突出。年内新办展会19 个，占年度展览总数的 7.8%，比上年稍有提高，主要以茶叶、畜牧等专业展为主。

2. 行业发展保持平稳态势

2016 年，农业展览平均展览面积比上年增长 30%，平均参展企业数比上年下降9.3%；平均标展价格比上年上涨 11.7%，涨幅稳定；空/标展位价格延续 2013 年以来的下滑态势，但依然保持在较高水平。这些指标表明，2016 年农业展览在运营管理等方面承受一定市场压力，但行业总体保持健康平稳发展态势（图 35）。

3. 办展市场化程度提高

2016 年政府办展比例为 24.8%，比上年下降 17.3%；协会办展[①]比例为 36.2%，降低 3.6 个百分点；公司办展比例为 39%，提高 20.9 个百分点。从承办机构性质来看，由专业展览公司和协会承办的农业展会占75.2%，远高于政府承办的 24.8%，办展主体的市场化程度不断提高（图 36）。

4. 展览专业化水平增强

2016 年，专业展所占比重达 65%，比上年提高 7 个百分点。专业化展览在农业展会行业占比不断提升，农业展会专业化水平增强。随着行业发展和竞争加剧，专业化办展成为农业展览发展的总体趋势，市场细分程度不断提高。从展览面积来看，2016 年专业展平均面积大幅提高，与综合展的面积差距有所缩小（图 37）。

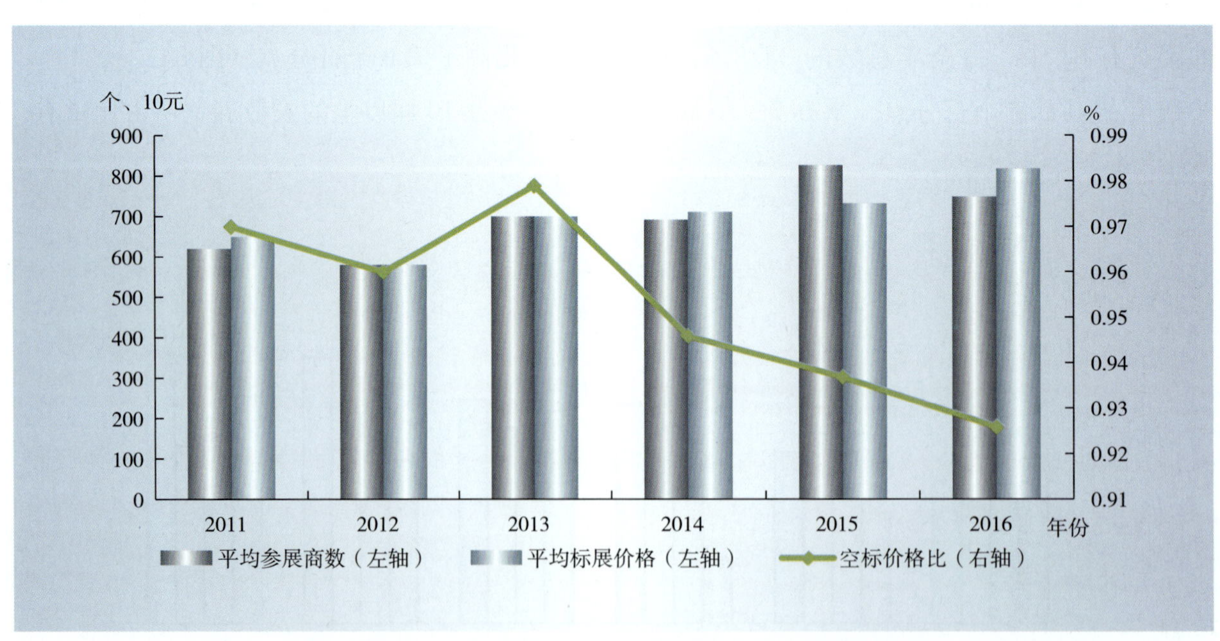

图 35　2011 年以来农业展览平均参展商数及价格情况

---

① 主办机构为公益性事业单位、商会、协会、学会等社会组织。

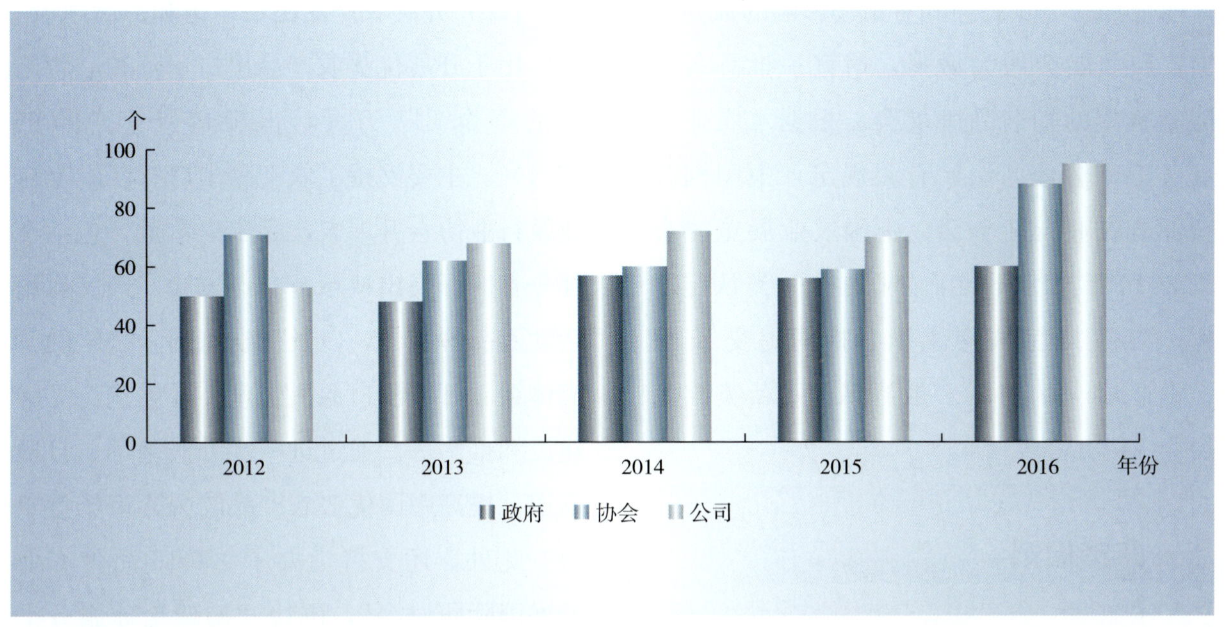

图 36　2012 年以来不同性质主办方办展分布

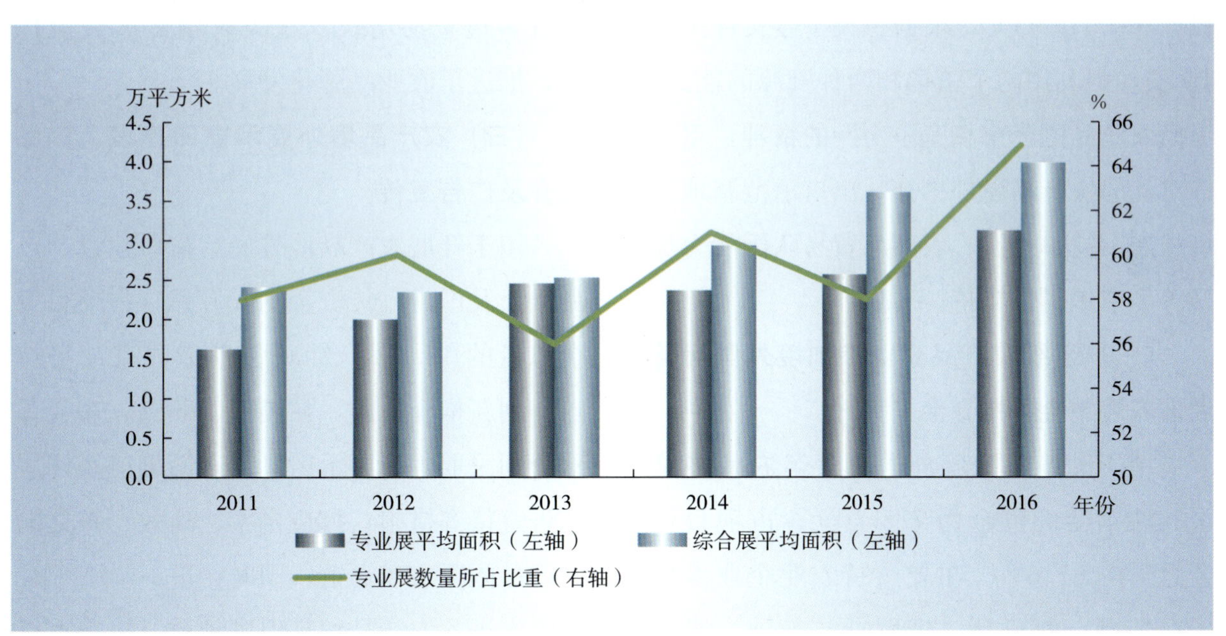

图 37　2011 年以来各类展览平均面积和专业展数量占比

（三）行业管理情况

2016 年 1 月，农业部为进一步加强农业展会管理工作，推进农业展会市场化、专业化、国际化、品牌化、信息化，促进农业会展经济健康发展，使农业会展工作更好地适应现代农业发展的新要求，重新修订并印发《农业部展会工作管理办法》。新修订的办法对农业部展会管理、申报、审批等提出了具体要求，明确指出支持开展展会分类认定工作，重点扶持和保护品牌展会，发展有产业依托的重点展会和有市场影响的成熟展会，鼓励展会做大做强，培育一批具备国际竞争力的知名品牌展会。根据《农业部展会工作管理办法》有关规定，中国国际贸促会农业行业分会、中国农业展览协会于2016年继续开展了农业展会分类认定工作，共有45家展会主承办机构提交了51个农业展会的资料，最终认定2A级以上展会44个。

营销促销

2016年度农产品促销（出口促进）项目预算1 177万元，根据中央1号文件关于“切实加强利用两个市场和两种资源的能力，提高农产品国际市场竞争力”的精神，重点针对优势农产品境外推介、出口示范基地及境外展示窗口建设、农产品贸易队伍能力提升等环节提供了支持。

（一）组织农产品企业参加境外国际著名涉农展销会和推介会

用于支持参加境外国际著名农业展览会和展销会的资金为725万元，占项目资金总量的61.6%。主要支持农业企业参加了在韩国、西班牙、俄罗斯、美国、澳大利亚等国家举办的国际著名涉农展览（销）会。通过打造中国国家展团等方式，塑造中国出口农产品整体形象。借助海外推介会等平台，带动企业寻找和对接国外合作伙伴，进一步扩大中国农产品在出口市场的影响。

（二）开展农产品出口示范和品牌建设

用于开展优势农产品出口示范和品牌建设的资金217万元，占项目资金总量的18.4%。主要支持了农产品出口省区重点企业及行业协会开展农产品出口示范，包括在部分省区开展出口示范布点试验、开展促销活动及品牌宣传，以及建设与国际接轨的营销体系、开展出口源头管理、开展重点品牌建设和推广等。通过进一步夯实基础、打通渠道，提高中国优势农产品的国际市场竞争力。此外，还支持举办了“2016品牌农业发展国际研讨会”，围绕“构架全球服务平台”“科技创新推动品牌国际化”“品牌消费促进多边贸易增长”三大议题开展交流探讨，推进了农业品牌化发展。

（三）农产品境外展示窗口建设、产品推介及广告宣传

用于开展农产品境外展示窗口建设、产品推介及广告宣传资金185万元，占项目资金总量的16.6%。针对各目标国家市场特点，创新推介形式，在美洲、欧洲、东亚等地分别采取建设展示窗口、直销渠道及开展广告宣传等措施，打造自主、高效、直达的农产品国际市场通道。同时，进一步引导社会资本进入农产品贸易促进领域，扶持重点出口省区农产品企业建立、完善贸易渠道，推动优势农产品出口。此外，还通过支持苹果协会等单位组织中国—亚欧博览会优质水果推介活动、中国—东盟农业国际合作展等活动，以集中展示、现场品尝、现场展销、广告宣传、新闻发布等方式，展示了中国农

业产业发展和国际合作的成果。

（四）农业贸易促进能力建设

项目还支持举办了“2016 农产品国际贸易经理及管理人员培训班”，对 19 个省（市、区）的农业外事外经部门、农业出口企业、农垦系统以及中国农业产业化龙头企业协会会员单位等有关人员 104 人进行了培训。学员多是从事农产品出口业务的一线管理人员。通过培训，使其更加全面地把握国际国内农产品贸易发展形势，增进了对主要和新兴农产品出口市场的了解，提升了从事出口实务的能力和海外营销促销能力。

信息服务

根据国务院《关于印发促进大数据发展行动纲要的通知》精神，2016 年 5 月农业部出台了《关于推进农业农村大数据发展的实施意见》，确定了未来 5～10 年农业农村大数据发展的主要目标，提出到 2018 年底前，实现“金农工程”信息系统与中央政府其他相关信息系统通过统一平台基本完成数据的共享和交换，2020 年实现政府数据集向社会开放，2025 年建成全球农业数据调查分析系统。

2016 年，按照农业部农业数据资源和信息共享的要求，农业部农业贸易促进中心对“国际农产品贸易数据库系统”“国际农产品关税数据库系统”“农业产业损害信息直报及分析系统”和“国际农业展会数据及分类认定系统”等一批信息资源产品进行了统一梳理，并将上述系统与“中国农业外径外贸信息网”进行资源整合，建立了“农业贸易与产业损害分析及发布平台”。

农业贸易信息服务工作也在不断夯实基础、促进研究成果转化、建立机制化和多层次信息监测服务体系的同时，不断完善信息采集、加工、分析的智能化水平，提高对各级农业部门、涉农企业以及广大农民的服务质量。

（一）信息服务产品质量不断提升

以周报、半月报、月报、季报和年度报告为基础的主要信息产品继续发布，内容涵盖农产品进出口形势、国内外大宗农产品价格监测、全球供需状况和贸易展望等方面，全年共编发 120 余份；编辑出版了《2016 中国农产品贸易发展报告》《国际农产品贸易统计年鉴（2016）》《国际农业研究报告（2016）》等研究成果，着力强化农产品贸易信息服务功能，提升服务质量。在农产品贸易信息动态监测体系框架下，为相关部门决策和业内研究提供重要参考。

（二）数据获取智能化水平不断提高

数据库资源的应用潜力得到进一步发掘，提高了数据获取的智能化和便捷化水平。对“国际农产品贸易数据库系统”和“国际农产品关税数据库系统”等系统进行了优化，提高了系统应用的便利性。“农业贸易与产业损害分析及发布平台”取得积极成果，为信息资源共享奠定了基础。

（三）信息服务成果转化进一步强化

通过中国农业外经外贸信息网等网络信

息平台建设，及时向各级农业部门、企事业单位、研究单位等提供外经贸信息与数据服务，并开展了农业品牌展会等专题宣传，利用新媒体的优势充分展示了中国国际农产品交易会、中国国际渔业博览会、中国国际薯业博览会等展会信息和展会成果，提升农业品牌展会的知名度和影响力。通过与《世界农业》、《农产品市场周刊》等传统纸质媒体的合作，进一步了加强农业贸易信息研究成果的转化。

世界农产品贸易与中国

2015年世界农产品贸易出口额比上年下降10.8%，进口额比上年下降10.1%。2015年中国农产品贸易总额和出口总额分别继续位居世界第三和第四，进口总额继续居第二位。中国农产品进口额占世界进口总额的比重有所增长，出口额占世界出口总额的比重同样有所增长。中国棉花进口在世界所占份额下降较快，下降9.4个百分点。中国农产品出口对世界农产品出口增长的贡献率为1.3%，比上年降低21.1个百分点，中国农产品进口对世界农产品进口增长的贡献率为2.7%，比上年降低26个百分点。

贸易规模

(一) 进出口额及其变化[①]

2015年世界农产品出口额14 211.6亿美元，比上年下降10.8%；进口额14 041.6亿美元，比上年下降10.1%（表76）。

(二) 出口价格水平及其变化

根据国际货币基金组织的出口产品价格指数，2015年农产品出口价格指数变动方向基本一致，低于上年价格指数。就大类而言，食品出口价格指数比上年下降17.2%，饮料出口价格指数比上年下降3%，农业原料出口价格指数下降13.5%。

在食品中，谷物产品出口价格指数下跌17.3%，其中，小麦、玉米、大米和大麦的出口价格指数分别比上年下跌23.5%、12%、10.9%和12.5%。食用油籽与饼粕比上年下跌19.8%。其中，大豆、花生、豆油、棕榈油、葵花油、菜籽油和大豆粕分别比上年下跌24.1%、9.4%、17.3%、

① 数据来源：Comtrade数据库。凡是来自Comtrade数据库的数据均采用了“中国农业部农产品贸易分类”中关于农产品的定义和分类，农产品包括谷物、棉花、油籽、植物油、食糖、饮品类、蔬菜、水果、坚果、花卉、饼粕、干豆、畜产品、水产品和其他农产品。下同。

23.6%、5.4%、14.4%和24.5%，只有橄榄油出口价格指数上升，比上年上涨13.6%。肉类总体出口价格指数比上年下跌14.4%，牛肉、羊肉和猪肉出口价格指数下跌均超过10%，分别达到10.5%、17.5%和34%，而禽肉出口价格指数上涨，比上年上涨4.2%。水产品总体出口价格指数比上年下跌18.7%。其中，鱼类比上年下跌19.6%，虾类比上年下跌15%。

在饮料中，2015年可可和茶的出口价格指数分别比上年上涨2.4%和43.1%，而咖啡比上年下跌16.9%。

在农业原料产品中，2015年棉花和羊毛的价格指数分别下跌15.3%和8.7%。

贸易结构

（一）区域结构[①]

1. 各区域贸易比重及其变化

2015年世界主要贸易区域的农产品出口额与2014年相比有所下降。其中，中东地区的出口额降幅为24%；高于世界11%的平均水平；独联体和欧洲的出口额降幅分别为16%和13%，略高于世界平均水平；北美洲、中南美、亚洲和非洲的出口额降幅分别为9%、9%、9%和8%，均低于世界平均水平。

表76 2007—2015年世界农产品贸易额及增长率

单位：亿美元、%

年份	进口额	出口额	进口增长率	出口增长率
2007	9 907.8	9 507.1	20.4	19.7
2008	12 045.9	11 555.7	21.6	21.5
2009	10 573.4	10 338.6	−12.2	−10.5
2010	12 073.6	11 999.6	14.2	16.1
2011	14 775.3	14 597.7	22.4	21.7
2012	14 594.5	14 823.5	−1.2	1.5
2013	15 240.0	15 657.1	4.4	5.6
2014	15 619.2	15 933.7	2.5	1.8
2015	14 041.6	14 211.6	−10.1	−10.8

注：由于Comtrade数据库的数据调整，本表所列2007—2015年的数据与上年报告数据有差异。
数据来源：Comtrade数据库。

① 数据来源：本部分数据来源于WTO国际贸易统计（ITS）2016。在WTO资料中，将世界分为北美、中南美、欧洲、独联体、非洲、中东和亚洲7个区域。其中，北美包括加拿大、美国等3个国家；中南美包括中美7国、加勒比海17国和南美12国；欧洲包括欧盟27国，挪威、瑞士等其他西欧4国和阿尔巴尼亚、罗马尼亚、土耳其等东南欧8国；独联体包括俄罗斯、乌克兰、乌兹别克斯坦等12国；中东包括伊拉克、伊朗、沙特阿拉伯等13国；亚洲包括中国、日本、韩国、印度等国家（地区）及澳大利亚、新西兰等大洋洲共36个国家或地区。这里的农产品使用了WTO的Yearbook 2016中的定义。

从出口额来看，2015 年欧洲仍是世界最大的农产品出口区域，其出口额占世界农产品出口总额的 40%，其后依次为亚洲、北美洲、独联体和非洲，其出口额分别占世界农产品出口总额的 22.9%、16%、3.8%和 3.6%。亚洲和北美洲农产品出口额占世界的比重有所上升，分别上升 0.5 个和 0.3 个百分点；中南美洲、欧洲、中东和独联体占世界的比重有所下降，分别下降 9.8 个、0.7 个、0.2 个和 0.1 个百分点。中东出口规模依然最小，出口份额下降到 1.5%（表 77）。

从进口额来看，2015 年欧洲仍是世界最大的农产品进口区域，其进口额占世界农产品进口总额的 40.5%；亚洲位居第二，其进口额占世界的 28.8%；北美洲位居第三，占 13.4%；其后依次为非洲、中东、中南美和独联体，分别占世界的 5.3%、5.3%、3.9%和 2.8%。与 2014 年相比，北美洲和亚洲农产品进口额占世界农产品进口总额的比重上升，分别上升了 0.9 个和 0.7 个百分点；而独联体、非洲、欧洲、中南美洲和中东占世界的比重分别下降了 0.7 个、0.4 个、0.3 个、0.1 个和 0.1 个百分点（表 77）。

2. 区域间贸易流向及其变化

2015 年世界区域间农产品贸易流向仍相对集中在北美洲、中南美洲、欧洲和亚洲四个区域之间。按照区域间出口额大小排序，前五位依次为：从北美洲出口到亚洲 926 亿美元，从中南美洲出口到亚洲 637 亿美元，从欧洲出口到亚洲 512 亿美元，从亚洲出口到欧洲 447 亿美元，从中南美洲出口到欧洲 430 亿美元。

与 2014 年相比，2015 年农产品区域间贸易量均减少。其中减幅较大的是从欧洲出口到非洲、从北美洲出口到亚洲和从中南美洲出口到欧洲，降幅分别为 16.2%、11.6%和 11.5%；之后是从亚洲出口到欧洲、从亚洲出口到北美洲和从欧洲出口到亚洲，降幅分别为 9.9%、6.8%和 6.4%；最后是从中南美洲出口到北美洲、从中南美洲出口到亚洲和从欧洲出口到北美洲，降幅分别为 4.9%、3%和 1.5%（表 78）。

表 77 2014—2015 年世界农产品贸易的区域结构

单位：%

区 域	出口额占世界农产品出口总额比重			进口额占世界农产品进口总额比重		
	2014 年	2015 年	变化	2014 年	2015 年	变化
欧 洲	40.7	40.0	−0.7	40.8	40.5	−0.3
亚 洲	22.4	22.9	0.5	28.1	28.8	0.7
北美洲	15.7	16.0	0.3	12.5	13.4	0.9
中南美洲	12.0	2.2	−9.8	4.0	3.9	−0.1
非 洲	3.6	3.6	0.0	5.7	5.3	−0.4
独联体	3.9	3.8	−0.1	3.5	2.8	−0.7
中 东	1.7	1.5	−0.2	5.4	5.3	−0.1

数据来源：WTO 国际贸易统计（ITS）2016。表中农产品使用了 WTO 的 Yearbook 2016 中的定义。

表 78 2014—2015 年主要区域间农产品贸易流向

单位：亿美元、%

贸易流向	2014 年	2015 年	比上年增长
北美洲→亚洲	1 048	926	−11.6
中南美洲→亚洲	657	637	−3.0
欧洲→亚洲	547	512	−6.4
亚洲→欧洲	496	447	−9.9
中南美洲→欧洲	486	430	−11.5
亚洲→北美洲	460	429	−6.8
欧洲→北美洲	314	309	−1.5
中南美洲→北美洲	302	287	−4.9
欧洲→非洲	304	255	−16.2

数据来源：WTO 国际贸易统计（ITS）2016。表中农产品采用了 WTO Yearbook 2016 中的定义。

欧洲仍是农产品净出口区域。其区域外出口市场主要是亚洲和北美，出口额分别占欧洲向区域外出口总额的 33.8%和 20.8%，出口亚洲比重较上年上升 2.3 个百分点，出口北美洲的比重上升 2.7 个百分点；区域外主要进口来源地主要为亚洲、中南美洲、北美洲、非洲，其中从亚洲的进口额最大，占欧洲区域外进口总额的 27%，比重较 2014 年下降，从独联体、中南美洲和北美洲的进口额比重略降，从中东的进口额比重比 2014 年上升 5.6 个百分点，升至 7.6%。

亚洲仍是农产品净进口区域，其区域外主要出口市场仍然为欧洲和北美洲，出口额分别占亚洲向区域外出口总额的 31.9%和 30.5%，出口欧洲的比重比上年上升 1.7 个百分点，出口北美洲的比重比上年上升 2.4 个百分点；区域外主要进口来源地仍然是北美洲、中南美洲和欧洲，进口额占亚洲区域外进口总额的比重分别为 39.1%、26.9%和 21.6%，从中南美洲和欧洲进口的比重比上年略升，而从北美洲进口的比重比上年下降 1.1 个百分点。

北美洲和中南美洲农产品贸易均继续保持了顺差的状态。北美洲农产品区域外主要出口市场主要是亚洲，其出口额占北美区域外出口总额的 62.8%，其次是欧洲和中南美洲，所占比重分别为 16.2%和 12.8%。与上年相比，出口亚洲、欧洲和中南美洲的比重略升；区域外主要进口来源地仍然是亚洲、欧洲和中南美洲，进口额分别占北美区域外进口总额的 39.9%、29.2%和 27.1%，其中，从亚洲进口的比重较上年略降，而从欧洲和中南美洲进口的比重略升。中南美洲的区域外主要出口市场仍然是亚洲、欧洲和北美洲，其出口额分别占了中南美洲区域外出口总额的 39.5%、26.5%和 17.9%，与上年相比，出口亚洲和北美洲的比重略升，出口欧洲的比重基本持平；其区域外主要进口来源地仍然是北美，其进口额占中南美区域外进口总额的 55.7%，比重较上年下降

2.9个百分点。

非洲、独联体和中东地区的农产品区域外主要出口市场和进口来源地仍相对集中在欧洲和亚洲，区域间贸易量相对较小，与上年相比基本持平。

3. 区域内贸易比重及其变化

2015年区域内农产品贸易占世界农产品贸易的55.1%，比重与上年相比略升0.2个百分点。其中，欧洲区域内农产品出口占欧洲农产品出口总额的比重最大，为75.9%，与上年持平；其次是亚洲地区，占其出口总额的60.5%，比上年上升1.9个百分点；北美洲占其出口总额的41%，位居第三，比上年上升2.1个百分点；中东占其出口总额的40.2%，比上年下降7.7个百分点；独联体占其出口总额的28.1%，比上年上升0.7个百分点；而非洲和中南美洲分别占其出口总额的27.5%和14.7%，前者比上年上升0.6个百分点，后者比上年降低0.8个百分点。

（二）产品结构①

1. 各类农产品出口比重及变化

2015年畜产品、园艺产品、水产品、谷物、植物油和食用油籽出口额合计占全部农产品出口总额的59.6%，比重与上年基本持平。其中，占全部农产品出口总额的比重最大的是畜产品，为17.2%；其次为园艺产品，为13.6%；水产品位居第三，为10.7%；谷物、植物油和食用油籽的比重分别为7.8%、4.9 %和5.4%。与上年相比，2015年水果、茶叶、蔬菜、坚果、干豆、植物油出口额占全部农产品出口总额的比重略升，而花卉、食糖、水产品、饼粕、畜产品、粮食、棉花、食用油籽出口额的比重略降。

2. 各类农产品的主要出口产品

（1）畜产品

2015年畜产品出口总额2 949.4亿美元，占世界农产品出口总额的比重为17.2%，比上年下降1.2个百分点。乳制品、牛羊及制品、猪及制品、禽及制品和动物生皮的出口额合计2 103.2亿美元，占世界畜产品出口总额的85.9%，比重下降0.7个百分点。其中，乳制品的出口额为669.1亿美元，占世界畜产品出口总额的27.3%，位居首位；其次为牛羊及制品，出口额657.1亿美元，占26.8%；猪及制品位居第三，出口额357.1亿美元，占14.6%；禽及其制品和动物生皮出口额分别为352.7亿美元和67.3亿美元，分别占14.4%和2.7%。

（2）园艺产品

2015年，蔬菜、水果、花卉和茶叶出口额为1 934.2亿美元，占世界农产品出口总额的13.6%，提高0.8个百分点。其中，蔬菜出口额为859.2亿美元，占世界园艺产品出口额的44.4%，位居首位；其次是水果，出口额829.1亿美元，占42.9%；花卉和茶叶的出口额分别为186.3亿美元和59.6亿美元，占9.6%和3.1%。

① 数据来源：Comtrade数据库。由于从世界范围来看，同类产品出口额和进口额基本平衡，所以本部分主要从出口额来描述世界农产品贸易的产品结构。

（3）水产品

2015 年，世界水产品出口额 1 518.4 亿美元，占世界农产品出口总额的 10.7%，降低 0.2 个百分点。冻鱼片、鲜冷对虾、加工河鳗和冻鳕鱼出口额合计 336.7 亿美元，占世界水产品出口总额的 22.2%，比上年下降 0.5 个百分点。其中，冻鱼片出口额居首位，为 151.8 亿美元，占世界水产品出口额的 10%；其次是鲜冷对虾，出口额 147 亿美元，占 9.7%；加工河鳗和冻鳕鱼出口额分别占 2%和 0.5%。

（4）谷物

2015 年，世界谷物出口额为 1 102.1 亿美元，占世界农产品出口总额的 7.8%，比上年下降 0.2 个百分点。小麦、稻米和玉米出口额合计 961.9 亿美元，占世界谷物出口额的 87.3%，比重下降 2 个百分点。其中，小麦位居首位，出口额 438.8 亿美元，占世界谷物出口额的 39.8%；其次为玉米，出口额 291.5 亿美元，占 26.5%；稻米第三，出口额 231.5 亿美元，占 21%。

（5）油料产品

2015 年，世界食用油籽出口额 767.7 亿美元，占世界农产品出口总额的 5.4%，比重降低 0.1 个百分点。其中，大豆出口额为 521.8 亿美元，占世界食用油籽出口总额的 68%。植物油出口额为 697.4 亿美元，占世界农产品出口总额的 4.9%，较上年提高 0.1 个百分点。其中，棕榈油和豆油出口额合计为 377.8 亿美元，分别占世界植物油出口额的 40.9%和 13.3%。

（三）市场结构

1. 主要贸易市场的比重及变化①

从出口规模看，2015 年欧盟 28 国农产品出口额仍位居第一，为 5 834.6 亿美元，占世界农产品出口总额的 37.2%，比上年下降 0.8 个百分点；其次是美国，出口额 1 608亿美元，占 10.3%，比上年上升 0.3 个百分点；巴西位居第三，出口额 800 亿美元，占 5.1%，比上年上升 0.1 个百分点；中国位居第四位，出口额 725.3 亿美元，占 4.6%，比上年下降 0.4 个百分点；加拿大位居第五，出口额 635.9 亿美元，占 4.1%，比上年上升 0.1 个百分点。排名前 10 位的国家和地区的农产品出口额合计为 15 683.4 亿美元，占世界农产品出口总额的 72.9%，比上年下降 8.1 个百分点。

2015 年出口额位居世界前 10 位的国家和地区的农产品出口额与上年相比均减少。印度农产品出口额降速较快，降幅为 19%；欧盟、美国、巴西、印度尼西亚分别比上年下降 13%、12%、9%、10%；中国的出口额略有下降，降幅为 3%。阿根廷、澳大利亚、泰国和加拿大的出口额均有所下降，分别降低了 9%、7%、8%和 7%。

从进口规模看，2015 年欧盟 28 国的农产品进口额仍位居第一，为 5 926.7 亿美元，占世界农产品进口总额的 44.6%，比

① 数据来源：WTO 国际贸易统计（ITS）2016。这里的农产品采用了 WTO 的 yearbook 2016 中的定义。

上年上升 8.6 个百分点；中国仍保持为世界第二大农产品进口国，进口额 1 597.3 亿美元，占 12%，比上年上升 3 个百分点；美国位居第三，进口额 1 566.3 亿美元，占 11.8%，比上年上升 3.4 个百分点；日本位居第四，进口额 734.4 亿美元，占 5.5%，比上年上升 1.2 个百分点；第五位是俄罗斯，进口额 275.2 亿美元，占 2.1%，比上年下降 0.1 个百分点。排名前 10 位的国家和地区的农产品进口额合计为 11 641 亿美元，占世界农产品进口总额的 87.7%，比上年上升 14 个百分点。

2015 年进口额位居世界前 10 位的国家和地区的农产品进口额与上年相比有增有减。印度农产品进口额增幅为 1%，高于其他国家。日本农产品进口额与上年持平。俄罗斯、欧盟、日本、加拿大、朝鲜、墨西哥、中国香港和中国进口额则有所下降。其中，俄罗斯、欧盟和日本进口额降幅超过 10%。

2. 各类农产品的主要贸易市场[①]

（1）畜产品

主要出口国是美国、德国、荷兰、巴西和澳大利亚，5 国出口额合计为 968.4 亿美元，占世界畜产品出口总额的 39.5%。主要进口国是德国、中国、美国、日本和英国，5 国进口额合计为 780.2 亿美元，占世界畜产品进口总额的 33.4%。

猪及制品。主要出口国是德国、美国、西班牙、丹麦和荷兰，5 国出口额合计为 214.1 亿美元，占世界猪及制品出口总额的 60%。其中，德国、美国、丹麦和荷兰分别占世界的 15.1%、13.2%、11.1% 和 10.5%。主要进口国（地区）是日本、德国、中国、意大利和中国香港，5 国（地区）进口额合计为 135.8 亿美元，占世界猪及制品进口总额的 39.7%。其中，日本和德国分别占世界的 10.6%和 8.8%。

牛羊及制品。主要出口国是澳大利亚、美国、巴西、新西兰和印度，5 国出口额合计为 320.9 亿美元，占世界牛羊及制品出口总额的 48.8%。其中，澳大利亚、巴西和美国分别占世界的 16.6%、9.6%和 8.9%。主要进口国是美国、意大利、日本、中国和德国，5 国进口额合计为 235.9 亿美元，占世界牛羊及制品进口总额的 38.3%。其中，美国和意大利分别占世界的 16.5%和 6%。

禽及制品。主要出口国是巴西、美国、荷兰、泰国和德国，5 国出口额合计为 195.8 亿美元，占世界禽及制品出口总额的 55.5%。其中，巴西、美国、荷兰分别占世界的 19.8%、11.5%和 10.1%。主要进口国（地区）是日本、英国、德国、荷兰和沙特阿拉伯，5 国（地区）进口额合计为 131.8 亿美元，占世界乳制品进口总额的 40.8%。其中，日本和英国分别占 10.2% 和 9.6%。

乳制品。主要出口国是德国、新西兰、

① 数据来源：Comtrade 数据库，全部是指 2015 年数据。

荷兰、法国和美国，5国出口额合计为338.7亿美元，占世界乳制品出口总额的50.6%。其中，德国、新西兰、荷兰分别占世界的12.6%、12.1%和10.3%。主要进口国是德国、意大利、英国、荷兰和法国，5国进口额合计为199.1亿美元，占世界乳制品进口总额的30.8%。其中，德国和中国分别占9.5%和5.8%。

动物生皮。主要出口国是美国、澳大利亚、法国、德国、荷兰，5国出口额合计38.6亿美元，占世界动物生皮出口总额的57.3%。其中，美国和澳大利亚分别占世界的29.1%和11.5%。主要进口国是中国、意大利、韩国、德国和泰国，5国进口额合计51.5亿美元，占世界动物生皮进口总额的70.5%。其中，中国和意大利分别占世界的41.8%和16.6%。

（2）谷物

主要出口国是美国、法国、加拿大、印度和澳大利亚，5国出口额合计为488.4亿美元，占世界谷物出口总额的44.3%。主要进口国是中国、日本、埃及、墨西哥和沙特阿拉伯，5国进口额合计为280.7亿美元，占世界谷物进口总额的16.8%。

玉米。主要出口国是美国、巴西、阿根廷、乌克兰和法国，5国出口额合计为220.7亿美元，占世界玉米出口总额的75.7%。其中，美国和巴西占世界的30.2%和17.3%。主要进口国是日本、墨西哥、韩国、埃及和越南，5国进口额合计为114.7亿美元，占世界玉米进口额的36.9%。其中，日本、墨西哥和韩国分别占世界的10.4 %、8.2%和7.2%。

稻米。出口国相对集中，主要是印度、泰国、越南、美国和巴基斯坦，5国出口额合计178.3亿美元，占世界稻米出口总额的77%。其中，印度、泰国、越南分别占世界的27.6%、20.2%、12.1%，比重均超过10%。进口国较为分散，主要是沙特阿拉伯、中国、阿联酋、美国和英国，5国进口额合计55亿美元，占世界稻谷进口总额的29.5%。其中，沙特阿拉伯、中国和阿联酋分别占世界的8.1%、8.1%和5.2%。

小麦。出口国也较为集中，主要是加拿大、美国、法国、澳大利亚和俄罗斯，5国出口额合计250.9亿美元，占世界小麦出口总额的57.2%。其中，加拿大、美国、法国和澳大利亚分别占世界的14.5%、13.2%、10.2%和10%。进口国较为分散，主要是埃及、阿尔及利亚、印度尼西亚、意大利和日本，5国进口额合计107.8亿美元，占世界小麦进口总额的26.8%。其中，埃及进口额最大，占世界的6.3%。

（3）园艺产品

水果。主要出口国是西班牙、中国、美国、荷兰和智利，5国出口总额合计为321.5亿美元，占世界水果出口总额的38.8%。其中，西班牙和中国分别占世界的9.6%和8.9%。主要进口国是美国、德国、荷兰、英国和法国，5国进口额合计为362.3亿美元，占世界水果进口总额的41.5%。其中，美国和德国分别占世界的

14.7%和8.6%。

茶叶。主要出口国是中国、斯里兰卡、印度、德国和越南，5国出口额合计为38.2亿美元，占世界茶叶出口总额的64%。其中，中国、斯里兰卡、印度、德国出口额分别为13.8亿美元、13.2亿美元、6.8亿美元和2.2亿美元，分别占世界的23.2%、22.2%、11.4%和3.7%。主要进口国是俄罗斯、美国、阿联酋、巴基斯坦和英国，5国进口额合计为24.4亿美元，占世界茶叶进口总额的39.2%。其中，俄罗斯、美国、阿联酋和巴基斯坦的进口额分别为6.4亿美元、4.8亿美元、4.7亿美元和4.6亿美元，分别占世界的10.2%、7.6%、7.5%和7.3%。

蔬菜。主要出口国是中国、荷兰、西班牙、美国和墨西哥，5国出口额合计为433.3亿美元，占世界蔬菜出口总额的50.4%。其中，中国、荷兰、西班牙出口额分别为130.6亿美元、99.7亿美元和79.2亿美元，分别占世界的15.2%、11.6%和9.2 %。主要进口国是美国、德国、英国、法国和日本，5国进口额合计为367.6亿美元，占世界蔬菜进口总额的44.5%。其中，美国和德国进口额分别为130.2亿美元和83.2亿美元，分别占世界的15.8%和10.1%。

花卉。主要出口国是荷兰、哥伦比亚、德国、厄瓜多尔和意大利，5国合计出口额129.5亿美元，占世界花卉出口总额的69.5%。其中，荷兰是世界最大的花卉出口国，出口额为91.9亿美元，占世界的49.3%。主要进口国是德国、荷兰、美国、英国和法国，5国花卉进口额合计96.2亿美元，占世界花卉进口总额的56%。其中，德国、荷兰和美国的进口额分别为27.2亿美元、21.5亿美元和20.1亿美元，分别占世界的15.8%、12.5%和11.7%。

（4）水产品

主要出口国是中国、越南、挪威、印度和泰国，5国出口额合计为556.4亿美元，占世界水产品出口总额的36.6%。其中，中国、越南、挪威的出口额分别为218.3亿美元、93亿美元和92.5亿美元，分别占世界的14.3%、6.1%和6.1%。主要进口国是美国、日本、中国、西班牙和法国，5国进口额合计为668.1亿美元，占世界水产品进口总额的44.3%。其中，美国、日本和中国的进口额分别为264.6亿美元、156.1亿美元和96.2亿美元，分别占世界的17.5%、10.3%和6.4%。

（5）食糖

主要出口国家是巴西、泰国、印度、法国和危地马拉，5国出口额合计为134.1亿美元，占世界食糖出口总额的62.1%。其中，巴西和泰国的出口额分别为76.4亿美元和26.3亿美元，分别占世界的35.4%和12.2%。主要进口国是美国、中国、印度尼西亚、马来西亚和意大利，5国进口额合计为62.7亿美元，占世界食糖进口总额的31.6%。其中，美国和中国进口额分别为18.3亿美元和17.7亿美元，分别占世界的

9.2%和9%。

(6) 棉花

主要出口国是美国、印度、巴西、澳大利亚和希腊，5国出口额合计83.3亿美元，占世界棉花出口总额的77.8%。其中，美国、印度和巴西的出口额分别为39.8亿美元、19.1亿美元和12.9亿美元，分别占世界的37.2%、17.8%和12.1%。主要进口国是中国、越南、土耳其、印度尼西亚和泰国，5国进口额合计为71.6亿美元，占世界棉花进口总额的65.2%。其中，中国是世界最大的进口国，进口额为26.5亿美元，占世界的24.2%；其次是越南和土耳其，分别占世界的14.8%和11.3%。

(7) 油料产品

食用油籽。主要出口国是美国、巴西、加拿大、阿根廷和中国，5国出口额合计为562亿美元，占世界食用油籽出口总额的73.2%。其中，美国和巴西的出口额分别为218.6亿美元和211.5亿美元，分别占世界的28.5%和27.5%。主要进口国是中国、德国、日本、荷兰和墨西哥，5国进口额合计为530.3亿美元，占世界食用油籽进口总额的65.2%。其中，中国的进口额最大，为385.4亿美元，占世界的47.4%；德国次之，进口额为50亿美元，占世界的6.1%。

植物油。主要出口国是印度尼西亚、马来西亚、阿根廷、西班牙和乌克兰，5国出口额合计为399.1亿美元，占世界植物油出口总额的57.2%。其中，印度尼西亚和马来西亚的出口额分别为177.7亿美元和107亿美元，分别占世界的25.4%和15.3%。主要进口国是印度、中国、美国、意大利和荷兰，5国进口额合计306.2亿美元，占世界植物油进口总额的45.7%。其中，印度是世界最大的进口国，进口额为104.6亿美元，占世界的15.6%；中国和美国次之，进口额分别为70.6亿美元和54.3亿美元，分别占世界的10.5%和8.1%。

中国在世界农产品贸易中的地位

(一) 贸易位次及其变化[①]

2015年中国农产品贸易总额为1 877.2亿美元，在世界农产品贸易总额中排在欧盟、美国之后，居第3位。其中进口总额1 169.6亿美元，在世界农产品进口中排在欧盟和美国之后，居第3位；出口总额707.4亿美元，在世界农产品出口中排在欧盟、美国、巴西之后，继续居第4位。

从进口额来看，2015年中国食用油籽、植物油、棉花和动物生皮、食糖、水产品、小麦、禽及其制品进口额位次与上年相同。其中食用油籽、棉花、动物生皮进口额与2014年一样，居于首位；植物油、食糖保持在第2位，水产品保持在第3位；而大米由首位下降为第2位；干豆、猪及制品均前进一位，牛羊及制品、水果均前进两位；乳

① 数据来源：Comtrade数据库。

制品由第 2 位下降为第 6 位；玉米由 2014 年的第 15 位大幅上升为第 7 位；小麦两年都排在第 10 位以后。

从出口额来看，2015 年中国蔬菜、坚果、禽及其制品的出口额在世界该类产品出口额中的位次与上年相同，其中蔬菜保持首位，坚果保持第 7 位，禽及其制品保持第 8 位。水产品、茶叶分别由第 3 位、第 2 位跃居首位。水果由第 3 位上升至第 2 位。干豆、饼粕出口额均下降一位，大米的位次由上年的第 9 位大幅下降至第 13 位。食用油籽有所上升，从第 8 位上升至第 5 位（表 79）。

表 79 中国农产品贸易在世界农产品贸易中的位次及变化

产品类别	进口额		产品类别	出口额	
	2014 年	2015 年		2014 年	2015 年
农产品	2	3	农产品	4	4
食用油籽	1	1	水产品	3	1
棉　花	1	1	蔬　菜	1	1
动物生皮	1	1	茶　叶	2	1
植物油	2	2	水　果	3	2
食　糖	2	2	干　豆	3	4
大　米	1	2	食用油籽	8	5
干　豆	4	3	坚　果	7	7
水产品	3	3	禽及其制品	8	8
猪及制品	4	3	饼　粕	8	9
牛羊及制品	6	4	大　米	9	13
乳制品	2	6			
水　果	8	6			
玉　米	15	7			
禽及其制品	9	9			
小　麦	19	19			

数据来源：Comtrade 数据库。

（二）贸易份额及其变化①

进口方面，2015 年中国依然是食用油籽、棉花和植物油的最大进口国，这三种农产品的进口额分别占世界该类产品进口总额的 47.4%、24.2%和 10.5%。与上年相比，棉花进口额占世界的份额下降幅度最大，下降 9.4 个百分点。植物油、干豆和饼粕进口额占世界的份额均有所下降，

① 数据来源：Comtrade 数据库。

其下降幅度均小于1个百分点。食用油籽、食糖、畜产品、水产品、水果、谷物、坚果、茶叶、花卉、蔬菜、其他农产品进口额占世界的份额均不同程度有所上升，其中水果、食糖和谷物分别增长3.8个、3.1个和1个百分点。

出口方面，2015年中国茶叶、蔬菜、水产品出口额占世界同类产品出口额的份额继续超过10%，分别达到23.2%、15.2%、14.4%。此外，与上年相比，大类产品中茶叶、蔬菜、水产品、水果、畜产品、食用油籽、植物油、棉花、食糖出口额占世界出口的份额均有所上升，其中出口额占世界出口额的份额提高1个百分点以上的产品有茶叶、蔬菜和水果，分别提高3.7个、1.6个和1.2个百分点。干豆出口额占世界出口额的份额下降幅度较大，降低2.2个百分点，除此之外，所有出口额占世界出口额的份额下降的产品，下降幅度均小于1个百分点（表80）。

表80 中国农产品贸易在世界农产品贸易中的份额及变化

单位：%

产品类别	占该产品世界进口总额的比重		产品类别	占该产品世界出口总额的比重	
	2014年	2015年		2014年	2015年
农产品	7.7	8.2	农产品	4.8	5.2
食用油籽	47.2	47.4	茶　叶	19.5	23.2
棉　花	33.6	24.2	蔬　菜	13.6	15.2
植物油	10.8	10.5	水产品	13.7	14.4
食　糖	5.9	9.0	水　果	7.7	8.9
水　果	5.2	9.0	干　豆	8.7	6.5
畜产品	7.0	7.3	坚　果	3.2	3.0
水产品	5.7	6.4	饼　粕	3.1	2.5
谷　物	3.7	4.7	畜产品	2.3	2.4
干　豆	4.4	4.4	食用油籽	2.0	2.3
坚　果	2.3	2.8	花　卉	1.9	1.6
茶　叶	1.4	1.7	棉　花	0.2	0.5
花　卉	1.0	1.3	粮　食	0.5	0.4
饼　粕	0.6	0.4	植物油	0.4	0.4
蔬　菜	0.4	0.4	食　糖	0.1	0.2
其他农产品	3.9	4.9	其他农产品	3.8	4.1

数据来源：Comtrade数据库。

（三）对世界农产品出口增长的贡献

2015 年中国的农产品出口增长对世界农产品出口增长的贡献率与 2014 年相比有大幅下降，由 22.4%下降为 1.3%。

分产品来看，中国的水产品、饼粕、花卉和畜产品出口增长对世界该类产品出口增长贡献率最大，分别达到 9%、5.8%、3.6%和 1.9%；谷物和坚果出口增长对世界该类产品的出口增长也均有正的贡献，但贡献率较小；蔬菜、茶叶、水果、干豆、棉花、食用油籽、食糖、植物油出口增长贡献率为负，其中蔬菜、茶叶、水果、干豆出口增长贡献率最低，分别为－19.5%、－19.3%、－18.9%和－16%（表 81）。

表 81　中国农产品出口对世界农产品出口增长的贡献率

单位：%

产品类别	出口增长率				占世界农产品出口额的比重		出口增长贡献率	
	2004—2015 年		2014—2015 年		2004 年	2014 年	2004—2015 年	2014—2015 年
	中国	世界	中国	世界				
农产品	197.6	116.4	－2.9	－10.8	3.8	4.8	6.4	1.3
茶　叶	216.6	86.8	8.7	－8.8	13.7	19.5	34.1	－19.3
水产品	168.8	92.0	－8.1	－12.3	10.3	13.7	18.8	9.0
蔬　菜	242.1	102.9	6.5	－4.5	9.0	13.6	21.2	－19.5
干　豆	91.8	264.4	－18.2	9.8	12.3	8.7	4.3	－16.0
水　果	349.1	115.6	10.1	－4.1	4.3	7.7	12.9	－18.9
坚　果	138.9	237.9	0.2	7.4	4.2	3.2	2.5	0.1
饼　粕	229.1	156.7	－34.9	－19.0	2.0	3.1	2.9	5.8
畜产品	87.4	92.4	－13.9	－16.5	2.4	2.3	2.3	1.9
食用油籽	84.1	226.7	2.5	－12.6	4.2	2.0	1.5	－0.4
花　卉	365.8	48.3	－26.9	－14.0	0.5	1.9	3.9	3.6
谷　物	－47.2	137.4	－25.9	－13.4	1.8	0.5	－0.6	0.9
植物油	290.2	202.6	3.2	－9.8	0.3	0.4	0.4	－0.1
棉　花	185.0	24	61.5	－25.5	0.2	0.2	1.5	－0.5
食　糖	80.6	116.5	23.0	－16.8	0.3	0.1	0.2	－0.2
其他农产品	300.6	115.5	－0.9	－8.4	2.2	3.8	5.8	0.4

注：中国某类农产品出口贡献率＝（中国该类农产品出口增长率×期初的中国该类农产品出口额占世界该类农产品出口额的比重）/世界该类农产品出口总额增长率。

数据来源：Comtrade 数据库。

（四）对世界农产品进口增长的贡献

2015 年中国农产品进口增长对世界农产品进口增长大幅下降，对世界农产品进口增长的贡献率为 2.7%，与 2014 年相比，下降 26 个百分点。

分产品来看，2015 年中国棉花、食用油籽和植物油进口增长对世界该类产品进口增长贡献率较大，分别达到 57.9%、46% 和 13.5%；此外，坚果、畜产品、干豆、饼粕和水产品进口增长对世界同类产品进口增长的贡献率也为正，但作用相对较小。而蔬菜、花卉、茶叶、食糖、水果和谷物进口对世界同类产品进口增长的贡献率为负（表 82）。

表 82 中国农产品进口对世界农产品进口增长的贡献率

单位：%

产品类别	进口增长率				占世界农产品进口额的比重		进口增长贡献率	
	2004—2015 年		2014—2015 年		2004 年	2014 年	2004—2015 年	2014—2015 年
	中国	世界	中国	世界				
农产品	309.6	104	−3.6	−10.1	4.1	7.7	12.2	2.7
食用油籽	435.2	195.6	−13.5	−13.9	26.2	47.2	58.2	46.0
棉　花	−16.9	0.3	−47.9	−27.8	29.2	33.6	−1 576.7	57.9
植物油	81.5	129.2	−12.5	−10.0	13.3	10.8	8.4	13.5
畜产品	329.4	90.9	−11.8	−15.5	3.3	7.0	11.8	5.4
食　糖	543.6	98.6	18.7	−21.8	2.8	5.9	15.2	−5.0
水产品	182.1	67.1	−0.1	−11.0	3.8	5.7	10.2	0.0
谷　物	321.6	129.2	51.2	−13.0	4.9	5.2	12.1	−20.4
干　豆	1 400.7	263.6	7.3	8.9	1.1	4.4	5.6	3.6
水　果	847.1	105.2	21.0	−4.8	1.0	3.7	8.2	−16.1
坚　果	586.0	228.6	36.9	11.5	1.3	2.3	3.4	7.3
茶　叶	1 653.6	115.8	14.9	−6.4	0.2	1.4	3.0	−3.2
花　卉	323.6	33.8	15.0	−10.4	0.4	1.0	3.8	−1.4
饼　粕	179.2	139.2	−41.2	−18.3	0.4	0.6	0.5	1.4
蔬　菜	278.7	92.2	1.3	−5.6	0.2	0.4	0.7	−0.1
其他农产品	621.7	108.2	15.7	−7.0	1.4	3.9	8.1	−8.8

注：中国某类农产品进口贡献率＝（中国该类农产品进口增长率×期初的中国该类农产品进口额占世界该类农产品进口额的比重）/世界该类农产品进口总额增长率。

数据来源：Comtrade 数据库。

专论

入世十五年中国农产品贸易发展及对农业的影响

加入世贸组织十五年来，中国积极推动农业对外开放，农产品市场开放度不断提高，农业利用国外市场和资源已达到相当的规模和水平，已全面、深度融入世界农业经济体系。与入世头十年相比，最近五年市场大幅开放对小规模农业和农产品市场的不利影响深度凸显。随着当前内外部环境的不断变化，农产品贸易发展面临的环境和形势更为复杂，必须进一步加强统筹，完善农业政策，提高农业国际竞争力和应对风险的能力。

入世十五年来农产品贸易发展的主要特点

入世以来，中国农产品市场呈现多双边贸易自由化叠加性开放的趋势。同时，受国内农业农村经济发展和消费需求推动，农产品贸易快速发展。

(一) 进出口额快速增长，在世界农产品贸易中的地位提高

2001—2015 年，中国农产品贸易总额由 279 亿美元增长到 1 876 亿美元，年均增长 14.6%；进口额由 118 亿美元增长到 1 169亿美元，年均增长 17.8%；出口额由 161 亿美元增长到 707 亿美元，年均增长 11.2%。2016 年进出口总额达到 1 845.6 亿美元，虽比上年下降 1.6%，但仍处历史较高水平。中国在世界农产品贸易中的地位不断提高，2015 年进口额占世界农产品进口额的 10%，出口额占 4.6%①，是世界农产品最大的进口国和第 5 大出口国。分产品看，大豆、油菜籽、大米、高粱、大麦、棉花、食糖等土地密集型产品进口量居世界首位，其中大豆进口量占全球贸易量的 64%；大蒜、蘑菇、生姜、竹笋、罗非鱼、鳗鱼、黄鱼、螃蟹、苹果、苹果汁等劳动密集型产

① 根据 WTO 贸易统计数据库农产品进出口贸易统计数据计算。

品的出口量居世界首位，其中大蒜出口量占世界贸易量30%。农产品贸易额与农业增加值的比由2001年的14.7%升至20%，其中进口额是农业增加值的12%，出口额是农业增加值的8%，农产品贸易已经成为影响农业农村经济发展的重要因素。

（二）进口呈阶段性扩大，净进口梯次增加

第一阶段为入世头5年，从农产品净出口国转为净进口国。2004年农产品首次出现逆差，且逆差额达47.2亿美元，2005年、2006年逆差维持在10亿美元左右。净进口产品主要是大豆、棉花、食用植物油和食糖，主要粮食产品处于净出口状态。

第二阶段为2007—2011年，该阶段历经国际金融危机和大宗农产品价格剧烈波动的影响，外部因素影响加剧，加上内需扩大，农产品进口呈倍增局面，从411.9亿美元增长至948.7亿美元。贸易逆差急剧扩大，其中2009—2011年逆差每年增长约100亿美元，2011年更达创纪录的341.5亿美元，比2007年扩大了7.1倍。净进口产品由上一阶段的大豆、棉花、食用植物油、食糖、乳制品和畜产品，扩大至三大主粮产品。

2012—2016年为第三阶段，受国内政策因素和生产成本上涨的影响，国内价格维持在高位，国际价格持续下降，国内外价差不断扩大，粮食产品、食糖、乳制品、食用油籽和食用植物油等进口均大幅增长。农产品贸易逆差扩大，2013年、2014年均超过500亿美元。

（三）出口保持总体增长，传统优势有所下降

15年来，中国农产品出口总体保持稳定增长态势，年均增速10.6%，2014—2016年出口额均在700亿美元以上。2001—2016年，蔬菜出口额从23.5亿美元增长到147.2亿美元，年均增长13.0%；水果出口额从7.9亿美元增长到71.4亿美元，年均增长15.8%；茶叶出口额从3.5亿美元增长到16亿美元，年均增长10.6%；水产品出口额从41.7亿美元增长到207.4亿美元，年均增长11.3%。蔬菜、水果、水产品等劳动密集型产业一直保持净出口的传统优势，但鉴于世界经济总体低迷，外部需求弱化，在国内劳动力等成本刚性增长作用下，价格竞争力逐渐减弱。

（四）贸易促进平台增加，进出口市场趋于多元化

入世初期，中国农产品进出口市场高度集中。农产品出口主要集中在日、韩等周边国家（地区）以及欧美等发达经济体；进口主要来源于美国、巴西、澳大利亚、阿根廷、欧盟。近年中国与新兴经济体和发展中国家不断加强沟通交流，建立了多个贸易促进平台，持续推进贸易便利化，促进了相互间农产品贸易的发展。其中与墨西哥、乌拉圭、巴拉圭等拉美国家，乌克兰、俄罗斯、哈萨克斯坦等中东欧和中亚国家，以色列、沙特阿拉伯等中东国家，埃及、南非等非洲国家的农产品贸易增长迅速，贸易增速普遍高于农产品贸易总体增幅。2016年，中国

对前五大出口市场出口额占农产品出口总额的比例由2001年的68.6%下降到49.3%，从前五大来源地进口额占农产品进口总额的56.7%下降到53.4%。

（五）双边谈判进程加快，自贸区伙伴之间的贸易快速增长

随着中国与东盟、新西兰、智利、秘鲁等自贸协定的实施，自贸区效应逐渐显现，与相关伙伴的农产品贸易快速增长。自2002年启动中国—东盟自贸区谈判以来，中国已正式签署了14个自贸协定，涵盖亚洲、欧洲、美洲、大洋洲的22个国家（地区）。自贸区伙伴的关税减免明显提升了市场开放度，促进了双边农产品贸易的增长。2016年，中国与所有自贸区伙伴间的农产品贸易额已经超过了680亿美元，占农产品贸易总额的37%。2016年中国—东盟自贸区农产品贸易总额达到304亿美元，比“协定”签署前的2003年增加了近5倍，年均增速达到15%，高于对全球12.4%的增速。

农产品贸易的作用与影响

（一）积极作用

入世是中国现代化过程中的里程碑事件，对中国农业发展具有深远的影响。入世十五年来农产品贸易的快速全面发展为中国农业在更大范围内配置农业资源创造了条件，减缓了国内压力；推动了农业产业结构调整，促进了农产品有效供给，增加了农民收入；加快了中国农业现代化步伐。

1. 有利于缓解国内农业资源和环境压力

按播种面积当量计算，2015年粮棉油糖肉和奶净进口相当于10亿亩[①]播种面积的产出，比2014年增加1亿亩，占国内作物总播种面积的40%。粮食进口量达到1.25亿吨，超过国内粮食产量的1/5。农产品贸易的作用已不再限于“余缺调剂”和“品种调剂”，而成为供给的重要组成部分，为保障粮食安全提供了空间和余地。此外，农产品进口也在一定程度上缓解了国内相关加工制造业原料供应紧张局面，特别是促进了油脂压榨和饲料行业发展及纺织品出口。

2. 有利于提高农民收入，促进农业农村生产发展

以园艺产品、水产品等劳动密集型产品为主的农产品出口带动了农产品加工增值和产业结构优化升级，促进了农民增收。这种积极作用在特定地区特定产业表现得尤为明显。中国出口农产品加工程度不断提高，已逐步形成一批以出口为导向的特色农产品生产、加工基地，部分产品已形成了从种养、加工、包装、运输到营销、新产品开发的产业链，带动了一、二、三产业融合，为农民提供了大量农业种植以外的就业，有利于农民增收。

① 1亩=1/15公顷。下同

3. 有利于农业转方式、调结构，提高农业竞争力

农业贸易通过充分利用国内国际两个市场和两种资源，大大增加了农业结构战略性调整和区域布局的空间和回旋余地，也增强了农业结构调整动力。农产品贸易还促进了国外先进品种、技术、装备、管理经验、生产模式的引进，带动了农业产业化经营、农业产业链延伸以及农产品的加工增值，加快了农业科技进步和产业升级步伐。近年，中国农产品结构调整和区域布局取得了突出成就，优势农产品生产逐渐向优势区域集中，初步形成了粮食作物、经济作物、畜产品和水产品优势产业带，优质农产品比重扩大，农产品质量和安全水平不断提高。

（二）不利影响

入世前 10 年，中国还处在一个过渡期，许多问题还没有完全显现出来。近 5 年，随着国内外政策环境和市场的变化以及对外开放的逐步深化，中国农业基础竞争力在国际比较中面临的挑战和压力进一步加大，市场开放带来的一些深层次的不利因素及其负面效应纷纷显现。

1. “非必需”进口农产品大量增加，“适度进口”目标面临挑战

在资源刚性约束和需求刚性增长的情况下，适度进口大宗农产品是中国的选择。然而 2012 年以来受国内外价差驱动，中国大宗农产品进口量已超出产需缺口，出现大量的“非必需”进口。2012—2014 年中国粮食产需缺口每年在 5 000 万吨左右，而同期粮食净进口分别为 8 043 万吨、8 837 万吨和 1.04 亿吨，3 年累计过度进口 1 亿多吨。棉花和食糖常年产需缺口在 200 万吨左右，但 2011—2014 年累计分别进口 1 614.9 万吨和 1 470 万吨，超出正常产需缺口 800 万吨和 670 万吨。2015 年，过度进口问题继续加剧，从总量上粮食已不存在缺口，但全年进口 1.25 亿吨。综合考虑具体产品存在的缺口以及粮食产品间的替代性，估计接近一半的进口量为“非必需”进口。在高库存水平下，2015 年食糖进口 485 万吨，是国内生产量的 46%；棉花及其替代性产品棉纱合计进口 411 万吨，是国内生产量的 70%以上。2016 年在国内主要农产品普遍供大于求、政府大力“去库存”的背景下，玉米仍进口 316.8 万吨，大麦、高粱合计进口1 165.3万吨，食糖进口 306.2 万吨。

2. 进口价格“天花板”效应增强，国内产业面临越来越大的风险

在开放条件下，进口税后价就是国内价格的“天花板”。近年来，随着国内成本的快速上涨，进口产品税后价越来越显著低于国内成本价，对国内市场价格的抑制和对国内产业的不利影响日益凸显。

履行入世承诺和农产品市场开放是一个逐步推进过程，国外开发中国农产品市场也需要一定时间。入世前期进口对国内农业产业的压力尚处在蛰伏期，头 10 年的影响集中表现为对大豆等几个产品趋势价格和国内生产的冲击上，而最近 5 年则表现为对所有产业的压力和冲击上，而且这种冲击和竞争

压力呈不断增加趋势。

3. 原有国内支持保护政策受到多重挑战，保障生产者利益难度加大

入世以后，中国农产品关税整体处于低水平。随着国内外农产品价差的不断扩大，构建的以最低收购价和临时收储为主的国内支持政策也受到直接挑战。近年来，为了减少国外低价农产品进口的持续快速增加，中国政府加快了价格支持政策改革，陆续取消了大豆、棉花、食糖、油菜籽和玉米等重要农产品的临时收储政策，降低了水稻最低收购价水平。价格政策的快速调整使得主要国内农产品价格出现快速下跌，例如2016年生产者玉米出售价格比上年下跌30%以上，这给国内农业生产者带来了巨大的利益损失。另外，原有“四补贴”政策效率不高，补贴空间也越来越受到WTO规则约束，自2015年来中央政府加快了“以绿色补贴”为导向的相关政策改革。总的看，面对国内外经济、贸易和环境等条件的变化，中国原有国内支持保护政策已经面临越来越多的挑战，实现保障国内农业生产者利益的难度越来越大。

中国农产品贸易发展面临的环境与形势

入世15年来，中国农产品贸易取得了长足发展，也面临越来越多的挑战。随着国内国际两个市场的相互影响进一步加深，农业对外开放的不断深入，国内外环境日趋复杂多变，不确定、不稳定因素增多，挑战与机遇并存，对政策制定提出了更高要求。

（一）国际环境

1. 经济全球化、贸易自由化进程艰难，全球范围内的贸易保护主义抬头

国际金融危机后，全球经济再平衡步履艰难，增长动能一直明显不足，全球市场成为各国竞争的对象。以美国新政和英国脱欧为标志的逆自由化趋势抬头，全球范围内的贸易保护主义蔓延，使中国农产品贸易外部发展环境变得严峻。

2. 国际农产品价格走势不确定

2016年以来国际农产品价格出现反弹，但仍处于2011年以来的较低水平。世界银行预测，2017年农产品价格走势不同，全部农产品名义价格小幅上涨，棕榈油和豆油可能出现较大幅度上涨，小麦和大米价格可能出现较大幅度下跌。IMF在4月预测，2020年谷物价格比2016年将上涨16.1%。在全球市场需求低迷、大宗农产品库存依然处于高位及美元走强等因素影响下，国际农产品价格走势仍不明朗。

（二）国内环境

1. 农业对外开放从入世以前的自主性的开放转变到目前以多双边农业协定为基础的约束性开放

随着农业深度融入世界经济，中国农业对外开放进入了新的发展阶段，由初期的单纯强调开放转向注重开放的内涵和质量，由自主性可回调的开放转向基于多双边协定之上的约束性开放，由消除自身障碍、适应既有规则为主转向促进对等开放、争取有利外部环境和规则为主。以多双边规则为基础的农业开放有利于为贸易伙伴提供透明和可预见性的贸易环境，推动贸易发展，但由于其一次性、永久性和强制约束性的特征，国内政策必将越来越多受到国际规则的约束，更需要进行精细化的顶层设计，从产业发展现实和长远需要出发预留尽可能多的政策空间。

2. 农业生产成本持续上涨，农产品竞争力继续下降

近年随着农业生产的劳动力、土地等要素成本攀升及环境成本、质量安全成本显性化，中国农业生产成本处在“上升通道”，与主要出口国的竞争力差距不断扩大。当前中国粮食产品的生产成本已全面高出美国，其中人工成本高6～25倍，土地成本高10%～130%。尽管通过适度规模经营、社会化服务、科技进步等措施，一定程度上减缓了农业生产成本快速上涨的趋势，但从长期看中国大宗农产品生产成本与美国、加拿大和澳大利亚等主要出口国的差距不断拉大，农产品国际竞争力继续下降。

3. 关税和国内支持等入世承诺空间不足问题进一步凸显，合理调控农产品贸易更加艰巨

如何兼顾好农产品进口需要和农业发展需要，避免进口对国内产业形成抑制和打压是中国农业贸易面临的重要课题。由于入世时做出了巨大承诺，农业支持和保护空间受到了很大约束，近年已与农业发展的实际需要不相适应。关税水平不足以弥补内外农产品价差，起到有效的防火墙作用，也是引发当前大宗农产品库存积压、临时收储政策失灵等突出问题的重要原因。国内支持空间过小使部分特定产品价格支持政策使用受到掣肘。在WTO农业协定对国内支持的分类中，“黄箱”国内支持是稳定生产者收入和产量最直接有效的国内支持政策措施，在国家财力有限情况下具有“四两拨千斤”的作用，是发展中国家甚至是一些发达国家的必然选择。可以预计，随着中国农业生产成本上涨和农业比较效益持续下降，中国入世承诺支持保护空间不足的问题进一步凸显，农业贸易政策选择和进出口调控将面临更大挑战。

中国跨境农业投资发展现状及趋势展望

当前中国农业发展正处在转方式、调结构的关键时期。为适应经济发展新形势、新常态，中国加强跨境农业投资合作，这既是推动国内农业供给侧结构性改革、提升农业国际地位与竞争力的内在要求，也是推进“一带一路”建设中的农业合作、改善全球粮食安全状况的重要途径。

中国跨境农业投资背景

（一）国际背景

从全球粮食安全状况来看，虽然整体上已取得明显改善，但2014—2016年仍有近8亿人继续遭受食物不足的困扰，其中7.8亿人居住在发展中国家。2016年全球有1.1亿人处于严重粮食不安全状态，比2015年增加35%[①]。人口快速增长、自然灾害频发、物价波动、政局不稳，以及2008年开始的全球经济衰退等是很多国家保障粮食安全所面临的主要困难和挑战[②]。面对这种情况，国际社会只有共同努力才有可能实现可持续的粮食安全。从短期看，应改进和完善目前的全球粮食安全体系，加强区域贸易政策协调；从长期看，则需进一步加大投资以提高发展中国家的农业生产率，这是推动经济增长、减少贫困和消除饥饿的重要动力，但发展中国家因资金缺乏自身难以扩大投资。发展中国家的铁路、公路、桥梁、港口、机场和通讯等公共基础建设也普遍严重不足，制约了其经济发展。仅从亚太地区看，基础设施投资缺口较大，如仅保持现有投资增长势头，到2030年投资需求将超过22.6万亿美元，年均1.5万亿美元；如考虑气候变化及相关成本增长等因素，投资需求将提高到26万亿美元，年均1.7万亿美元[③]。

---

① 数据来源：FAO，《Global Report on Food Crises 2017》，2017年3月。

② 数据来源：FAO，《The State of Food Insecurity in the World 2015》，2015年5月。

③ 数据来源：Asian Development Bank，《Meeting Asia's Infrastructure Needs》，2017年2月。

新世纪以来，世界经济在全球化推动下总体上保持增长趋势，但各国经济增速很不均衡，其中发展中国家普遍发展较快，特别是中国等新兴经济体已成为全球经济增长的重要驱动力，而发达经济体的发展则相对缓慢。面对2008年全球金融危机的持续影响，新兴经济体能够率先摆脱压力并成为全球经济的增长新引擎，但发达经济体却进一步陷入困境，发展动力不足。据世界银行（WB）预计，2017年和2018年发达经济体经济增速将分别为1.9%和1.8%，而新兴市场及发展中经济体将分别达到4.1%和4.5%①。随着经济全球化持续推进，国际间要素、商品和服务的流动性不断增强，世界各国农业的相互依赖性将更加紧密，而2008年发生的全球粮食危机使各国深切意识到农业的重要战略意义，并在之后更加重视本国农业投入，投资步伐也明显加快，这必然带动跨境农业投资的较快增长。

（二）国内背景

改革开放以来，中国经济实力显著提升，现已是世界第二大经济体。中国现价国内生产总值（GDP）从1990年的3 609亿美元提高到2016年的11.2万亿美元，年均增长14.1%②；截至2016年底，官方储备资产合计3.1万亿美元，其中外汇储备3万亿美元③。中国对外交流合作不断深化，对外投资布局更加合理。截至2016年底，中国与130多个国家（地区）签署了双边投资保护协定④，与102个国家（地区）签署了避免双重征税协定⑤，与13个国家（经济体）签署了双边或区域自由贸易协定，另有7个自由贸易协定正在谈判中。这些为中国农业对外合作提供了坚实的经济基础和公平开放的竞争环境。

进入新世纪以来，为了提高统筹利用国际国内两个市场、两种资源的能力，2006年商务部、农业部和财政部联合发布了《关于加快实施农业“走出去”战略的若干意见》，农业部还专门制定了《农业“走出去”发展规划》，农业“走出去”战略写入2007年中央1号文件和《国家粮食安全中长期规划纲要（2008—2020年）》中。2013年，国家主席习近平在出访中亚和东南亚期间提出共建“一带一路”的重大倡议，为新时期推动农业对外合作创造了新的机遇和有利条件。2016年国务院办公厅出台了关于促进农业对外合作的若干意见，2017年农业部、发改委和商务部共同印发了农业对外合作的“十三五”规划，随后农业部、国家发展和改革委员会、商务部、外交部又联合发布了《共同推进“一带一路”建设农业合作的愿景与行动》，进一步完善了顶层设计和工作

① 数据来源：World Bank,《Global Economic Prospects》，2017年6月。
② 数据来源：World Bank数据库。
③ 数据来源：中国人民银行。
④ 数据来源：商务部条约法律司。
⑤ 数据来源：国家税务总局。

方向。继中国政府2007年建立了中非发展基金后，2014年起又相继建立了丝路基金和南南合作基金，并主导成立了金砖国家开发银行和亚洲基础设施投资银行，从金融支持上进行了多元化基础性准备。“一带一路”沿线多数国家农业生产资源丰富但农业发展水平不高，对加强与中国的农业合作有强烈需求，而中国则拥有成功的农业发展经验，以及杂交水稻、节水灌溉等众多世界领先的农业技术，可以向这些国家进行输出和推广。所有这些为中国农业对外合作提供了有力的政策保障、资金支持和技术支撑。

在政府一系列强农惠农政策支持下，近年来中国农业综合生产能力显著增强，粮食总产量在2003—2015年历史性地实现“十二连增”。与此同时，中国农业发展却面临着各种困难和挑战，如生产成本不断攀升、生态环境压力加大、资源要素日趋紧缺等，这表明依靠国内实现主要农产品有效自给的压力在逐渐增大，适度增加对存在供求缺口的粮食等农产品的进口已不可避免。入世以来，中国农业进入全面对外开放阶段，农产品对外贸易规模迅速扩大。在此背景下，中国主动加强对外农业合作，参与农业国际化和全球农业资源开发，不仅有助于推动全球粮食安全状况的改善，还有利于更好地保障国家粮食安全战略的实施。

中国跨境农业投资演变特征

（一）总体情况[①]

1. 投资规模

2015年，中国对外农业投资净额（简称“投资流量”）为36.5亿美元，比上年增加18.5亿美元，增加1倍；截至2015年底，农业对外累计投资总额（简称“投资存量”）为129.7亿美元（表83）。另据商务部数据，2003—2015年中国对外农业投资流量总体上以增为主，但其占全部对外投资流量总额比重自2005年起一直低于2%（图38）。

2. 投资企业数量

截至2015年底，在境外设立的农业企业764家，比上年增加259家。对外投资设立农业企业的境内投资机构有609家，从主要企业类型看[②]，有限责任公司342家，占56.2%；私营企业94家，占15.4%；股份有限公司89家，占14.6%；国有企业34家，占5.7%；股份合作企业13家，占2.1%（图39）。

（二）地域分布

1. 洲际分布

亚洲。2015年对亚洲农业投资流量为25.6亿美元，比上年增加14.8亿美元，主要位于印度尼西亚和柬埔寨。截至2015年底，

① 数据来源：《中国对外农业投资合作分析报告（2016年度）》，2017年3月。除特别说明外，本文中的中国对外农业投资数据均来自该报告。

② 境内投资机构类型按照工商行政管理部门对企业登记注册类型划分。

表 83 2015 年中国对外农业投资概况

单位：亿美元、%

地区	2015 年投资流量		截至 2015 年底投资存量		截至 2015 年底投资企业数量	
	金额	比重	金额	比重	金额	比重
合　计	36.5	100.0	129.7	100.0	764	100.0
亚　洲	25.6	70.0	64.4	49.6	382	50.0
欧　洲	3.5	9.7	23.3	18.0	139	18.2
非　洲	2.1	5.8	10.3	8.0	113	14.8
大洋洲	3.8	10.3	25.8	19.9	49	6.5
南美洲	0.7	1.8	3.9	3.0	25	3.3
北美洲	0.9	2.4	2.0	1.5	55	7.2

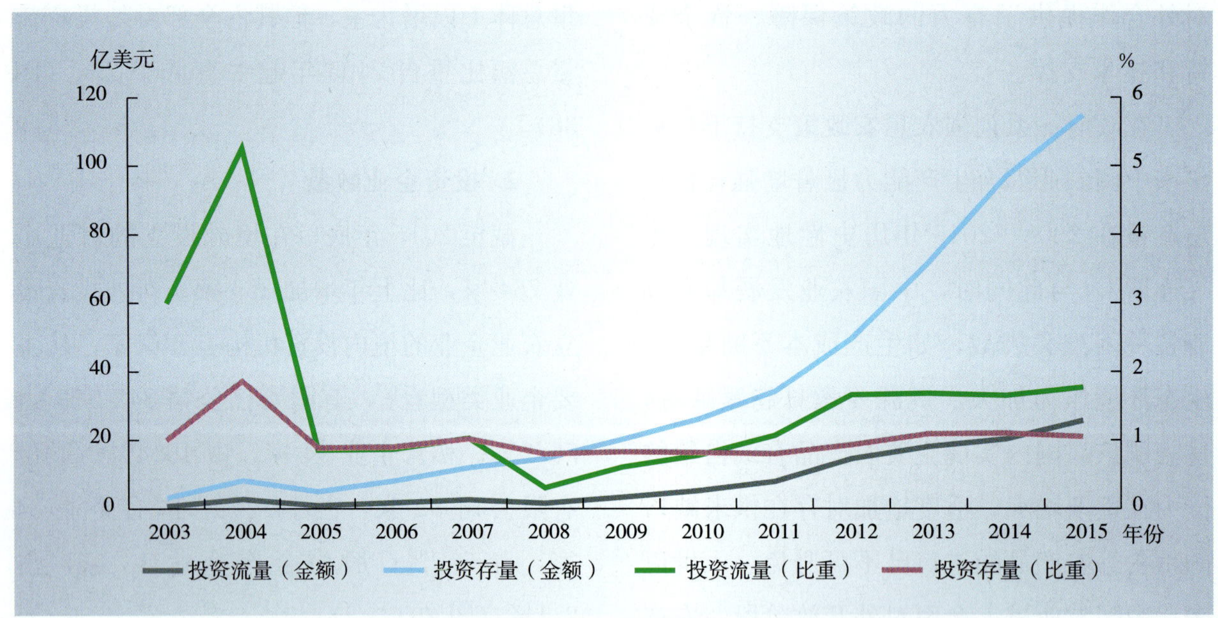

图 38　2003—2015 年中国对外农业投资及其占对外投资总额比重①

对亚洲农业投资存量为 64.4 亿美元；在亚洲投资农业企业 382 家，比上年增加 115 家。

欧洲。2015 年对欧洲农业投资流量为 3.5 亿美元，比上年增加 0.9 亿美元，主要位于俄罗斯和保加利亚。截至 2015 年底，对欧洲农业投资存量为 23.3 亿美元；在欧洲投资农业企业 139 家，比上年增加 59 家。

非洲。2015 年对非洲农业投资流量为 2.1 亿美元，比上年减少 0.5 亿美元，主

① 数据来源：《中国对外直接投资统计公报（2003—2015 年度）》。

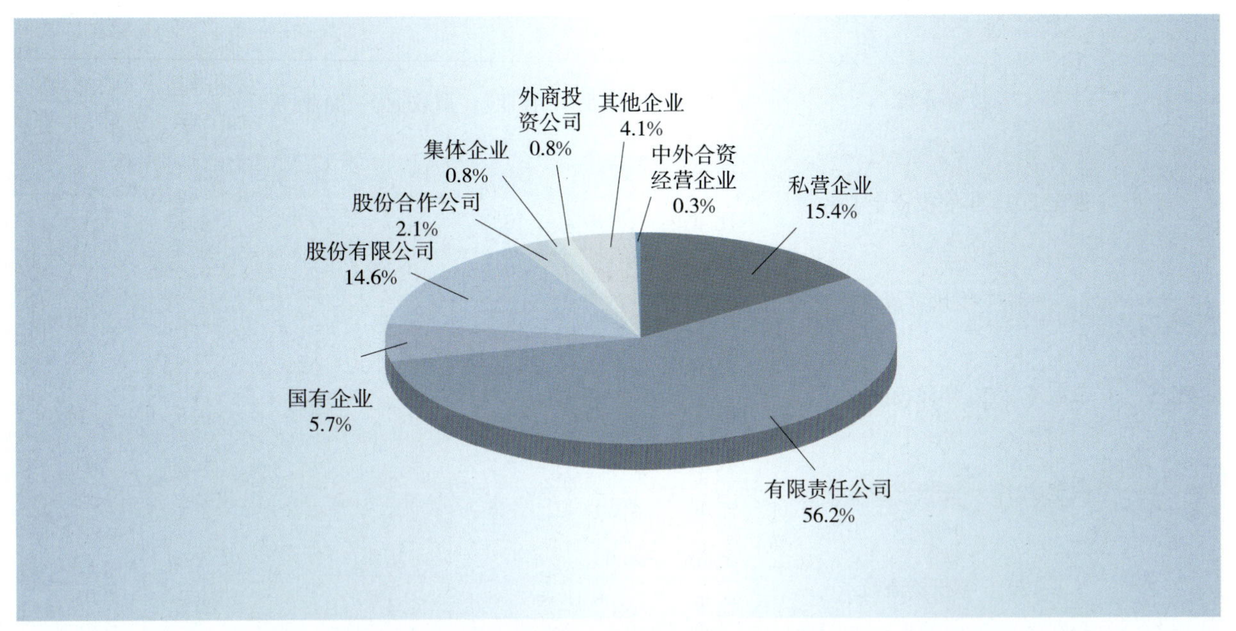

图 39 截至 2015 年底中国对外农业投资的境内投资机构类型

要位于毛里塔尼亚和赞比亚。截至 2015 年底，对非洲农业投资存量为 10.3 亿美元；在非洲投资农业企业 113 家，比上年增加 34 家。

大洋洲。2015 年对大洋洲农业投资流量为 3.8 亿美元，比上年增加 2.3 亿美元，主要位于澳大利亚。截至 2015 年底，对大洋洲农业投资存量为 25.8 亿美元；在大洋洲投资农业企业 49 家，比上年增加 16 家。

南美洲。2015 年对南美洲农业投资流量为 0.7 亿美元，比上年减少 0.4 亿美元，主要位于阿根廷。截至 2015 年底，对南美洲农业投资存量为 3.9 亿美元；在南美洲投资农业企业 25 家，比上年增加 11 家。

北美洲。2015 年对北美洲农业投资流量为 0.9 亿美元，比上年增加 4 837 万美元，主要位于加拿大和美国。截至 2015 年底，对北美洲农业投资存量为 2 亿美元；在北美洲投资农业企业 55 家，比上年增加 23 家（表 84）。

表 84 2015 年中国对外农业投资的洲际分布情况

单位：亿美元、家、%

投资分布			种植业	林业	畜牧业	渔业	农副产品加工业	农林牧渔服务业
亚洲	2015 年投资流量	金额	6.73	0.26	0.16	0.42	0.36	17.63
		比重	26.3	1.0	0.6	1.7	1.4	69.0
	截至 2015 年底投资存量	金额	29.62	3.25	1.06	2.65	2.62	25.19
		比重	46.0	5.0	1.6	4.1	4.1	39.1

（续）

投资分布			种植业	林业	畜牧业	渔业	农副产品加工业	农林牧渔服务业
	截至2015年底投资企业数量	数量	171	24	18	27	26	116
		比重	44.8	6.3	4.7	7.0	6.8	30.4
欧洲	2015年投资流量	金额	2.16	0.05	0.14		0.06	1.11
		比重	61.4	1.4	4.0		1.6	31.6
	截至2015年底投资存量	金额	19.45	0.33	0.17	0.00	0.12	3.27
		比重	83.3	1.4	0.7	0.0	0.5	14.0
	截至2015年底投资企业数量	数量	84	7	3	6	3	36
		比重	60.4	5.0	2.2	4.3	2.2	25.9
非洲	2015年投资流量	金额	0.60		0.02	0.88	0.07	0.54
		比重	28.2		1.1	41.6	3.5	25.6
	截至2015年底投资存量	金额	5.52	0.15	0.28	2.15	0.36	1.86
		比重	53.5	1.5	2.7	20.8	3.5	18.0
	截至2015年底投资企业数量	数量	57	3	2	22	5	24
		比重	50.4	2.7	1.8	19.5	4.4	21.2
大洋洲	2015年投资流量	金额	0.74	0.02	1.86	0.02	0.001	1.13
		比重	19.5	0.4	49.4	0.5	0.0	30.1
	截至2015年底投资存量	金额	18.39	0.77	3.38	0.32	0.09	2.82
		比重	71.4	3.0	13.0	1.2	0.4	11.0
	截至2015年底投资企业数量	数量	10	3	17	7	1	11
		比重	20.4	6.1	34.8	14.3	2.0	22.4
南美洲	2015年投资流量	金额	0.05	0.00		0.27		0.37
		比重	7.1	0.9		39.3		52.7
	截至2015年底投资存量	金额	2.7	0.10		0.75		0.41
		比重	69.2	2.6		19.1		10.5
	截至2015年底投资企业数量	数量	8	2		10		5
		比重	32.0	8.0		40.0		20.0
北美洲	2015年投资流量	金额	0.23	0.00	0.17		0.25	0.21
		比重	26.7	19.5	19.5		28.9	24.2
	截至2015年底投资存量	金额	0.32	0.17	0.21		0.65	0.62
		比重	16.6	8.6	10.3		33.0	31.5
	截至2015年底投资企业数量	数量	15	4	4		3	28
		比重	27.3	7.3	7.3		5.4	50.9

2. 重点国家

缅甸。2015 年对缅甸农业投资流量为 3 351万美元，占对亚洲流量总额的 1.3%，主要投向种植业和农林牧渔服务业。截至 2015 年底，对缅甸农业投资存量为 2.6 亿美元，占对亚洲存量总额的 10.2%；在缅甸投资农业企业 43 家，是中国在亚洲设立农业企业数量最多的国家。

俄罗斯。2015 年对俄罗斯农业投资流量为 2.6 亿美元，是上年的近一倍，占对欧洲流量总额的 75%，主要投向种植业和农林牧渔服务业。截至 2015 年底，对俄罗斯农业投资存量为 7.5 亿美元，占对欧洲存量总额的 32%；在俄罗斯投资农业企业 89 家，比上年增加 30 家。

莫桑比克。2015 年对莫桑比克农业投资流量为 1 135 万美元，占对非洲流量总额的 5.4%，主要投向种植业。截至 2015 年底，对莫桑比克农业投资存量为 8 993 万美元，占对非洲存量总额的 8.7%；在莫桑比克投资农业企业 10 家，是中国在非洲设立农业企业数量最多的国家。

新西兰。2015 年，对新西兰农业投资流量为 1.7 亿美元，占对大洋洲流量总额的 45.3%，主要投向农林牧渔服务业和畜牧业。截至 2015 年底，对新西兰农业投资存量为 4.8 亿美元，占对大洋洲存量总额的 18.6%；在新西兰投资农业企业 8 家。

美国。2015 年，对美国农业投资流量为 5 963 万美元，占对北美洲流量总额的 69%，主要投向种植业和畜牧业。截至 2015 年底，对美国农业投资存量为 1.1 亿美元，占对北美洲存量总额的 58.3%；在美国投资农业企业 42 家，比上年增加 18 家。

阿根廷。2015 年，对阿根廷农业投资流量为 635 万美元，占对南美洲流量总额的 9.4%，主要投向种植业、渔业和农林牧渔服务业。截至 2015 年底，对阿根廷农业投资存量为 8 865 万美元，占对南美洲存量总额的 22.6%；在阿根廷投资农业企业 5 家。

（三）行业分布

种植业。2015 年对种植业投资流量为 10.5 亿美元，比上年增加 1 亿美元，主要位于亚洲、欧洲和非洲。截至 2015 年底，对种植业投资存量为 76 亿美元；对种植业投资企业数量为 346 家，比上年增加 90 家。

林业。2015 年对林业投资流量为 0.3 亿美元，比上年减少 100 万美元，主要位于亚洲和欧洲。截至 2015 年底，对林业投资存量为 4.8 亿美元；对林业投资企业数量为 43 家，比上年增加 16 家。

畜牧业。2015 年对畜牧业投资流量为 2.4 亿美元，比上年增加 1.2 亿美元，主要位于大洋洲和北美洲。截至 2015 年底，对畜牧业投资存量为 5.1 亿美元；对畜牧业投资企业数量为 44 家，比上年增加 15 家。

渔业。2015 年对渔业投资流量为 1.6 亿美元，比上年减少 0.5 亿美元，主要位于亚洲、大洋洲和非洲。截至 2015 年底，对渔业投资存量为 5.9 亿美元；对渔业投资企业数量为 73 家，比上年增加 27 家。

农副产品加工业。2015 年对农副产品加工业投资流量为 0.7 亿美元，与上年基本持平，主要位于北美洲、欧洲和非洲。截至 2015 年底，对农副产品加工业投资存量为 3.8 亿美元；对农副产品加工业投资企业数量为 38 家，比上年增加 2 家。

农林牧渔服务业。2015 年对农林牧渔服务业投资流量为 21 亿美元，比上年增加 17.1 亿美元，主要位于北美洲、非洲和大洋洲。截至 2015 年底，对农林牧渔服务业投资存量为 34.2 亿美元；对农林牧渔服务业投资企业数量为 220 家，比上年增加 108 家（表 85）。

表 85　2015 年中国对外农业投资的行业分布情况

单位：亿美元、家、%

洲别	2015 年投资流量		截至 2015 年底投资存量		截至 2015 年底投资企业数量	
	金额	比重	金额	比重	数量	比重
种植业	10.5	28.8	76.0	58.6	346	45.3
林　业	0.3	0.8	4.8	3.7	43	5.6
畜牧业	2.4	6.6	5.1	3.9	44	5.8
渔　业	1.6	4.4	5.9	4.5	73	9.6
农副产品加工业	0.7	1.9	3.8	2.9	38	5.0
农林牧渔服务业	21.0	57.5	34.2	26.3	220	28.8

（四）问题与挑战

中国政府高度重视农业对外合作，不断推进和扩大农业对外开放，优化政策体系，促进相关工作。随着农业对外合作顶层设计的逐步完善，相关政策试点工作的稳步推进，公共信息服务能力的逐步加强，以及人才支撑及培训工程的全面实施等，中国对外农业投资必将呈现更加快速健康的发展态势，投资主体、模式及方式等都将更加多元化。

但是，农业对外投资仍面临着不少问题与挑战。从国内看，大多数对外农业投资企业存在资金规模偏小、国际投资经验少及国际化人才短缺、偏重于土地投资与经营、自主技术研发与推广体系缺乏、融入产业链价值链能力有限、风险应对能力较弱、盈利水平较低等一系列问题；现行支持政策体系亟待进一步完善，现有公共信息服务体系亟待进一步健全。从国际看，中国自入世以来一直致力于市场化改革并努力争取获得“市场经济地位”，目前虽已获得全球 80 多个国家的承认，但欧美发达国家却一直未给予承认；由于国有企业是中国对外农业投资的重要主体，因此欧美发达国家便常以此为借口，强化对中国跨境农业投资项目的审查；中国对外农业投资对象以发展中国家为主，

这些国家基础设施大多较差，人员文化素质不高，法律法规不健全，行政效率低下，政策延续性较差，部分国家政局动荡；国外极个别政客及媒体为诋毁或阻止中国农业对外投资，恶意歪曲中国农业对外合作，贴上“新殖民主义”“资源掠夺论”等不实标签，对推动农业对外投资造成一定的负面影响。

中国跨境农业投资国际经验

日本、韩国、美国等发达国家开展农业对外合作的历史由来已久，在法律制度、支持政策、信息服务等方面积累了丰富的成功经验，对中国今后持续平稳地推进跨境农业投资合作具有积极借鉴意义。

（一）健全法律制度保障体系

目前，日本已形成以《关于粮食安全保障的海外投资促进指南》为核心，包括《粮食、农业与农村基本法》《外汇法》《外资法》等法律以及财政、税收、金融、保险等方面相关政策在内的对外投资法律制度体系。韩国为农业对外投资建立了较为完善的法律制度，包括《海外资源开发事业法》《海外农业开发合作法》等。美国政府为支持本国企业进行对外农业投资合作，制定了《经济合作法》《对外援助法》《非洲增长与机会法案》等法律制度。

（二）完善政策支持体系

日本政府和国际协力银行等金融机构合作，共同负责促进对外农业投资援助，民间团体也提供协助；通过和金融机构合作成立的农业开发协会等向对外投资农业企业提供长期低息贷款等资金支持，还在税收、保险、技术等方面提供全方位支持。韩国政府主要通过优惠贷款和补贴来联动支持海外农业开发；韩国农渔村公社负责对申请贷款且审查通过的企业发放优惠贷款；韩国农渔村公社和农林水产食品部共同负责发放补贴，涉及强化海外农业开发的管理、政策调查、人员培训和信息提供等。美国农业部主管对外农业投资，和商业信贷公司合作向经过筛选的农业海外投资项目提供优惠贷款，还为企业提供对外农业投资政策咨询，民间团体也参与其中。

（三）构建公共信息服务体系

日本政府和金融机构、民间团体合作，通过网站、研讨会等多种形式向本国企业提供关于各国农业投资的法律政策、土地等方面信息及研究报告。韩国政府通过海外农业开发服务中心、海外公司信息系统等渠道向本国企业提供海外农业投资信息服务；还设立海外农业开发协会等组织，在投资对象国开展调研并制作《海外农业开发指南》和持续开展研讨会、投资说明会等宣传推介活动。目前，美国已形成以农业部海外农业服务局为主体、相关大学及研究机构和咨询公司共同参与的完善的海外农业投资信息监测、分析与发布体系，建立了全球农业信息网等投资信息公共服务平台，为本国企业提供大量的海外农业投资信息。

（四）营造良好的海外投资环境

日本政府积极与投资对象国政府签订农

业合作协议和自由贸易协定，国际协力机构等组织也参与推动，协调因政策和法律制度不同而产生的分歧；还通过开发援助等形式向发展中国家提供农业援助，在此过程中和相关国际组织、投资对象国政府及其民间组织建立良好的合作关系。韩国政府成立“韩国非洲农产品技术合作体（KAFACI）”“亚洲农产品技术合作体（AFACI）”等组织，并以此为依托在非洲、亚洲等地区国家设立海外农业技术开发中心或实施农业技术示范项目，推广农业技术、农村发展等方面成功经验；还与邦吉等国际粮商合作在美国等粮食主产国建立粮食生产及贸易基地，拓展海外农业投资空间。

中国跨境农业投资发展展望

2017 年中央 1 号文件提出，“加强农业对外合作，推动农业走出去。以‘一带一路’沿线及周边国家和地区为重点，支持农业企业开展跨国经营，建立境外生产基地和加工、仓储物流设施，培育具有国际竞争力的大企业大集团”。今后，随着全方位对外开放新格局的逐渐形成，中国对外农业投资规模将持续扩大，投资的区域结构、产业结构及产业链构成将更趋合理，投资主体及经营方式也将进一步多元化和多样化。

（一）对外农业投资规模将持续扩大

从未来发展看，随着人口总量增长、城镇化进程推进和居民收入水平提高，中国农产品需求总体上仍将呈刚性增长；但面对日益严峻的资源环境约束，中国农产品继续保持平稳增产的难度将越来越大，依靠国内保障农产品自给的挑战将越来越大，农产品保持净进口且主要农产品进口品种增多、数量增加将成为“新常态”。今后，中国农业对外合作步伐将加速推进，对外农业投资规模将持续扩大，这不仅能够促进投资对象国农业生产发展和基础设施建设，也对改善全球粮食安全状况有利，还有利于更好地确保中国国家粮食安全战略实施，助推国内农业供给侧结构性改革。

（二）对外农业投资分布将更趋广泛

从地区分布看，中国与“一带一路”沿线国家的农业技术合作空间广阔、农产品贸易增长潜力巨大。为进一步加强农业合作的顶层设计，按照农业部等四部委联合发布的《共同推进“一带一路”建设农业合作的愿景与行动》及农业对外合作“十三五”规划部署，“一带一路”沿线国家将成为中国农业对外合作的重点区域。从行业分布看，种植业一直是中国对外农业投资的最主要行业，近年来中国对农林牧渔服务业和渔业等其他行业的投资也保持快速增长。今后，中国对外农业投资的行业结构总体上将更加合理，这也有助于转变长期以来对外农业投资项目经济效益不高的局面。从产业链环节看，近年来，中国境外投资农业企业正逐渐从大多单一地处于农作物种植等产业链低端环节，转向从事农产品生产、加工、仓储、物流等全产业链多元化经营。中国境外投资农业企业的产业链整合程度总体上将进一步

提升，产业结构也将进一步优化。

（三）对外农业投资主体及方式将更多元

从投资主体看，中国对外农业投资在早期多以政府对外援助为主且主要由国有企业承担。随着农业对外合作快速发展，国有企业虽仍是中坚力量，但民营企业以及一些已经“走出去”的非农企业也加入进来并发展成为新生力量，今后农业对外投资主体将更加多元化。从投资方式看，中国对外农业投资大多采取在投资对象国新建子公司、分公司等机构或采购、生产、销售等产业链环节的模式。近年来，各国政府越来越重视对本国土地等农业资源保护，这使得新建模式面临更多困难，而与此同时，全球农业领域的跨国并购日益增多并逐渐成为对外农业投资的主要模式。随着中国农业企业实力进一步增强，其并购国外农业企业的案例也会越来越多。中国跨境农业投资在农产品生产及加工基地、仓储设施等产业价值链低端环节仍将以新建模式为主，而在食品加工行业、种子行业等产业价值链高端环节则将逐渐转向以并购模式为主。

APEC与中国农产品贸易

亚洲太平洋经济合作组织，简称为亚太经合组织（Asia-Pacific Economic Cooperation，简称 APEC），是亚太地区最具影响的经济合作官方论坛。随着冷战结束，国际形势日趋缓和，经济全球化、贸易投资自由化和区域一体化等成为潮流。APEC 作为亚太区域内促进经济成长、合作、贸易、投资的论坛，为推动区域贸易投资自由化和加强成员间经济技术合作等方面发挥了不可替代的作用。随着全球化和区域一体化的深入发展，APEC 将会进一步促进各成员依照比较优势原则参与国际分工，提高资源配置效率，进一步促进各成员之间的农业贸易投资等方面合作。

APEC 成立背景与发展历程

（一）APEC 成立的背景

第二次世界大战尤其是冷战结束以后，随着经济全球化、贸易投资自由化和区域一体化的发展，亚洲地区在世界经济中的地位日益提高。1989 年 1 月，澳大利亚总理霍克提议召开亚太地区部长级会议，讨论加强相互间经济合作问题。1989 年 11 月，澳大利亚、美国、日本、韩国、新西兰、加拿大及当时的东盟 6 国在澳大利亚首都堪培拉举行了 APEC 首届部长级会议，标志着这一组织正式成立。APEC 成立之初只是一个区域性经济论坛和磋商机构，经过十几年的发展，已逐渐演变为亚太地区重要的经济合作论坛，也是亚太地区最高级别的政府间经济合作机制，建立了其作为区域性经济组织的基本框架，促进成员之间致力于区域自由贸易与投资和技术合作方面达成了基本共识。

（二）APEC 的发展历程

经过 20 多年的发展，2015 年 APEC 已拥有 21 个正式成员，经济体内人口达 28 亿，约占世界人口的 39%，实际 GDP 超过 20 万亿美元，约占世界的 59%，贸易额约

占世界总量的49%。回顾历史，大致可将APEC分为以下5个发展阶段：

1. 协商一致，求同存异——初创阶段的探索（1989—1992年）

1989—1992年是APEC成员协商及达到共识的时期，也是国际形势发生重大变化的时期。这一阶段最重要的成果是汉城会议，被普遍认为是APEC初创阶段的里程碑。1991年在韩国汉城举行了APEC第三届部长级会议，发表了《汉城宣言》，这是APEC历史上第一次宣言。亚洲最富经济活力的中国、中国香港、中国台湾3个成员在汉城会议上同时加入。《汉城宣言》第一次对APEC的战略目标、宗旨、合作基础、活动范围及与会标准等作了规定。

2. 区域贸易投资自由化，开放发展——深化与发展（1993—1996年）

1993年11月，美国利用其东道主的地位首次组织召开了APEC经济领导人非正式会议。这是APEC历史上第一次首脑会晤，不仅提升了会议层次，而且加速了亚太区域经济合作和APEC的发展进程。中国政府十分重视APEC，对此十分积极。

此阶段APEC一系列基本问题及发展远景取得共识，并取得了一系列成果。首先是1993年第一届APEC领导人非正式会议召开；其次是1994年《茂物宣言》提出的贸易投资自由化的长远目标，并使之进入了实质行动的阶段；再次是1993年接纳墨西哥和巴布亚新几内亚为新成员。

3. 维护经济安全，探索新途径——反思与总结（1997—2000年）

1997—2000年对于世界上任何一个国家尤其是东亚国家来说是不平凡的阶段。亚洲金融危机的暴发，不但东亚国家深受其害，而且波及到全球，各成员无一幸免。为了应对金融风暴对世界各成员的影响，APEC将1997年作为APEC的行动年，各成员要共同分担金融危机带来的挑战。1998年吉隆坡会议上指出APEC面临的三大挑战：金融危机的挑战、对贸易投资自由化和便利化的挑战、对经济技术合作的挑战。

4. 新世纪，新机遇，新挑战——非经济问题新发展（2001—2007年）

APEC中国·上海峰会在亚洲人民摆脱了金融风暴及美国“9·11”事件之后举行，使得APEC具有了更深一层的意义。在考虑到仅讨论经济领域问题难以适应国际和地区的发展的情形之下，“9·11”问题作为政治安全问题被提上日程，这是对APEC提出的新要求和新挑战。在此后的会议上，非经济问题多次被提出：2002年APEC洛斯卡沃斯会议加强国际反恐合作成为一个重要议题，并发表2002年《领导人反恐声明》；2004年圣地亚哥会议与会领导人还就防治艾滋病消除传染性疾病给亚太地区带来的威胁等问题达成了共识；2007年9月在澳大利亚悉尼举行的第15次领导人非正式会议，就气候问题达成了广泛共识。新世纪为APEC的发展带来了新的问题，这就要求APEC的发展要与时俱进，探索新的发展。

5. “茂物目标”降温（2008年至今）

2008年以后，“茂物目标”降温，新战略难获实效，基础设施与互联互通建设成新亮点，亚太自贸区（FTAAP）值得期待。

其一，“茂物目标”评估不温不火，各成员有所懈怠。茂物目标（Bogor Goals），指的是发达成员在2010年前、发展中成员在2020年前实现贸易和投资的自由化。2010年“茂物目标”迎来第一阶段评估，评估对象包括既定的5个发达成员以及自愿参与的另外8个发展中成员。此次评估对提升APEC在亚太经济合作中的影响力及刺激推动“茂物目标”第二阶段的作用不尽如人意。之后，发达成员贸易保护主义因金融危机有所抬头，避谈“茂物目标”；发展中成员则普遍观望，根据发达成员的态度决定自身在推进第二阶段贸易投资自由化和便利化中的速度。

其二，新战略难有实质进展。2009年新加坡会议认为，金融危机后经济格局与以往不同，遭受重创的APEC成员不应重蹈“常规增长”的老路，明确提出经济增长新战略，倡导亚太地区实现平衡、包容和可持续增长。

其三，中国主导下的基础设施与互联互通建设成为新亮点。此前，中国提出“一带（丝绸之路经济带）一路（21世纪海上丝绸之路）”建设，与其他20国签署亚洲基础设施投资银行筹建备忘录，并于2014年APEC北京会议期间宣布成立“丝路基金”以支持丝绸之路沿线地区的基础设施建设，得到了相关各方的积极评价。北京会议还通过了《APEC互联互通蓝图（2015—2025）》，不仅有助于全面联结和融合亚太地区，加强该区域硬件、软件和人员交往的互联互通，还将为亚太地区经济发展带来新的增长点。此外，在本次北京会议成果中，FTAAP进程已正式启动，《APEC推动全球价值链发展合作战略蓝图》有望助推贸易便利化进程，APEC前景值得期待。

二、APEC成员的农产品贸易地位①

（一）APEC成员农产品贸易的世界地位

1. 北美洲

（1）美国

2005—2015年，美国农产品贸易额由1 510.7亿美元增至2 928.2亿美元，年均增长6.8%。其中，出口额由715.3亿美元增至1 472.9亿美元，年均增长7.5%；进口额由795.4亿美元增至1 455.3亿美元，年均增长6.2%；2007年以来保持贸易顺差。

美国农产品贸易总额、出口额和进口额均居全球第一位。2015年美国农产品贸易额为2 928.2亿美元，比上年下降5.6%。其中出口额1 472.9亿美元，下降11%；进

① 数据来源：农业部《国际农产品贸易统计年鉴》。

口额 1 455.3 亿美元，增长 0.6%。2015 年贸易顺差下降，由 2014 年的 207.9 亿美元降至 17.6 亿美元。

（2）加拿大

2005—2015 年，加拿大农产品贸易额由 433.4 亿美元增至 860 亿美元，年均增长 7.1%。其中，出口额由 251.8 亿美元增至 490.4 亿美元，年均增长 6.9%；进口额由 181.6 亿美元增至 369.6 亿美元，年均增长 7.4%；贸易顺差由 70.2 亿美元增至 120.8 亿美元，年均增长 5.6%。

2015 年加拿大农产品贸易额为 860 亿美元，比上年增长 18%，在全球排名第 8 位。其中出口额 490.4 亿美元，增长 17.9%，全球排名第 7 位；进口额 369.6 亿美元，增长 18.1%，全球排名第 9 位。

（3）墨西哥

2005—2015 年，墨西哥农产品贸易额由 268.2 亿美元增至 525.4 亿美元，年均增长 7%。其中，出口额由 118.3 亿美元增至 267.8 亿美元，年均增长 8.5%；进口额由 149.9 亿美元增至 257.6 亿美元，年均增长 5.6%。

2015 年墨西哥农产品贸易额为 525.4 亿美元，比上年下降 2.6%。其中出口额 267.8 亿美元，增长 4%；进口额 257.6 亿美元，下降 8.5%；贸易顺差 10.2 亿美元。

2. 南美洲

（1）智利

2005—2015 年，智利农产品贸易额由 107 亿美元增至 222.5 亿美元，年均增长 7.6%。其中，出口额由 86.3 亿美元增至 162.8 亿美元，年均增长 6.6%；进口额由 20.7 亿美元增至 59.7 亿美元，年均增长 11.2%。

2015 年智利农产品贸易额为 222.5 亿美元，比上年下降 10%。其中，出口额 162.8 亿美元，下降 11.1%；进口额 59.7 亿美元，下降 7%；贸易顺差 103.1 亿美元。

（2）秘鲁

2005—2015 年，秘鲁农产品贸易额由 45.3 亿美元增至 121 亿美元，年均增长 10.3%。其中，出口额由 29.8 亿美元增至 74.9 亿美元，年均增长 9.7%；进口额由 15.6 亿美元增至 46.1 亿美元，年均增长 11.4%。

2015 年秘鲁农产品贸易额为 121 亿美元，比上年下降 5.6%。其中，出口额 74.9 亿美元，下降 6.8%；进口额为 46.1 亿美元，下降 3.6%；贸易顺差 28.8 亿美元。

3. 大洋洲

（1）澳大利亚

2005—2015 年，澳大利亚农产品贸易额由 266.3 亿美元增至 2015 年的 489.6 亿美元，年均增长 6.3%。其中，出口额由 206.3 亿美元增至 350.4 亿美元，年均增长 5.4%；进口额由 60 亿美元增至 139.2 亿美元，年均增长 8.8%；贸易顺差由 146.3 亿美元增至 211.2 亿美元，年均增长 3.7%。

2015 年澳大利亚农产品贸易额为 489.6 亿美元，比上年下降 7.2%。其中，出口额

350.4亿美元，下降7.5%；进口额为139.2亿美元，下降6.5%。

（2）新西兰

2005—2015年，新西兰农产品贸易额由144.3亿美元增至2015年的264亿美元，年均增长6.2%。其中，出口额由123.1亿美元增至220.1亿美元，年均增长6%；进口额由21.2亿美元增至43.9亿美元，年均增长7.6%；贸易顺差由101.9亿美元增至176.2亿美元，年均增长5.6%。

2015年新西兰农产品贸易额为264亿美元，比上年下降18.5%。其中，出口额为220.1亿美元，下降19.9%；进口额为43.9亿美元，下降10.7%。

4. 亚洲

（1）中国

2005—2015年，中国农产品贸易额由563.4亿美元增至1 875.6亿美元，年均增长12.8%。其中，出口额由275.5亿美元增至706.8亿美元，年均增长9.9%；进口额由287.9亿美元增至1 168.8亿美元，年均增长15%。

由于参与全球市场资源配置程度不断加深，国内需求快速增长及国内外价差不断扩大，中国农产品贸易自2004年起由顺差转为逆差，且逆差总体呈不断扩大趋势，从2004年的47.3亿美元增长到2015年的462亿美元。

2015年，中国农产品进出口额6年来首次出现下降，但仍为历史第二高，达1 875.6亿美元，比上年下降3.6%。其中，进口1 168.8亿美元，下降4.6%；出口706.8亿美元，下降1.8%；逆差462亿美元，缩小8.7%。据联合国商品贸易统计数据库不完全统计，2015年中国农产品贸易额居世界第2位，仅次于美国，占2015年世界农产品贸易额的7%，其中进口额居世界第2位，出口额居世界第5位。

（2）日本

2005—2015年，日本农产品贸易额由613.2亿美元增至736.4亿美元，年均增长1.8%。其中，出口额由36.9亿美元增至60.4亿美元，年均增长5.1%；进口额由576.3亿美元增至676亿美元，年均增长1.6%；贸易逆差由539.4亿美元增至615.6亿美元，年均增长1.3%。

2015年日本农产品贸易额为736.4亿美元，比上年下降6.5%。其中，出口额60.4亿美元，增长10.4%；进口额676亿美元，下降7.7%。

（3）韩国

2005—2015年，韩国农产品贸易额由165.5亿美元增至356.1亿美元，年均增长8%。其中，出口额由33.4亿美元增至71.1亿美元，年均增长7.8%；进口额由132.1亿美元增至285亿美元，年均增长8%；贸易逆差由98.7亿美元增至213.9亿美元，年均增长8%。

2015年韩国农产品贸易额为356.1亿美元，比上年增长16.1%。其中，出口额71.1亿美元，下降0.8%；进口额为285亿美元，增长21.3%。

（4）泰国

2005—2015年，泰国农产品贸易额由193.7亿美元增至449.9亿美元，年均增长8.8%。其中，出口额由135.7亿美元增至309亿美元，年均增长8.6%；进口额由58亿美元增至140.9亿美元，年均增长9.3%；贸易顺差由77.7亿美元增至168.1亿美元，年均增长8%。

2015年泰国农产品贸易额为449.9亿美元，比上年下降2.7%。其中，出口额为309亿美元，下降7.3%；进口额为140.9亿美元，增长9%。

（5）马来西亚

2005—2015年，马来西亚农产品贸易额由157.6亿美元增至372.2亿美元，年均增长9%。其中，出口额由95.7亿美元增至213.3亿美元，年均增长8.3%；进口额由61.9亿美元增至158.9亿美元，年均增长9.9%；贸易顺差由33.8亿美元增至54.4亿美元，年均增长4.9%。

2015年马来西亚农产品贸易额为372.2亿美元，比上年下降12%。其中，出口额为213.3亿美元，下降16%；进口额为158.9亿美元，下降6.1%。

5. 欧洲

俄罗斯

2005—2015年，俄罗斯农产品贸易额由207.7亿美元增至433.1亿美元，年均增长7.6%。其中，出口额由40亿美元增至163亿美元，年均增长15.1%；进口额由167.7亿美元增至270.1亿美元，年均增长4.9%；贸易逆差由127.7亿美元降至107.1亿美元，年均下降1.7%。

2015年俄罗斯农产品贸易额为433.1亿美元，比上年下降27.5%。其中，出口额163亿美元，下降14.8%；进口额270.1亿美元，下降33.5%。

（二）各成员农产品贸易在APEC中的地位

2005—2015年，APEC成员农产品贸易额由5 257.3亿美元增至10 788.9亿美元，年均增长7.5%。其中，出口额由2 430.1亿美元增至5 057.8亿美元，年均增长7.6%；进口额由2 827.2亿美元增至5 731.1亿美元，年均增长7.3%。

2015年，在APEC各成员中，美国农产品贸易额在全部成员中排名第1位，占APEC成员总贸易额的27.1%。中国在全部成员中居第2位，占APEC成员总贸易额的17.4%。只有美国和中国的农产品贸易额突破千亿。加拿大居第3位，达到860亿美元，占APEC成员总贸易额的7.8%。日本位居第4位，占APEC成员总贸易额的6.8%。墨西哥居第5位，占APEC成员总贸易额的4.9%。

其他成员2015年农产品贸易额均低于500亿美元，如澳大利亚占APEC成员总贸易额的4.5%，泰国占4.1%，俄罗斯占4%，中国香港和越南分别占3.6%，马来西亚占3.4%，韩国占3.3%，新西兰占2.5%，新加坡占2.1%，其他国家占比均不足2%。

APEC成员与中国的双边农产品贸易

(一) 贸易总量变化

2010—2016年，中国与APEC成员农产品贸易不断增长，贸易总额从785.4亿美元增至1 180.8亿美元，年均增长7%。其中，自APEC成员进口农产品从432.6亿美元增至634.1亿美元，年均增长6.6%；出口到APEC成员农产品从352.7亿美元增至546.7亿美元，年均增长7.6%。中国与APEC成员贸易长期处于逆差地位，2016年逆差额87.4亿美元。2016年，中国与APEC成员贸易总额占中国农产品贸易总额比重高达64%，其中进口额占56.8%，出口额占74.9%。

(二) 贸易结构变化

从双边农产品贸易产品结构看，中国对APEC成员主要出口产品包括水产品、蔬菜、水果和畜产品等。自APEC成员进口农产品主要包括油籽、畜产品、水产品和水果等。

2010—2016年，中国对APEC成员水产品出口额从110.3亿美元增至167.5美元，增长了51.8%，年均增长7.2%。同期，中国对APEC成员水产品出口占中国水产品出口总额比重由79.8%增至80.8%。

中国对APEC成员蔬菜出口额自2010年的68.9亿美元增至2016年113.4亿美元，增长了64.5%，年均增长8.7%。同期，中国对APEC成员蔬菜出口占中国蔬菜出口总额比重由69.3%增至77%，贸易比重稳步提高。

中国对APEC成员水果出口额自2010年的32.6亿美元增至2016年的56.9亿美元，增长了74.4%，年均增长9.7%。同期，中国对APEC成员水果出口占中国水果出口总额的比重由74.9%增至79.7%，贸易比重波动提高。

中国对APEC成员畜产品出口额自2010年的34.3亿美元增至2016年的42亿美元，增长了22.6%，年均增长3.5%。同期，中国对APEC成员畜产品出口占中国畜产品出口总额的比重由72.2%增至74.5%，贸易比重波动增长（表86）。

2010—2016年，中国自APEC成员油籽进口额从122.8亿美元增至164亿美元，增长了33.5%，年均增长4.9%。同期，中国自APEC成员油籽进口占中国油籽进口总额的比重由46.3%降至44.2%，贸易比重波动下滑。

中国自APEC成员畜产品进口额从2010年的64.1亿美元增至2016年的115.1亿美元，增长了79.5%，年均增长10.2%。同期，中国自APEC成员畜产品进口占中国畜产品进口总额的比重由66.4%减至49.2%，贸易比重大幅下降。

中国自APEC成员水产品进口额从2010年的51.8亿美元增至2016年的72.5亿美元，增长了40.1%，年均增长5.8%。同期，中国自APEC成员水产品进口占中国水产品进口总额的比重由79.2%降至

77.4%，贸易比重小幅波动下滑。

中国自APEC成员水果进口额从2010年的17.1亿美元增至2016年的50.7亿美元，增加2倍，年均增长19.9%。同期，中国自APEC成员水果进口占中国水果进口总额的比重由84.3%增至87.3%，贸易比重稳定增长（表87）。

2016年，中国对APEC成员主要出口农产品及其比重分别是：水产品30.6%，蔬菜20.7%，水果10.4%，畜产品7.7%（图40）；从APEC成员进口主要农产品及其比重分别是：油籽占25.9%，畜产品18.1%，水产品11.4%，水果8%（图41）。

表86 中国对APEC成员主要出口农产品

单位：亿美元

年份	水产品	蔬菜	水果	畜产品
2010	110.3	68.9	32.6	34.3
2011	142.2	84.7	41.8	43.4
2012	154.9	72.7	49.3	47.8
2013	164.2	85.9	50.2	48.6
2014	176.4	93.6	49.1	50.4
2015	164.6	100.7	56.6	43.1
2016	167.5	113.4	56.9	42.0

表87 中国自APEC成员主要进口农产品

单位：亿美元

年份	油籽	畜产品	水产品	水果
2010	122.8	64.1	51.8	17.1
2011	139.2	95.3	64.9	26.7
2012	180.4	102.9	64.2	32.7
2013	164.3	135.7	67.5	36.7
2014	198.3	147.1	70.0	43.6
2015	153.0	113.1	70.1	51.0
2016	164.0	115.1	72.5	50.7

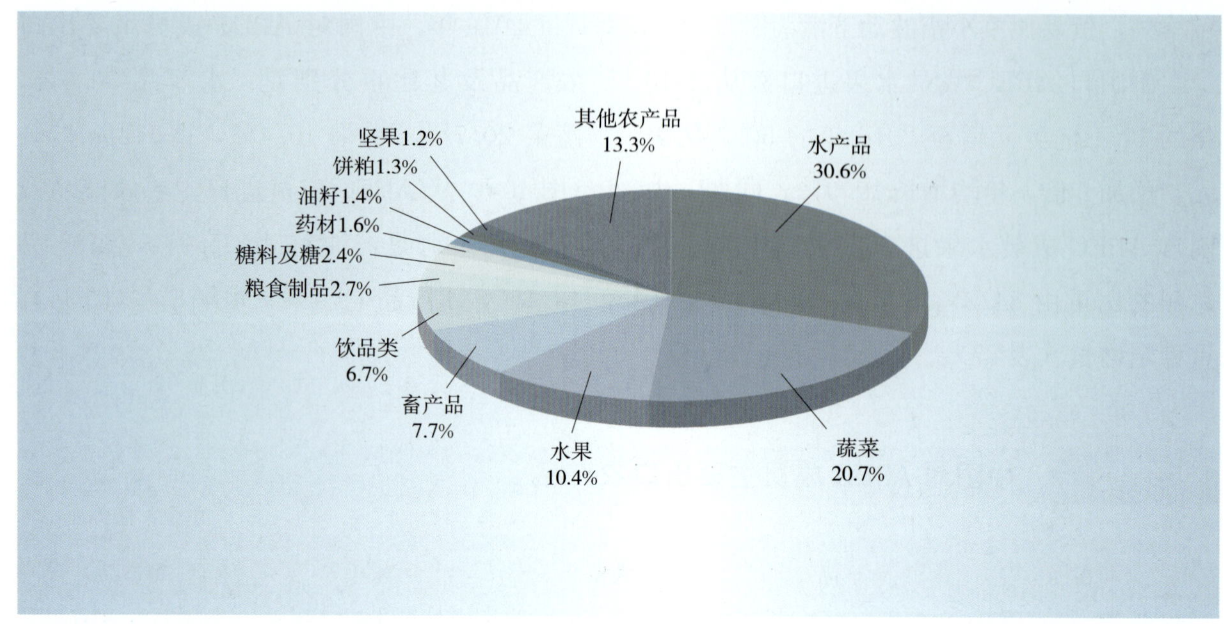

图 40　中国对 APEC 成员主要出口农产品

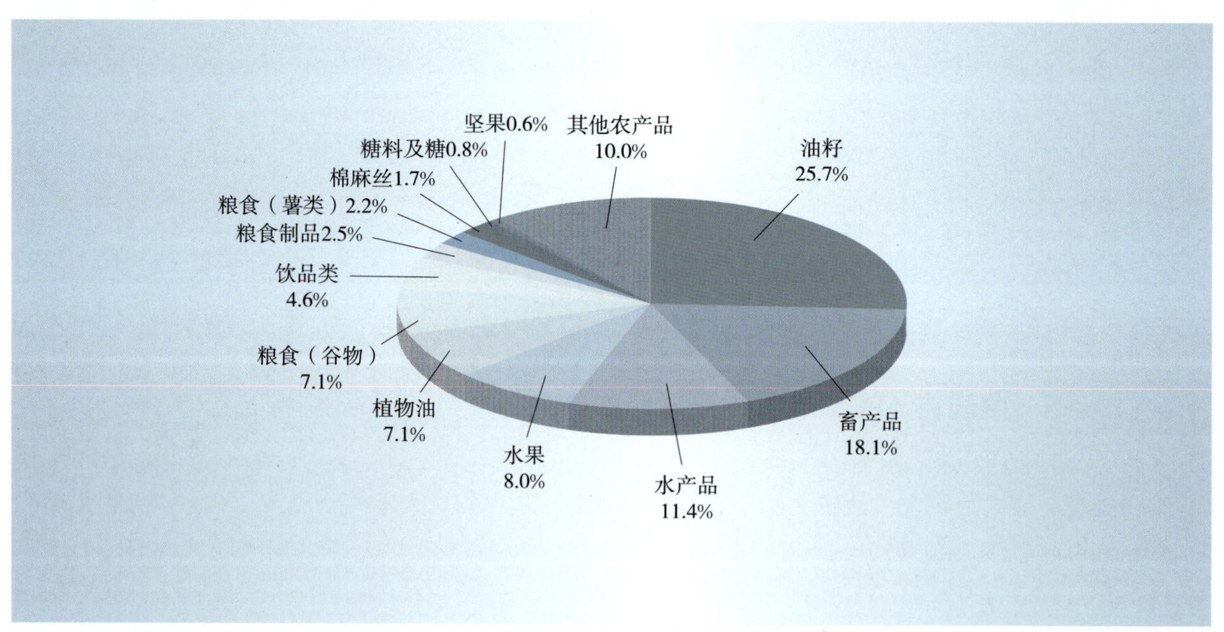

图 41　中国自 APEC 成员主要进口农产品

从双边农产品贸易市场结构看，中国与 APEC 成员农产品贸易关系紧密。2016 年，中国前五大农产品进口来源地中，除巴西外，美国、澳大利亚、加拿大、新西兰均为 APEC 成员。而中国前五大农产品出口市场，日本、中国香港、美国、韩国、越南均为 APEC 成员。

2010—2016 年，中国与 APEC 主要成员出口贸易中，与日本、美国、韩国的出口贸易占中国与 APEC 成员总体贸易比重呈下降趋势。与中国香港、越南的出口贸易占中国与 APEC 成员总体贸易比重呈上涨趋势（表 88）。

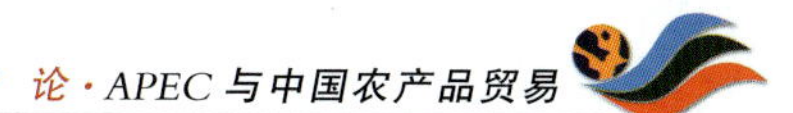

表 88 中国—APEC 主要成员出口贸易占全体成员出口贸易比重

单位：%

年份	日本	中国香港	美国	韩国	越南
2010	26.0	12.8	16.5	10.0	3.8
2011	25.1	13.5	15.4	9.5	4.7
2012	25.7	14.3	15.5	8.9	4.2
2013	22.6	15.8	14.9	8.8	4.7
2014	20.9	16.4	14.2	9.2	5.6
2015	19.4	17.0	14.2	8.3	6.5
2016	18.4	18.2	13.6	8.6	7.1

2010—2016 年，中国自美国进口占中国与 APEC 成员总进口的比重呈下降趋势。自澳大利亚、加拿大、新西兰、泰国进口比重呈提高趋势。虽然从美进口贸易比重下降，但与美贸易额仍大幅高于其他成员（表 89）。

表 89 中国—APEC 主要成员进口贸易占全体成员进口贸易比重

单位：%

年份	美国	澳大利亚	加拿大	新西兰	泰国
2010	43.1	9.1	6.9	5.1	5.8
2011	41.2	11.4	5.6	5.3	5.3
2012	42.5	10.9	7.9	5.6	5.8
2013	39.2	12.6	8.5	8.2	6.4
2014	39.8	11.3	7.7	9.4	7.0
2015	37.3	12.2	7.9	6.7	7.6
2016	37.7	10.6	8.5	7.1	6.8

发展展望

（一）APEC 区域将成为全球经济增长的主要引擎

近 10 年来，APEC 农产品贸易额保持了年均 7.5%的增长速度。APEC 作为亚太地区最重要的区域经济合作组织，经过多年快速发展，不仅为本地区经济发展、社会进步和民生改善做出重要贡献，也见证了亚太地区的巨大变化和不断提升的战略地位。APEC 以其自主自愿、协商一致、灵活务实的独特方式，在具有显著多样性、处于不同发展阶段的成员间成功构建起完善的区域经济合作框架。区域贸易自由化快速发展，对WTO所代表的多边贸易体制进行了有益补充。在促进区域经济发展方面，双边、多边合作机制发挥了重要作用，未来在促进区域经济合作，特别是亚太地区区域经济合作方面，APEC通过促进贸易投资自由化、便利化和经济技术合作，将逐渐成为全球区域经济合作增长的主要引擎。

（二）APEC的发展将有助于各成员构建开放型经济体制

WTO作为全球性的贸易组织，在推动全球贸易自由化与投资便利化方面做出了重要贡献。但是，在涉及农产品、服务业、非农产品准入、知识产权问题、与贸易有关的投资议题、竞争政策以及争端解决机制问题等方面，WTO并未有效解决。各成员都寄希望于多边和双边自由贸易谈判，双边自由贸易区和区域一体化成为推动世界贸易自由化的潮流。因此，APEC逐渐成为亚太国家推动自由贸易谈判的重要平台。在APEC框架内，各成员通过多种多样的单边行动、集体行动、双边行动和经济技术合作，推动了各成员间的对外开放和贸易投资自由化。在参与和推动APEC发展进程中，各成员也加快了关税和非关税削减、服务业开放、进出口管理体制、外汇管理体制、金融监管体制、投资管理体制以及相关法律制度等方面的全面深化改革，以满足各自构建开放型新经济体制的政策环境要求。

（三）APEC成员之间农业贸易和投资潜力将不断释放

APEC各成员农业资源禀赋具有互补性，随着市场不断开放，APEC成员之间必将加强技术、资金、人员等要素自由流动，农产品贸易合作将不断扩大与深化。一方面本国更多优势农产品将进入国际市场参与竞争，促使企业加快更新技术，提高农产品品质，增强农产品国际竞争力；另一方面，有利于吸收国外先进技术、资金、人员等资源，整合国内农产品市场，提升农业综合生产能力，优化资本结构，提升农产品质量。由于当前国际农产品市场保护水平依然很高，非关税壁垒的种类越来越复杂、越来越隐蔽，发达国家频繁地出台一些技术性贸易措施、有关碳排放的标准及农药残留、抗生素过量等苛刻的标准，同时以威胁人类健康和保护本国环境为由给别国的农产品出口设置障碍，对一些出口的产业发展带来不利影响。如APEC成员中一些发达国家，对农业实施高额补贴支持政策，对农业的补贴和支持水平居高不下；一些国家也越来越多运用技术性限制措施来控制进口，实施的卫生与植物卫生措施（SPS）和技术性贸易措施（TBT）呈快速增长态势。未来，随着APEC的进一步发展，各成员之间的农业贸易自由化和投资便利化水平将不断提高，可以持续释放农产品贸易潜力和农业投资潜力，而且各成员之间的全面农业合作水平也将得到进一步提高。

（四）APEC发展将促进各成员内部农业结构优化调整

APEC进一步发展必将促进各成员依照比较优势原则参与国际分工，提高资源配置效率，优化产业结构；加强成员之间农业科技交流合作，提高农业生产效率，提升农产品价值；促进各成员农业贸易投资合作，加快区域经济一体化。

APEC框架下，中国对其他成员出口的蔬菜、水果、水产品等劳动密集型和技术密集型农产品保持较快增长，进一步发挥中国相对丰富的比较优势。中国自其他成员进口的资源密集型农产品也将继续保持较快增长，这在一定程度上可以缓解资源环境对国内农业生产的压力，促进国内农业生产方式的转变。

近年来国际农产品价格变动及其对贸易的影响

国际市场农产品价格经历2006年下半年之后的快速上涨、高位运行和剧烈变动，至2012年开始整体下行进入新阶段。在中国农业不断对外开放的背景下，国际农产品市场和中国农产品国际贸易之间联系日益紧密。因此，本文以2002—2016年农产品价格等数据为基础，通过与粮食危机时期（2006—2011年）和粮食危机前（2002—2005年）的比较，总结后粮食危机阶段（2012—2016年）国际农产品价格变动的新趋势，并分析其对中国农产品国际贸易的影响。

国际农产品价格的变动特征

（一）整体情况

食品和农业原材料价格呈下降趋势。国际食品1、食品2、农业原材料的价格指数[①]分别从2011年的180.9、230、153.5逐步下降到2016年的143.8、161.5、113.3，降幅分别为20.5%、29.8%、26.2%。

虽然农产品价格有所下降，但仍高于粮食危机前。2016年国际食品1、食品2、农业原材料的价格指数虽然已经比粮食危机时期的最高水平（2011年）均下降20%以上，但是与粮食危机前的水平[②]相比，仍然分别高出43.8%、36.9%和13.3%。

与粮食危机时期相比，价格波动均有所缩小。2012年1月—2016年12月，食品1、食品2和农业原材料价格指数的变异系数分别为11%、12.6%、7.3%和8.7%，与粮食危机期间的变异系数18.1%、20.7%、22.1%和17.3%相比，均有所减小，价格波动缩小（图42）。

---

① 食品1、饮料和农业原材料价格指数来源于IMF数据库（2005年为100）；食品2价格指数来源于FAO数据库（2002—2004年为100）。下同。

② 国际农产品价格从2006年下半年开始快速上涨，从而引发了粮食危机。所以粮食危机前的水平采用2005年的年度价格指数或者月度价格指数的平均数。

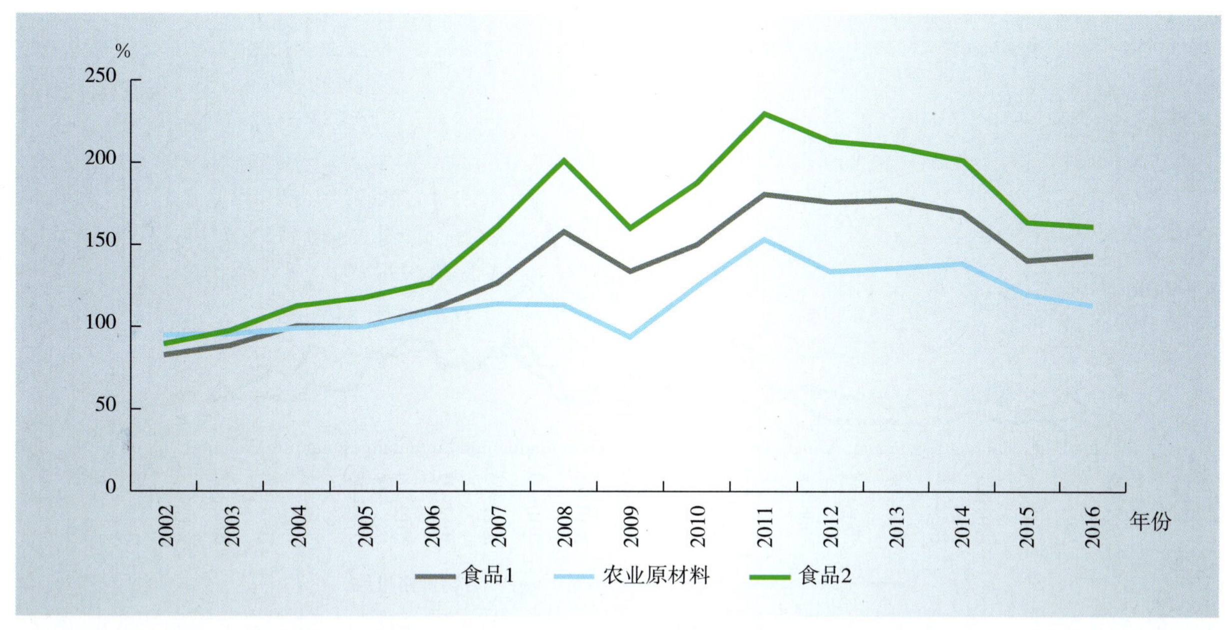

图 42　2002 年来国际食品和农业原材料的价格指数变化

(二) 主要产品情况

1. 谷物

谷物价格下降超三成，但仍高于粮食危机前水平，波动缩小。谷物价格指数从 2011 年 12 月的 211.9 下降到 2016 年 12 月的 142.2，降幅为 32.9%，比粮食危机时期的最高水平 267.7（2008 年 6 月）下降了 46.7%，但是仍然比粮食危机前高 40.4%。

玉米、大米和小麦价格[①]均下降，小麦价格已回落到粮食危机前水平，玉米和大米价格仍高于粮食危机前水平。2016 年 12 月玉米、大米和小麦的价格分别比 2011 年 12 月下跌 41.1%、36.3%和 47.2%，分别达到每吨 152.5 美元、373 美元和 142 美元，也分别比粮食危机时期的最高水平下跌 52.3%（2011 年 4 月）、58.9%（2008 年 4 月）和 67.7%（2008 年 3 月）。小麦价格已经回落到粮食危机前，比 2015 年的均价每吨 152.4 美元低了 6.8%，而玉米和大米的价格仍然比粮食危机前高 54.5% 和 30.3%。

玉米和小麦价格波动略微缩小，大米价格波动显著缩小。2012 年 1 月—2016 年 12 月，玉米和小麦价格变异系数分别为 27.8% 和 25.8%，分别比粮食危机期间 31% 和 26.2%有所减小；但与粮食危机前的 10.2% 和 10.4%相比，显著增大。2012 年 1 月—2016 年 12 月，大米价格变异系数为 16.6%，比粮食危机期间的 30%显著减小，比粮食危机前的 17.3%略有减小（图 43）。

① 玉米价格为美国 2 号黄玉米 Gulf 港口 FOB 价格；小麦价格为美国 1 号硬红冬麦 Gulf 港口出口价格；大米价格为泰国含碎 5%白大米曼谷 FOB 价格。价格数据来自世界银行商品价格数据库，价格指数来自 FAO 数据库（2002—2004 年为 100）

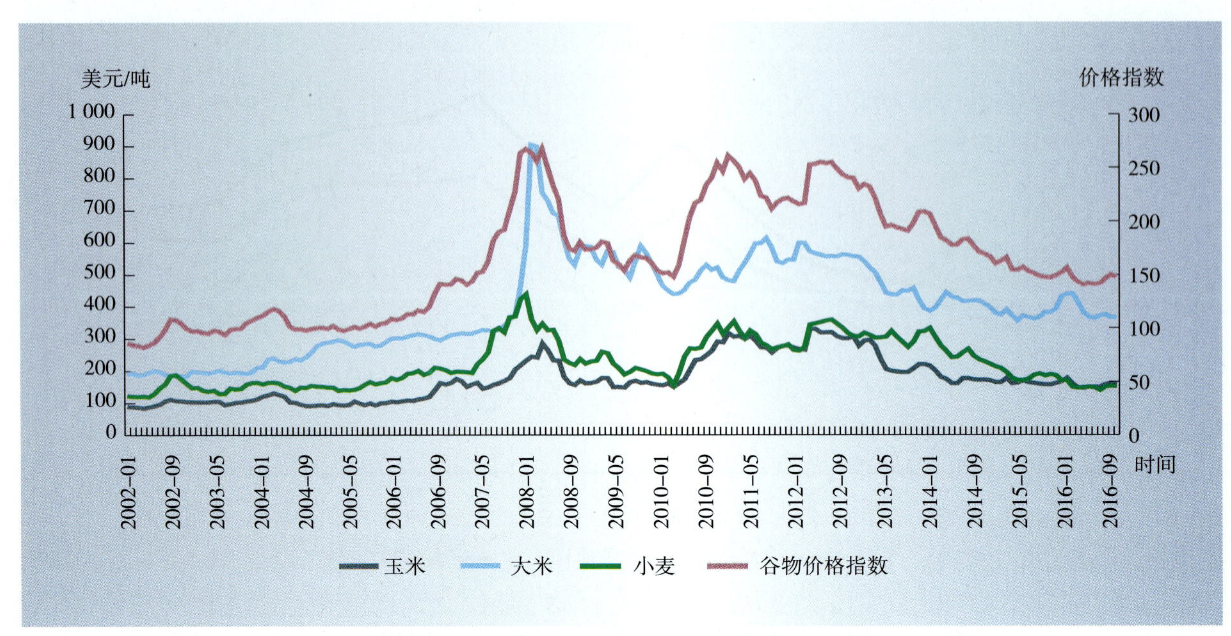

图 43 2002 年以来国际谷物价格变化趋势

2. 油料和植物油

油料价格[①]下降近两成，但仍显著高于粮食危机前水平，波幅缩小。2016 年 12 月油料价格指数比 2011 年 12 月下降 19.8%，达到 183，比粮食危机时期的最高水平下降了 35.8%（2008 年 6 月），但是仍然比粮食危机前高出 78.2%。2012 年 1 月—2016 年 12 月，价格变异系数为 16.2%，比粮食危机期间的 30.5%有所减小；但与粮食危机前的 11.5%相比，价格波动加大。

植物油[②]价格下降，但仍高于粮食危机前水平，波幅缩小。2016 年 12 月花生油、棕榈油、大豆油和菜籽油的价格分别比 2011 年 12 月下跌 33.7%、23.3%、24.7%和 26.7%，达到每吨 1 504 美元、788 美元、907 美元和 918 美元，也分别比粮食危机时期的最高水平下跌了 40.7%（2008 年 7 月）、39%（2011 年 2 月）、41%（2008 年 6 月）和 41.8%（2008 年 6 月），但是仍然比粮食危机前分别高出 41.8%、86.7%、66.5%和 37.1%。

2012 年 1 月—2016 年 12 月，花生油、棕榈油、大豆油和菜籽油价格的变异系数分别为 26.1%、19.2%、19.1%和 19%，比粮食危机期间 30.8%、31.1%、29%和 25.3%均有所减小；但比粮食危机前 22.9%、11.2%、14.6%和 14.2%均有所增大（图 44）。

① 数据来源：油料价格指数来自 FAO 数据库（2002—2004 年为 100）。下同。

② 花生油价格为鹿特丹 CIF 价格；棕榈油价格为西北欧 CIF 价格；大豆油价格和菜籽油价格为荷兰现榨 FOB 价格。数据来源于世界银行商品价格数据库。下同。

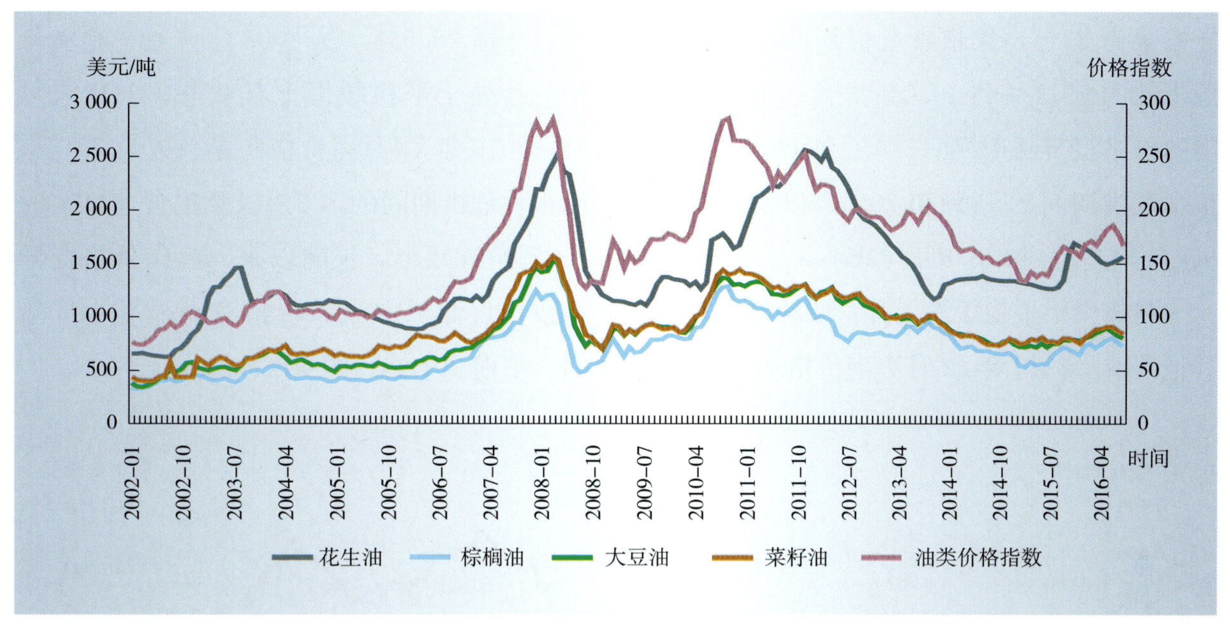

图 44　2002 年以来油料与植物油价格变化趋势

3. 肉类及奶制品

肉类价格[①]先升后降，但仍高于粮食危机前水平，波动缩小。肉类价格指数 2014 年 8 月达到历史最高水平 212，之后开始下降，至 2016 年 12 月为 157.1。总体来看，2016 年 12 月肉类价格比 2011 年 12 月波动下降了 16.4%，比粮食危机时期的最高水平下降 17.2%（2011 年 11 月），但是仍然比粮食危机前的水平高出 27%。2012 年 1 月—2016 年 12 月，价格变异系数为 9.2%，比粮食危机期间的 15%和粮食危机前的 13.7%均减小。

猪肉、牛肉和羊肉价格先升后降。猪肉价格已低于粮食危机前水平，波动略微加大；牛肉和羊肉价格仍高于粮食危机前水平，波动缩小。猪肉、牛肉和羊肉价格分别由 2011 年 12 月的每吨 1 850.4 美元、4 191.5美元和 6 507.4 美元先上涨到2 836.6美元（2014 年 7 月，历史最高）、5 999.3美元（2014 年 9 月，历史最高）和 6 846.5 美元（2014 年 6 月），而后又分别下跌到 2016 年 12 月的 1 178.3 美元、3 872.8 美元和 5 117.6 美元。总体来看，2016 年 12 月猪肉、牛肉和羊肉价格与 2011 年同期相比，分别波动下跌 36.3%、7.6%和 21.4%，比粮食危机时期的最高水平分别下跌了 48.1%（2011 年 8 月）、9%（2011 年 4 月）和 26.8%（2011 年 8 月）。猪肉价格已经比粮食危机前下跌 21%，而牛肉和羊肉价格仍然分别比粮食危机前高 48%和 15.3%。

① 猪肉价格为美国 51%～52%瘦猪肉价格，来自 IMF 商品价格数据库。牛肉价格为冷冻去骨美国东海岸港口 CIF 价格，羊肉价格为伦敦史密菲尔德冷冻整只羊批发价，鸡肉价格为美国 A 级整鸡批发价。数据来自世界银行商品价格数据库。肉类价格指数数据来自 FAO 数据库（2002—2004 年为 100）。

2012年1月—2016年12月，猪肉的变异系数为22%，比粮食危机期间以及粮食危机前的19.1%和19.4%扩大；牛肉和羊肉的价格变异系数为12.3%和11.9%，比粮食危机期间的19%和20.5%以及粮食危机前的14.2%和13.8%均减小。

鸡肉价格平稳缓慢上升，波动显著小于其他肉类。2016年12月鸡肉价格从2011年12月的每吨1 980.2美元上涨到2 505.6美元，涨幅26.5%。从2002年开始，鸡肉价格一直处于平稳缓慢上升状态。2012年1月—2016年12月，价格变异系数为7.1%，比粮食危机期间的8.3%以及粮食危机前的8.2%略有减小。长期以来，鸡肉价格变异系数一直低于10%，价格波动显著小于猪肉、牛肉和羊肉（图45）。

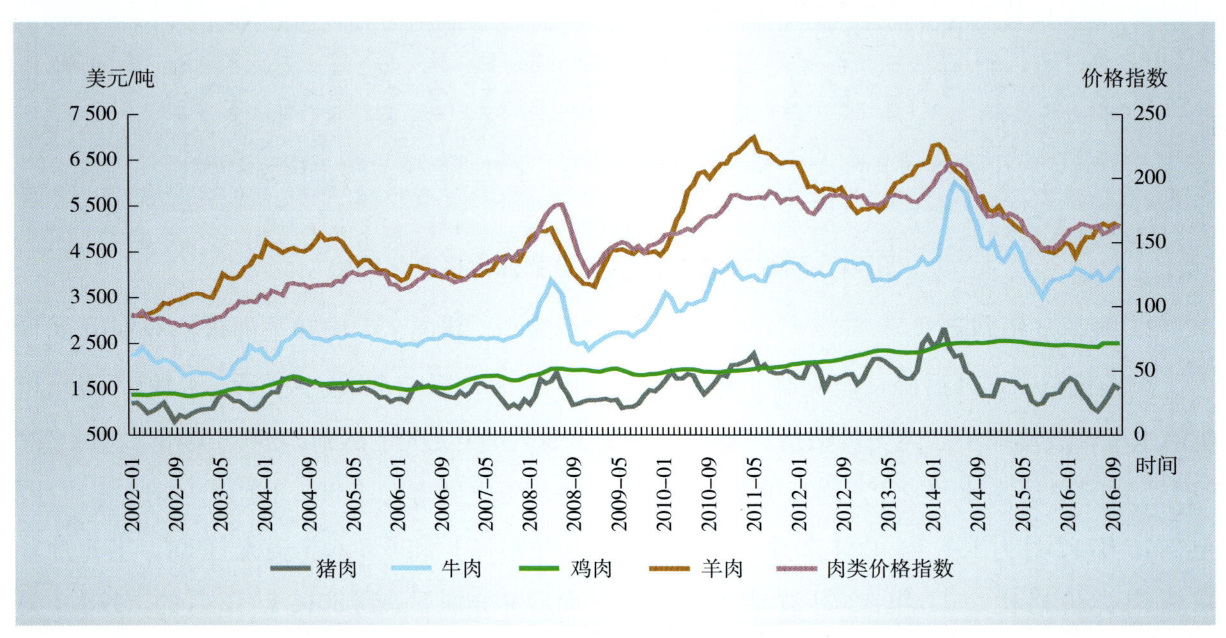

图45 2002年以来肉类产品价格变化趋势

奶制品价格[①]波动较大，总体有所下降。奶制品价格从2011年12月的每吨412美元先波动上涨到2014年2月的历史最高水平560美元，然后波动下跌到2016年5月的221美元，又上涨到12月的358美元，与2011年12月相比下跌了13.1%。奶制品价格一直波动较大，2012年1月—2016年12月，价格变异系数为26.1%，比粮食危机期间的28.1%稍有减小（图46）。

4. 棉花和食糖

棉花价格[②]平稳下降，但仍高于粮食危机前水平，波动缩小。2016年12月棉花价格从2011年的12月的每吨2 104.3美元下跌到1 752.7美元，跌幅16.7%，比粮食危机时期的最高水平下降了65.4%（2011

① 数据来源：国际牧场联盟（IFCN）。

② 棉花价格为中级1-3/32英寸棉花Cotlook A价格。数据来自世界银行商品数据库。

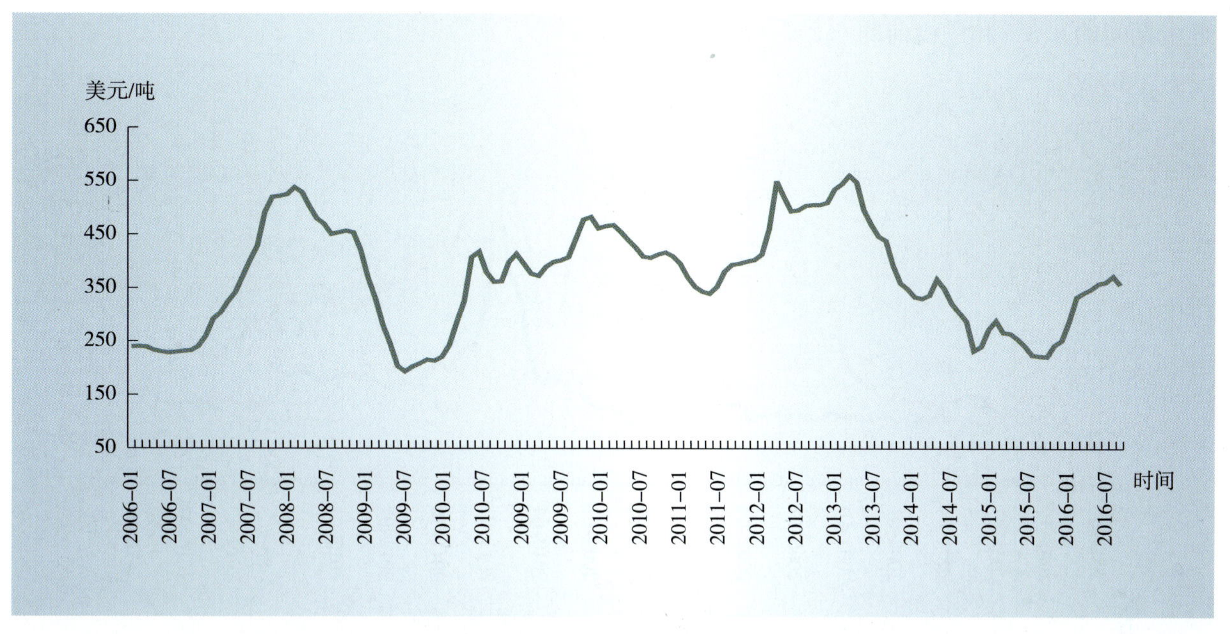

图 46 2006 年以来国际奶制品价格变化趋势

年 3 月），但是仍然比粮食危机前高 44%。2012 年 1 月—2016 年 12 月，价格变异系数为 12.9%，比粮食危机期间的 47.8%和粮食危机前的 16.6%减小，价格波动缩小。

食糖价格[①]先降后升，现仍处在相对高位，波动缩小。食糖价格由 2011 年 12 月的每吨 507.9 美元先下跌到 2015 年 8 月的 253.5 美元，而后又上涨到 2016 年 12 月的 407.6 美元，现仍处在相对高位。总体来看，2016 年 12 月食糖价格比 2011 年同期波动下降 19.8%，比粮食危机时期的最高水平下跌 37.6%（2011 年 1 月），但仍然比粮食危机前高出 87.1%。2012 年 1 月—2016 年 12 月，价格变异系数为 17.7%，比粮食危机期间的 35.7%和粮食危机前的 20.8%减小（图 47）。

国际农产品价格变动的影响因素

（一）经济增长低迷导致需求增长放缓

经济增长是推动农产品需求增长的重要力量。2012—2015 年，发达国家[②]经济进入缓慢复苏的低增长阶段，尽管 GDP 年增长率[③]从 1.3%升至 2.2%，但年均仅增长 1.7%，只比粮食危机期间 1.2%的年均增幅略高，显著低于粮食危机前的 2.4%。与此同时，由中国、印度、巴西、俄罗斯和南非金砖 5 国构成的新兴经济体国家的经济增长则从 2010 年起进入了逐步放缓阶段，2012—2015 年的 GDP 年增长率从 4.8%逐步下降到 3.3%，年均增长率只有 4.2%，明显低于粮食

① 食糖价格为国际食糖协议每日价格的平均。数据来自世界银行商品数据库。
② 发达国家是指全部高收入国家。
③ 数据来源：世界银行。

危机期间的6.5%和危机前的6.2%（表90）。

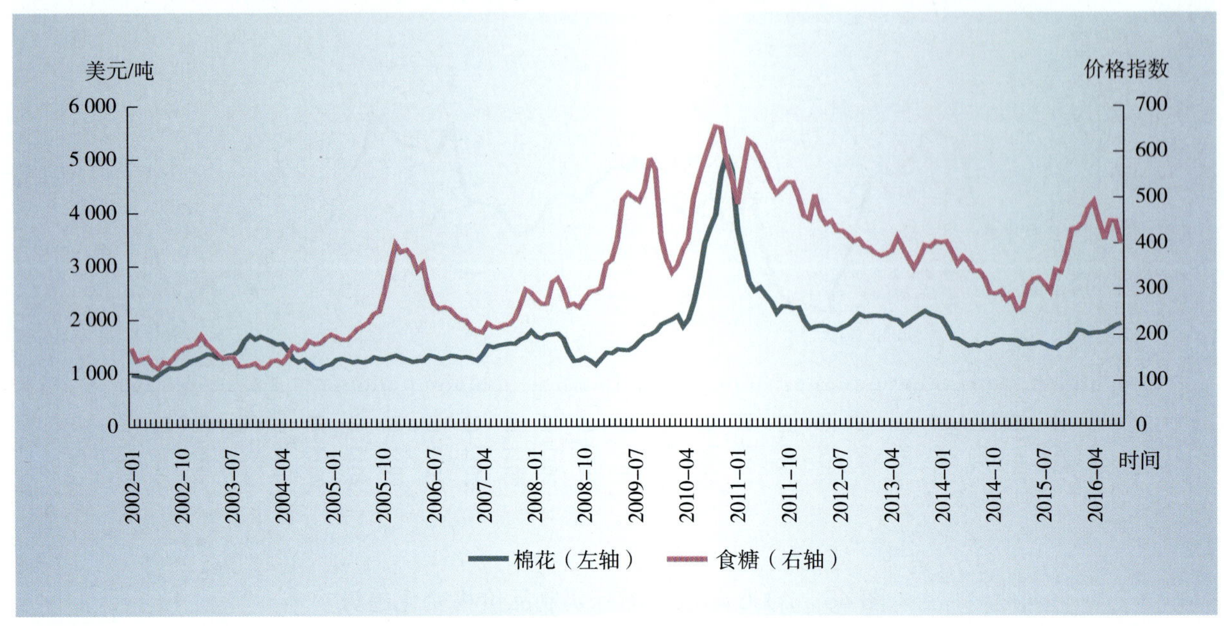

图47　2002年以来棉花和食糖价格变化趋势

表90　发达国家和新兴经济体的GDP增长率

单位：%

粮食危机前			粮食危机时期			后粮食危机阶段		
年份	发达国家	金砖5国	年份	发达国家	金砖5国	年份	发达国家	金砖5国
			2006	3.02	8.33	2012	1.25	4.81
			2007	2.63	9.13	2013	1.36	4.74
2002	1.57	4.21	2008	0.32	5.95	2014	1.91	3.97
2003	2.09	5.21	2009	−3.38	1.60	2015	2.15	3.32
2004	3.28	8.02	2010	2.93	7.58			
2005	2.75	7.25	2011	1.81	6.16			
本时期平均	2.42	6.17	本时期平均	1.22	6.46	本时期平均	1.67	4.21

从历史关系来看，国际农产品价格和发达国家、新兴经济体的GDP增长率变动之间存在着非常紧密的联系。但是，从2012年以来经济增长与国际农产品价格变动之间相互关系来看，食品价格指数的变动趋势与发达国家经济增长速度的变动趋势并不一致，但与新兴经济体国家经济增长的变动趋势比较吻合（图48）。

（二）产量增长推高库存水平

与世界农产品需求增长放缓不同，2012年以来世界主要农产品的产量却受粮食危机时期农产品价格一直处在高位运行的影响而

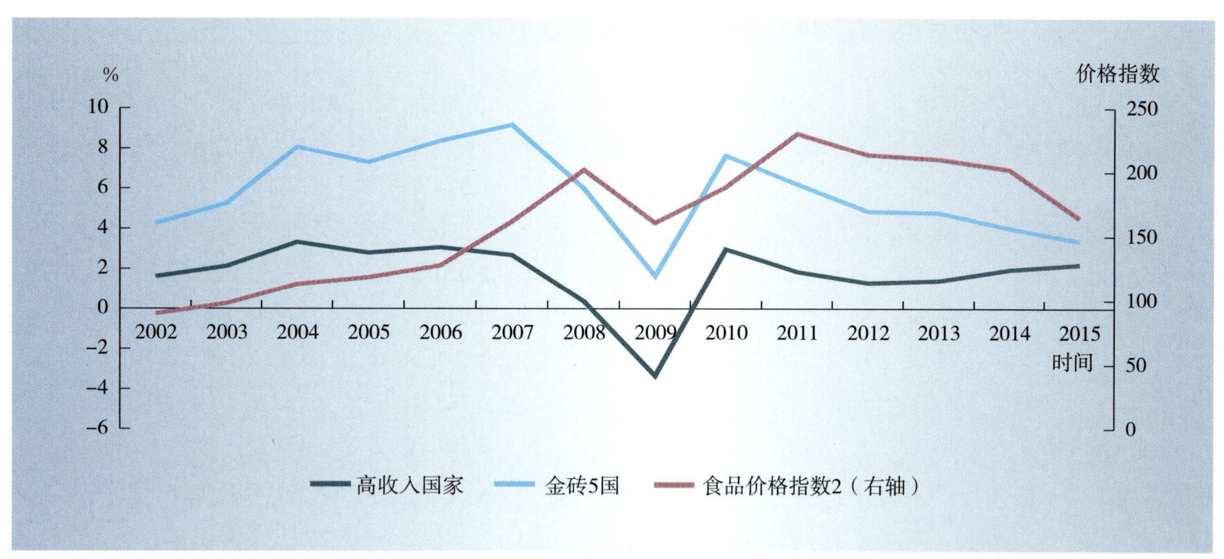

图48 主要新兴经济体、发达国家GDP增长率与食品价格指数变化

呈现为较快增长趋势。

谷物产量增长较快。2012—2016年，世界谷物增产15%。其中，玉米、小麦、大米分别增产21.4%、14.1%和2%。除2012年世界谷物产量略低于使用量外，其他年份均超过了使用量，使得期末库存量逐步增加，2016年达到6.6亿吨，增长42.5%（表91）。

根据美国农业部的数据，世界豆油和食糖产量从2009年后持续增长。豆油产量2016年达到5 456万吨，8年年均增长5.4%，各年份产量与其消费量基本平衡，期末库存量均超过350万吨。食糖产量在2011年后均超过了1.7亿吨（除2015年外），8年年均增长2.2%，产量提高使2012—2014年期末库存量保持在4 200万吨以上高位，近两年库存量有所下降。

2011—2014年世界棉花产量都超过1.2亿包，2015年产量虽有所下降，但2016年又恢复到1亿包以上。由于产量较快增长，世界棉花期末库存量迅速增长到2014年的1.1亿包，此后随产量的下降虽有所下降，但仍然维持在9 000多万包的水平（表92）。

供求格局的变化，使得2012—2016年世界主要农产品的库存保持在高位，成为带动国际市场农产品价格持续下降的重要基础。2012—2014年，世界棉花、食糖、玉米、大米和小麦的库存消费比均增长，增长率分别为18.5%、5.8%、34.3%、1.1%和17.2%，只有大豆的库存消费比下降15%。而2014—2016年，玉米、大米和小麦的库存消费比分别进一步增长0.03%、3.5%、10.2%，而棉花、食糖和大豆的库存消费比有所下降。分时期比较可知，2012—2016年世界棉花、食糖、玉米、大米、小麦和大豆的平均库存消费比均高于粮食危机时期水平，其中棉花、玉米和大米的平均库存消费比也高于粮食危机前水平（表93）。

表 91 世界谷物的产量、使用量和期末库存量

单位：百万吨、%

时期	年份	产量	供给量	使用量	期末库存量	库存使用比
粮食危机前	2002	1 823.0	2 589.9	1 909.3	444.4	28.0
	2003	1 865.8	2 537.7	1 938.1	360.6	22.9
	2004	2 043.5	2 640.5	1 990.7	409.6	18.1
	2005	2 016.3	2 669.5	2 020.9	394.5	20.3
	2006	2 005.2	2 655.1	2 046.7	348.0	19.3
粮食危机时期	2007	2 128.5	2 746.6	2 101.3	370.0	16.6
	2008	2 245.5	2 891.1	2 152.4	453.2	17.2
	2009	2 242.5	2 973.4	2 191.3	491.2	20.7
	2010	2 198.6	2 971.7	2 227.8	459.2	22.1
后粮食危机阶段	2011	2 321.7	3 095.6	2 281.6	469.8	20.1
	2012	2 267.3	3 048.1	2 286.6	461.0	20.5
	2013	2 476.8	3 292.3	2 390.3	528.3	19.3
	2014	2 519.6	3 418.8	2 432.5	592.3	21.7
	2015	2 467.5	3 449.4	2 448.1	624.8	24.2
	2016	2 608.2	3 629.4	2 542.7	656.9	24.6

表 92 世界大豆油、食糖和棉花的产量、消费量和期末库存量

单位：万吨、万包

时期	年份	豆油			食糖			棉花		
		产量	消费量	库存	产量	消费量	库存	产量	消费量	库存
粮食危机前	2002	3 058	3 011	312	14 855	18 629	4 059	9 103	9 768	4 776
	2003	3 024	3 030	275	14 249	18 628	3 806	9 671	9 719	4 830
	2004	3 257	3 183	329	14 073	18 953	3 474	12 152	10 798	6 088
	2005	3 486	3 354	390	14 430	19 329	3 047	11 633	11 519	6 181
	2006	3 643	3 571	406	16 428	20 216	3 674	12 301	12 260	6 308
粮食危机时期	2007	3 774	3 751	385	16 326	20 187	4 308	12 058	12 176	6 240
	2008	3 594	3 637	340	14 383	19 941	2 984	10 830	10 897	6 220
	2009	3 885	3 821	360	15 318	20 334	2 804	10 336	11 967	4 723
	2010	4 137	4 073	410	16 219	21 029	2 928	11 755	11 565	5 068
后粮食危机阶段	2011	4 273	4 218	414	17 230	21 485	3 513	12 746	10 366	7 374
	2012	4 308	4 260	375	17 762	22 231	4 249	12 363	10 690	9 048
	2013	4 500	4 515	354	17 610	22 605	4 393	12 041	10 954	10 307
	2014	4 906	4 793	370	17 722	22 627	4 576	11 919	11 128	11 162
	2015	5 162	5 206	358	16 492	22 736	3 776	9 671	11 128	9 708
	2016	5 456	5 384	371	17 094	23 018	3 080	10 630	11 247	9 091

数据来源：美国农业部。

表 93 世界主要农产品的库存消费比

单位：%

时期	年份	棉花	食糖	玉米	大米	小麦	大豆
粮食危机前	2002	0.49	0.22	0.18	0.24	0.24	0.18
	2003	0.50	0.20	0.14	0.19	0.20	0.17
	2004	0.56	0.18	0.17	0.17	0.22	0.18
	2005	0.54	0.16	0.16	0.17	0.21	0.16
	时期平均	0.52	0.19	0.16	0.19	0.22	0.17
粮食危机时期	2006	0.51	0.18	0.13	0.17	0.18	0.16
	2007	0.51	0.21	0.15	0.18	0.18	0.16
	2008	0.57	0.15	0.17	0.20	0.22	0.21
	2009	0.39	0.14	0.16	0.20	0.26	0.18
	2010	0.44	0.14	0.14	0.21	0.25	0.14
	2011	0.71	0.16	0.13	0.22	0.23	0.17
	时期平均	0.52	0.16	0.15	0.20	0.22	0.17
后粮食危机阶段	2012	0.85	0.19	0.14	0.22	0.21	0.21
	2013	0.94	0.19	0.16	0.21	0.23	0.19
	2014	1.00	0.20	0.19	0.22	0.25	0.18
	2015	0.87	0.17	0.19	0.23	0.27	0.16
	2016	0.81	0.13	0.19	0.23	0.28	0.17
	时期平均	0.89	0.18	0.17	0.22	0.25	0.18

注：库存消费比=期末库存量/消费量。

数据来源：美国农业部。

（三）能源价格大幅下跌并在低位运行

能源价格通过改变农产品生产成本和生物能源需求影响农产品价格，是近年来影响国际农产品价格变动的重要推手。随着新能源生产在全球的发展，农产品价格受国际能源价格的影响越来越大，特别是玉米、食糖等生物能源原料，其价格变动与能源价格的变动紧密相关。

2012 年 1 月—2016 年 1 月，国际原油价格呈下降趋势，特别是由 2014 年 6 月的每桶 108.4 美元降为 2016 年 1 月的 29.8 美元，降幅高达 72.5%。原油价格的大幅度下跌，一方面降低了农药、化肥和柴油等生产资料成本，同期国际化肥价格指数从 96.2 下降至 86；另一方面抑制了对生物能源的需求，从而减少了玉米、大豆等原料需求。国际能源价格的下跌全面带动了国际农产品价格的下降。2016 年 2 月开始，国际原油价格波动上升，带动部分农产品价格也有所上升（图 49）。

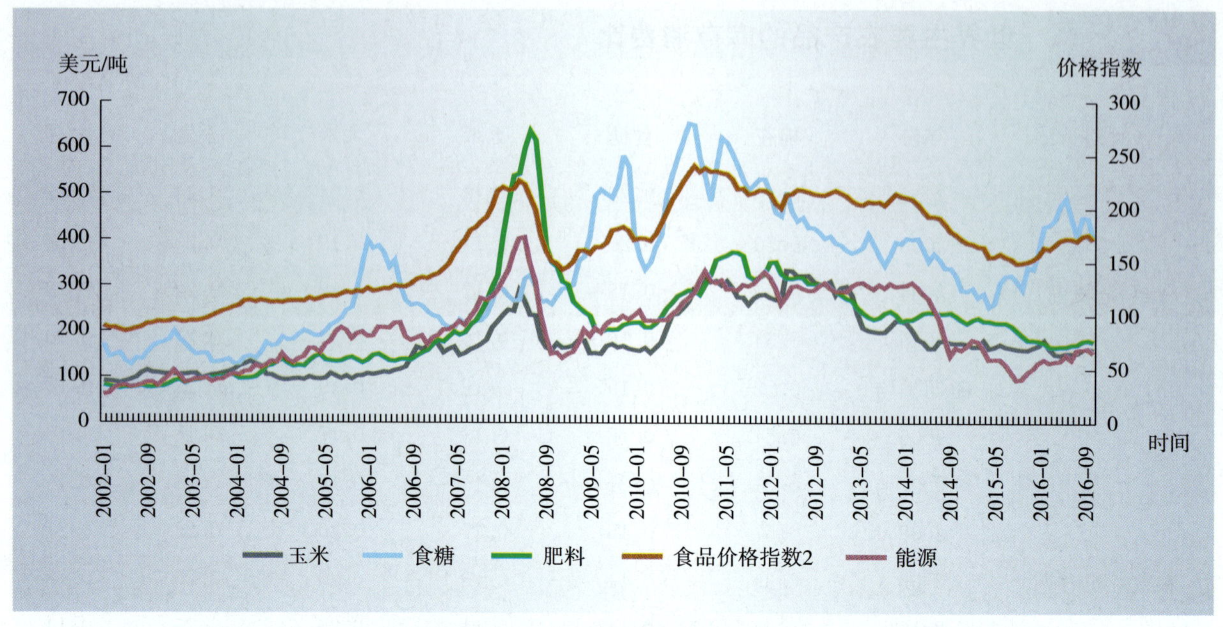

图 49　2002 年以来国际能源、食品、肥料、玉米、食糖价格变动

注：国际能源、食品、肥料采用价格指数，玉米、食糖采用实际价格。

数据来源：玉米价格、食糖价格、肥料价格指数、能源价格指数来源于世界银行。

（四）货币政策调整带动美元走强

美元指数是综合反映美元在国际外汇市场上汇率情况的指标，反映美元对一揽子货币的汇率变化。自 2008 年金融危机以来，美国在 2008 年 11 月、2010 年 11 月和 2012 年 9 月和 12 月先后推出了多轮量化宽松政策后，最终于 2014 年 9 月 29 日宣布退出量化宽松政策。美国经济增长的缓慢复苏以及相应的货币政策调整使得 2012 年以来美元指数[①]呈逐步上升趋势，从 2012 年 1 月的 82.5 上升到 2016 年 1 月的 107.8，涨幅达 30.6%；2016 年 1 月后，美元指数虽有一定回调，但总体仍处在高位（图 50）。

美元作为国际农产品的标价货币，是影响国际农产品价格变动的重要因素。美元强则商品弱，美元弱则商品强。因此，2012 年以来国际市场农产品价格的逐步下降，与此时期美元逐步走强有直接的关系。

（五）市场投机因素的影响减弱

在农产品金融化的背景下，市场投机大大加剧了国际农产品价格波动，甚至造成 2007—2011 年“过山车”式的剧烈涨跌。但是，市场投机活动通常需要一定的条件。2012 年以后，随着美国“量化宽松”政策结束使得全球货币流动性过剩得到缓解，同时由于各国对国际期货市场等监管制度的完善，再加上国际农产品供求相对稳定，市场投机机会减少，使得市场投机因素对国际农产品价格的影响相对减弱，国际市场农产品价格的波动性与粮食危机时期相比显著缩小。

① 数据来源：美联储。

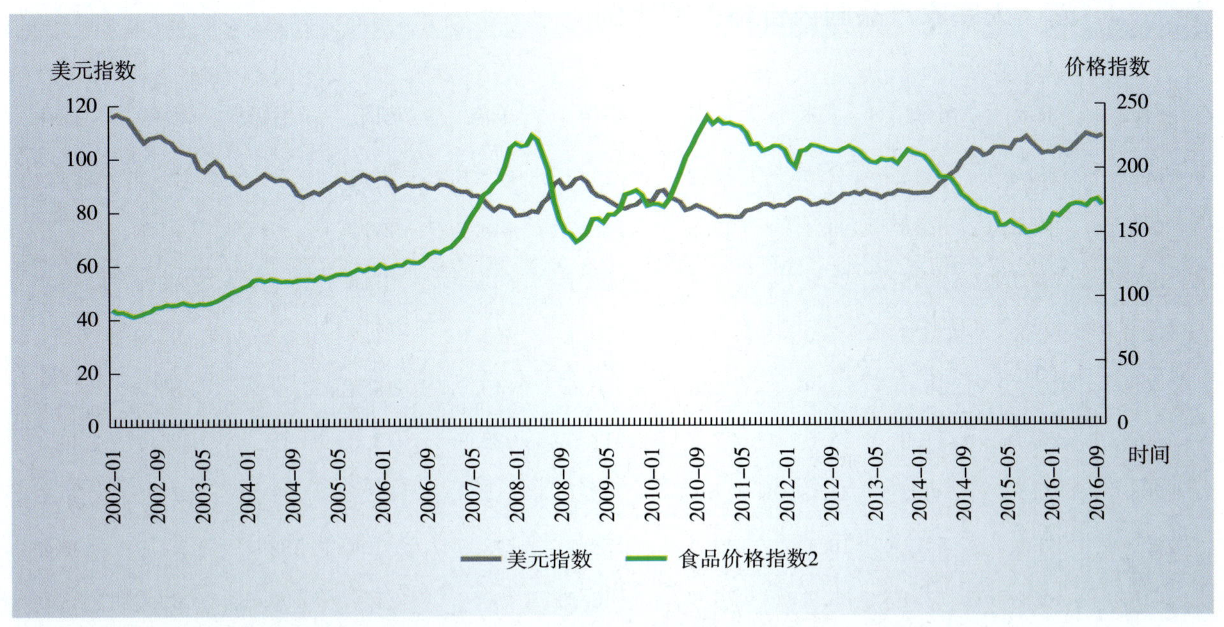

图 50　2002—2016 年美元指数与食品价格指数变化趋势

国际农产品价格变动对中国农产品国际贸易的影响

（一）农产品国内外价差扩大

在国际农产品价格逐步下降的背景下，2012—2015 年中国多数进口农产品的国内外价差呈扩大趋势。其中，价差最大的大宗农产品依次是牛奶、食糖、猪肉、玉米、牛肉和大米；价差年均增长速度最快的依次是玉米、大米、小麦、羊肉、食糖和牛肉。但鸡肉、棉花的国内外价差呈缩减趋势。虽然鸡肉的国内外价差最小，但差额比例也在 20%左右（表 94）。

1. 谷物

2012 年以来谷物的国内外价差总体呈现扩大趋势，其中玉米的国内外价差最大且扩大速度最快，而小麦的国内外价差最小且扩大速度最慢。2012 年，玉米、小麦和大米的国内外价格差额比例分别为 26.9%、25.5%和 28.9%，到 2015 年其国内外价格差额比例分别增至 126.1%、86%和 103%，年均增长率分别达 67.4%、49.9%和 52.8%。

2. 肉类与奶制品

猪牛羊肉国内外价差呈扩大趋势。其中，平均价差最大的依次为猪肉、牛肉、羊肉；价差扩大速度最快的依次为羊肉、牛肉、猪肉。鸡肉的国内外价差最小且近年来呈缩小趋势。2012—2015 年，猪肉、牛肉和羊肉的国内外价格差额比例年均增长 13.4%、18.8%和 31.9%，鸡肉的国内外价格差额比例年均降速为 11.6%。牛奶的国内外价差也呈扩大趋势，价格差额比例年均增长 21.4%。

表 94 大宗农产品国内价格差额比例

单位：%

年份	玉米	小麦	大米	猪肉	牛肉	羊肉	鸡肉	牛奶	食糖	棉花
2002	25.4	－1.5	2.0	14.2	－21.6	－44.6	－27.1	—	125.6	—
2003	30.7	－0.6	9.4	9.8	－8.5	－49.7	－27.2	—	91.0	—
2004	51.3	27.1	26.1	7.8	－22.1	－55.4	－27.0	—	123.4	—
2005	60.8	35.8	7.0	9.5	－19.1	－50.0	－21.7	—	95.9	—
2006	40.0	16.0	4.9	9.6	－10.6	－40.5	－18.4	—	80.3	—
2007	26.1	－11.9	12.0	77.3	11.5	－22.6	－3.3	—	126.7	26.4
2008	10.9	－6.2	－31.4	137.6	42.1	1.6	7.2	—	70.5	20.5
2009	53.9	51.1	－16.1	120.9	78.0	13.9	1.4	322.7	44.9	36.4
2010	62.9	33.1	5.1	70.4	46.2	0.8	7.7	190.6	82.0	25.9
2011	20.4	22.3	18.6	108.3	40.7	4.0	30.2	187.0	98.0	10.4
2012	26.9	25.5	28.9	111.7	74.4	38.9	27.3	268.8	110.2	52.2
2013	49.3	45.8	49.0	104.3	127.9	93.0	19.4	211.4	128.2	56.2
2014	108.4	70.6	84.8	59.9	102.0	65.3	21.7	281.5	101.1	51.9
2015	126.1	86.0	103.0	163.0	124.6	89.2	18.9	480.8	184.8	36.9

注：国内外价格差额比例＝（国内价格—国际价格）/国际价格×100%。

数据来源：国内棉花价格来自布瑞克数据库，为三级皮棉价格；国内牛奶价格来自商务部，为零售价；国际牛奶价格来自 IFCN 数据库；猪肉国际价格来自 IMF 数据库；其他产品国际价格来源于世界银行数据库；国内价格来自《中国农产品价格调查年鉴》。

3. 食糖与棉花

总体上食糖的国内外价差呈扩大趋势，棉花的价差有所缩减。2012—2015 年，食糖的价格差额比例年均增长 18.8%，棉花的价格差额比例年均下降 11%。

当然，中国农产品国内外价差的扩大不仅决定于国际市场农产品价格的变动，也同时受国内市场农产品价格的变动和人民币与美元汇率的变动影响。影响最大的是国际价格，其次是国内价格，而人民币汇率变动的影响最小。比如，相比于 2012 年，2015 年鸡肉、棉花、食糖、玉米和小麦的国内外价差分别变动了－30.8%、－16.8%、67.8%、369.1%和 237%。其中，国际价格变动的影响高达 300.9%、242.1%、141.6%、96.9%和 91.4%，而国内价格的影响只分别占到－181.9%、－157.7%、－46.7%、0 和 4.4%。同时，汇率变动的影响也很小。只有牛肉的价差变动主要由国内价格变动引起。其中，国内价格变动导致了 123.9%的价差变动，而国际价格只导致了－30%的价差变动，汇率的影响更小，只导致了 6%的

价差变动。

（二）关税对农产品进口的调控作用减弱

中国入世时承诺的关税水平较低，对大米、小麦、玉米、棉花和食糖实行关税配额制度，随着国内外价差的扩大，关税配额对农产品进口的控制作用已经非常有限。棉花进口量自2003年以来持续突破关税配额量，食糖进口量则从2011年持续突破关税配额量。2016年大米进口量356.2万吨，逼近其配额量532万吨的水平，随着国际大米价格下降，其关税配额调控效力大为减弱（表95）。

（三）大宗农产品进口增加

由于国内外价差扩大以及中国进口需求增加，多数大宗农产品进口量迅猛增长。其中，谷物、牛产品、棉花、羊产品的进口量增长幅度最大。但2016年以来，由于多数农产品国际价格增长以及国内价格回归市场，除了猪产品、乳制品的进口增幅继续扩大之外，其余农产品的进口量增长幅度均呈缩减趋势。

谷物中，中国小麦、大米和玉米2011—2015年间进口量的年均增长率分别为24.3%、54.2%和28.2%。受国内外价差收窄的影响，2016年中国谷物进口增速有所下降，小麦和大米分别增长13.5%和5.5%，但玉米进口下降33%。

表95 实施关税配额的农产品进口情况

单位：万吨

年份	大米		小麦		玉米		棉花		食糖	
	进口量	配额	进口量	配额	进口量	配额	进口量	配额	进口量	配额
2002	23.80	399	63.17	846.8	0.81	585	24.5	81.85	118.31	176.4
2003	25.87	465.5	44.73	905.2	0.07	652.5	107.5	85.625	77.51	185.2
2004	76.63	532	725.85	963.6	0.25	720	211.4	89.4	121.43	194.5
2005	52.17	532	353.85	963.6	0.40	720	274.5	89.4	138.97	194.5
2006	72.99	532	61.28	963.6	6.54	720	398.0	89.4	136.54	194.5
2007	48.75	532	10.05	963.6	3.54	720	274.1	89.4	119.34	194.5
2008	32.97	532	4.31	963.6	5.00	720	226.4	89.4	77.99	194.5
2009	35.68	532	90.41	963.6	8.45	720	175.9	89.4	106.45	194.5
2010	38.82	532	123.07	963.6	157.32	720	312.8	89.4	176.61	194.5
2011	59.78	532	125.81	963.6	175.36	720	356.6	89.4	291.94	194.5
2012	236.86	532	370.10	963.6	520.80	720	541.3	89.4	374.72	194.5
2013	227.10	532	553.55	963.6	326.59	720	450.0	89.4	454.59	194.5
2014	257.90	532	300.44	963.6	259.91	720	266.9	89.4	348.58	194.5
2015	337.69	532	300.70	963.6	473.00	720	175.9	89.4	484.59	194.5
2016	356.22	532	341.19	963.6	316.78	720	124.0	89.4	306.19	194.5

数据来源：关税配额数据来自WTO数据库。

在肉类和乳制品中，2011—2015 年牛产品、羊产品、猪产品和乳制品进口量年均增长率分别为 77.8%、28.2%、4.2% 和 18.6%。2016 年牛产品和羊产品的进口增幅有所下降，分别为 18.3% 和 −1.5%；乳制品、猪产品的进口量增幅扩大，其中乳制品进口增长 21.8%，猪产品进口增长 21.8%。

2011—2015 年，食糖进口的年均增幅降至 13.5%，棉花进口的年均增幅降低 17.8%。与 2015 年相比，2016 年食糖和棉花进口均呈现大幅下降，降幅分别达到 36.8% 和 35.6%（表 96）。

（四）农产品出口增长放缓

在国内农产品生产成本逐步增加的背景下，国际市场农产品价格的逐步下降造成中国主要传统优势农产品的出口增长放缓甚至下降。2012—2016 年，水产品出口量年均增长 1.6%，蔬菜出口量年均增长 0.8%，水果出口量年均增长 1.3%，畜产品出口量年均下降 1.3%；而 2006—2011 年的各产品出口量年均增长分别是 7.3%、6.2%、4.7% 和 2.6%；2002—2005 年的这一指标分别是 7.3%、13.6%、22.2% 和 4.3%（表 97）。

表 96 中国大宗农产品进口量的变化

单位：万吨

年份	小麦产品	稻谷产品	玉米产品	牛产品	羊产品	猪产品	乳制品	食糖	棉花
2002	63.2	23.8	0.8	6.0	3.5	22.0	26.4	118.3	24.5
2003	44.7	25.9	0.1	8.3	3.4	31.2	31.5	77.5	107.5
2004	725.9	76.6	0.3	9.1	3.3	29.2	34.7	121.4	211.3
2005	353.9	52.2	0.4	3.3	4.1	20.1	32.0	139.0	274.7
2006	61.3	73.0	6.5	1.4	3.7	22.0	34.8	136.5	398.1
2007	10.1	48.8	3.5	1.9	4.7	47.4	29.8	119.3	274.2
2008	4.3	33.0	5.0	1.5	5.6	91.6	35.1	78.0	226.4
2009	90.4	35.7	8.5	2.9	6.7	52.8	59.7	106.5	176.0
2010	123.1	38.8	157.3	5.7	5.7	90.2	74.5	176.6	313.0
2011	125.8	59.8	175.4	5.4	8.3	135.1	90.6	291.9	356.8
2012	370.1	236.9	520.8	10.5	12.4	137.1	114.6	374.7	541.6
2013	553.6	227.1	326.6	34.4	25.9	140.5	159.2	454.6	450.1
2014	300.4	257.9	259.9	37.6	28.3	138.5	193.6	348.6	266.9
2015	300.7	337.7	473.0	54.1	22.4	159.5	179.1	484.6	175.9
2016	341.2	356.2	316.8	64.0	22.0	311.2	218.1	306.2	124.0

表 97 中国主要出口产品的出口量及其增长率

单位：万吨、%

时期	年份	水产品	蔬菜	畜产品	水果
粮食危机前	2002	208.2	461.4	107.8	199.9
	2003	207.8	547.5	112.4	267.0
	2004	241.9	597.3	110.1	312.7
	2005	257.1	675.8	122.2	365.1
	2002—2005 年增长	23.5	46.5	13.3	82.6
粮食危机时期	2006	301.5	729.5	126.9	370.6
	2007	306.6	814.6	117.7	477.7
	2008	298.7	816.4	95.6	484.3
	2009	296.6	798.9	104.7	525.6
	2010	334.0	839.9	134.7	507.5
	2011	391.2	969.5	142.5	479.5
	2006—2011 年增长	29.8	32.9	12.4	29.4
后粮食危机阶段	2012	380.1	931.0	138.6	486.4
	2013	395.9	961.2	139.4	483.8
	2014	416.3	976.0	147.0	436.1
	2015	406.0	1 018.0	141.9	450.3
	2012—2015 年增长	6.8	9.3	2.4	−7.4
	2016	423.8	1 009.8	133.7	512.4
	2016 年比 2015 年增长	4.4	−0.8	−5.8	13.8

总结与展望

2012 年以来国际市场农产品价格已经逐步摆脱了 2007—2011 年间高位运行和剧烈波动的局面，而呈现出逐步下降趋势，价格的波动性也明显缩小。从价格水平来看，除了小麦已经回落到粮食危机前的水平，肉类接近于粮食危机前的水平之外，其他主要农产品价格仍然高于粮食危机前的水平。农产品产量稳定增长和需求增长放缓带来的库存增加为农产品价格的下降提供了基础条件，国际能源价格下跌和美元持续走强是这一时期农产品价格普遍下降的主要原因，而市场投机因素的影响减弱显著缩小了价格的波动性。国际农产品价格的下降，作为主要影响因素使得中国农产品国内外价差扩大，导致中国大宗农产品的进口量较快增加，也使得中国农产品出口增速放缓。

国际货币基金组织（IMF）2017 年 4 月

预测，国际食品价格将在2017年略有上涨后保持稳定，2020年比2016年略涨2.2%。其中，谷物价格将受玉米和小麦在2017—2019年连续小幅度上涨带动，2020年比2016年上涨16.1%；植物油将主要因豆油和菜籽油价格的上涨而有所上涨；肉类产品中羊肉和猪肉价格将继续呈恢复性增长，而牛肉价格将继续下降；食糖价格继续下降；棉花价格也将在2017年略有恢复性上涨后转为持续下降。

面对国际农产品价格变动新趋势，中国应该从积极利用国内和国际两种资源和两个市场的战略出发，适应国际市场价格变动的新特点，积极做好调整和应对工作。要在保障“谷物基本自给、口粮绝对安全”的粮食安全战略下，合理调整国内农业生产结构，以减轻大宗农产品进口不断扩大对农民生计的影响。要根据国际市场农产品价格变动的新趋势，积极探寻更加科学合理的国内价格形成机制和收储制度。要将压力及时转化为动力，加强技术进步和强化产品质量安全管理，积极推进传统优势农产品产业升级。要利用“一带一路”平台，积极推进农业对外合作，通过进口多元来提高粮食安全保障水平。要适应国际市场变化，积极推进国内农业的供给侧改革，提高中国农产品供给质量、效率和竞争力。

附录

农产品分类和统计口径说明

本报告所指农产品是根据乌拉圭回合农业协议界定的农产品范围（HS产品口径）加上水产品。包括谷物、棉麻丝、油籽、植物油、饮品类、蔬菜、水果、畜产品、水产品等20大类，各大类产品涉及的HS编码如下（表98）：

表98 各大类产品涉及的4位数HS编码

产品类别	产品税号
1. 谷物	1001—1008，1101—1104，1904
小麦产品	1001，1008，1101，1103，1904
稻谷产品	1006，1102，1103
玉米产品	1005，1102—1104
大麦产品	1003，1104
2. 棉麻丝	0511，1404，5001—5003，5201—5203，5301—5305
棉花	1404，5201—5203
麻类	5301—5305
蚕茧及丝	0511，5001—5003
其他植物纤维	5305
3. 油籽	1201，1202，1204—1208，2008
食用油籽	1201，1202，1204—1208，2008
非食用油籽	1207，1208

（续）

产品类别	产品税号
4. 植物油	1507—1515
食用植物油	1507—1512，1514，1515
其他植物油	1513，1515
5. 糖料及糖类	1209，1212，1701—1704
食糖	1701
6. 饮品类	0901—0903，1801—1806，2101，2201—2206，2208，2209
茶	0902，0903，2101
醋	2209
咖啡及制品	0901，2101
可可及制品	1801—1806
酒精及酒类	2203—2206，2208
无醇饮料	2201，2202
7. 蔬菜	0701—0712，0714，0904，0910，1207，1209，1212，2001—2005，2008，2009，2103
8. 水果	0801，0803—0814，1203，2006—2009，2106，2204
9. 坚果	0801，0802，0811，1207，1212，2008
10. 花卉	0601—0604
11. 饼粕	2304—2306
12. 干豆（不含大豆）	0713，1106
13. 水产品	0106，0208，0210，0301—0308，0508，0511，1212，1504，1603—1605，2008，2301，2801，3913，7101
14. 畜产品	0101—0106，0201—0210，0401—0410，0502—0507，0510，0511，1501—1503，1505，1506，1601，1602，1901，2301，4101—4103，4301，5101—5103
15. 调味香料	0905—0910
16. 精油	3301
17. 粮食制品	1107—1109，1902—1905
18. 粮食（薯类）	0714，1105
19. 药材	1211
20. 其他农产品	0501，0509，0602，1106，1108，1209—1214，1301，1302，1401—1404，1516—1522，1901，2008，2101—2106，2207，2302，2303，2307—2309，2401—2403，2905，3501—3505，3809，3823，3913

大 事 记

1月

1月4日，国务院发布《关于促进加工贸易创新发展的若干意见》。

1月12日，商务部发布2016年第2号和第3号公告，决定自即日起对原产于美国的进口干玉米酒糟发起反倾销和反补贴调查。

1月18日，中日韩自贸区第九轮谈判首席谈判代表会议在日本东京举行，三方就货物贸易、服务贸易、投资、协定领域范围等议题深入交换意见。

1月19日，商务部和海湾阿拉伯国家合作委员会秘书处共同宣布，中国和海合会已于17日恢复自由贸易协定谈判，于19日原则上实质性结束货物贸易谈判。

1月27日，改革开放以来指导“三农”工作的第18份中央1号文件发布，题为《关于落实发展新理念加快农业现代化实现全面小康目标的若干意见》。

1月，首批12吨匈牙利冷冻牛肉运抵上海洋山港，这是中国首次从匈牙利进口牛肉。

1月起，欧盟执行多项茶叶农残限量新规：一是提高抽检比例，将延长中国茶叶在欧的通关时间。二是加严限量，进一步提高了茶叶进入欧盟的门槛。

2月

2月2日，韩国农林畜产食品部与海洋水产部共同发表消息称，为扩大消费者的知情权，引导公平交易，自2016年2月3日起，扩大原产地标示对象种类并对标示方法进行修改实施。

2月3日，美国种子与农业化学巨头孟山都公司宣布，中国政府已批准进口其研发的新一代转基因大豆 Roundup Ready 2 Xtend。

2月4日，韩国开始实施《进口食品安全管理特别法》，通过该法律根本上改变了进口食品安全管理体系。

2月22日，中国与格鲁吉亚首轮自由

贸易协定谈判在格首都第比利斯举行。

2月，印度尼西亚出台的农业部长4号令正式实施。该法令对输印度尼西亚蔬菜、水果、粮谷等新鲜植物源性食品提出了严格的质量安全要求。经国家质量监督检疫检验总局与印度尼西亚方面交涉，自2016年2月17日起，每批出口到印度尼西亚的产品应随附经印度尼西亚方面认可的实验室出具的检测报告。

2月，台湾水果“台南—金门—厦门”航线首航，每周一、四发船。它的开通，让已连续8年成为大陆最大台湾水果集散地的厦门口岸，在“高雄—金门—厦门”航线外，为台湾水果再开一条新通道。

3月

3月4日，欧盟正式解除对中国扇贝产品禁令，19年后中国部分双壳贝类产品获准重返欧盟市场。

3月24日，财政部、海关总署、国家税务总局联合发布《关于跨境电子商务零售进口税收政策的通知》，自4月8日起执行。根据新税改方案，4月8日之后，我国对跨境电商零售进口商品将不再按邮递物品征收行邮税，改征“跨境电商综合税”，按货物征收关税和进口环节增值税、消费税。

3月29日，商务部、海关总署发布联合公告，公布《2016年澳大利亚羊毛国别进口关税配额管理实施细则》。

3月，由于生物安全风险，中国国家质量监督检验检疫总局宣布暂时禁止进口所有新西兰产的奇异莓（软枣猕猴桃）。

4月

4月6日，国务院批复同意建立国务院贸易便利化工作部际联席会议制度。世贸组织《贸易便利化协定》生效后，联席会议对外名称为中国国家贸易便利化委员会。

4月7日，财政部、发展改革委、工业和信息化部、农业部、商务部、海关总署、国家税务总局、质检总局、食品药品监管总局、濒管办、密码局等11个部门共同公布了《跨境电子商务零售进口商品清单》。4月13日，财政部关税司发布《〈跨境电子商务零售进口商品清单〉有关商品备注的说明》，明确认定，目前跨境电子商务零售进口婴幼儿配方乳粉时，暂不需要获得相关产品的配方注册证书。继4月7日公布首批清单后，财政部、发展改革委、商务部等13个部门15日晚共同发布了第二批《跨境电子商务零售进口商品清单》，共包括151个8位税号商品，旨在更好满足跨境电商需求。

4月11日，海关总署发布公告，对2012年公布的《中华人民共和国进境物品归类表》及《中华人民共和国进境物品完税价格表》的归类和税率进行相应调整。此次调整根据《国务院关税税则委员会关于调整进境物品进口税有关问题的通知》做出，归类原则和完税价格确定原则不变。

4月14日，中国与美国代表在世贸组织总部日内瓦正式签署了磋商解决美国诉中国外贸转型升级示范基地和外贸公共服务平

台案的谅解备忘录。

4月18日，中国与新西兰签署《关于新西兰输往中华人民共和国肉类清真认证的安排》。

5月

5月，国务院印发《关于促进外贸回稳向好的若干意见》，提出要多措并举，促进外贸创新发展，努力实现外贸回稳向好，并明确提出2016年年底将国际贸易单一窗口建设从沿海地区推广到有条件的中西部地区，建立标准体系。

5月，国家质量监督检验检疫总局正式发文，明确进口食品添加剂检验监管适用标准对暂无食品安全国家标准的食品添加剂，在相关食品安全国家标准发布实施前，现行的国家标准、行业标准仍然有效，可作为进口食品添加剂检验监管的适用标准。

5月，中国解除对美国、加拿大和墨西哥猪肉产品的进口禁令。

5月，中华人民共和国和阿富汗伊斯兰共和国签署联合声明，其中与检验检疫相关的内容如下：双方主管部门将积极合作，加紧完成阿富汗藏红花准入议定书，松子、石榴等特色产品准入评估工作，早日实现上述产品输华贸易，并为将来阿其他水果和干果出口中国提供便利。

6月

6月1日，全国通关一体化改革在上海启动试点。

6月10—18日，《区域全面经济伙伴关系协定》（RCEP）第13轮谈判在新西兰奥克兰举行。

6月13日，商务部与莫桑比克农业与粮食安全部、比尔及梅琳达·盖茨基金会共同签署了《中华人民共和国商务部、莫桑比克农业与粮食安全部和比尔及梅琳达·盖茨基金会关于莫桑比克农业三方合作框架》。

6月27—28日，中日韩自贸区第10轮谈判首席谈判代表会议在韩国首尔举行。

6月，国家食品药品监督管理总局发布《婴幼儿配方乳粉产品配方注册管理办法》（以下简称《办法》），并将于2016年10月1日起开始实施。《办法》规定，在中华人民共和国境内生产销售和进口的婴幼儿配方乳粉产品配方都将受到监管，这意味着以往跨境电商销售的婴幼儿配方乳粉将不再适用生产国标准，而将严格按照我国《办法》中的规定进口。

6月，中国和波兰双方签署《关于波兰苹果输华植物检疫要求的议定书》。11月底，第一批波兰苹果进入中国市场。

7月

7月19日，国务院发布了《关于在自由贸易试验区暂时调整有关行政法规、国务院文件和经国务院批准的部门规章规定的决定》，决定在自由贸易试验区暂时调整18部行政法规、4份国务院文件和4份经国务院批准的部门规章的一些条款，涉及的调整事项共51项。

7月20—22日，世界贸易组织在日内瓦对中国进行第六次贸易政策审议。

7月20日，欧盟委员会会议就欧盟履

行《中国加入世贸组织议定书》第15条义务问题进行讨论。商务部世贸司7月21日就此发表谈话称，根据《中国加入世贸组织议定书》第15条规定，世贸组织成员应于2016年12月11日终止对华反倾销的“替代国”做法，这是所有世贸组织成员必须履行的国际义务，并不取决于任何成员的国内标准，也与产能过剩等问题无关。中方希望有关成员严格履行自己在世贸组织协定项下的义务。

8月

8月2—4日，中国—斯里兰卡自贸区第三轮谈判在斯里兰卡首都科伦坡举行。中斯双方就货物贸易、服务贸易、投资、经济技术合作、原产地规则、海关程序和贸易便利化、技术性贸易壁垒、卫生与植物卫生措施、贸易救济以及法律相关议题等充分交换了意见，谈判取得积极进展。

8月22日，商务部发布公告称，调查机关裁定，如果终止反补贴措施，原产于美国的进口白羽肉鸡产品补贴可能继续或再度发生，对中国白羽肉鸡产业造成的损害可能继续或再度发生。根据《反补贴条例》第四十九条的规定，调查机关根据调查结果向国务院关税税则委员会提出实施反补贴措施的建议，国务院关税税则委员会根据调查机关的建议做出决定，自8月30日起，对原产于美国的进口白羽肉鸡产品继续征收反补贴税，实施期限5年。

8月，重500千克、货值4 000美元的蒙古国牛肉干经满洲里检验检疫局检验合格，首次经阿日哈沙特口岸进入我国。2015年11月10日，中蒙双方签署了《关于中国与蒙古国进出口熟制牛羊肉食品安全合作备忘录》，并于当年12月25日将蒙古国熟制牛羊肉产品加入进口肉类产品准入名单，随后国家质检总局发文，正式允许蒙古国熟制牛羊肉产品进入国内市场。

9月

经国务院批准，自2016年9月1日起，将玉米淀粉、酒精等玉米深加工产品的增值税出口退税率恢复至13%。

9月4—5日，二十国集团（G20）领导人第十一次峰会在杭州举行。推动制定了《二十国集团全球贸易增长战略》，大力推动全球贸易自由化。

9月12日，中国格鲁吉亚结束自贸谈判。

9月12日，由农业部和广西壮族自治区人民政府共同主办的首届中国—东盟农业合作论坛在广西南宁举办。

9月13日，美国就中国对小麦、大米（籼米和粳米）、玉米等农产品采取的相关支持政策提起世贸组织争端解决机制下的磋商请求。

自9月16日起，商务部对原产于欧盟的进口马铃薯淀粉所适用的反补贴措施进行期终复审调查。本次复审的补贴调查期为2015年4月1日至2016年3月31日，产业损害调查期为2012年1月1日至2016年3月31日。根据商务部建议，国务院关税税则委员会决定，在反补贴措施期终复审调查期间，对原产于欧盟的进口马铃薯淀粉继续按照商务部2011年第54号公告公布的征税范围和税率征收反补贴税。

9月22日，商务部发布公告，对进口食糖进行保障措施立案调查。调查期为2011年1月1日至2016年3月31日。

9月23日，商务部发布公告称，调查机关初步认定，原产于美国的进口干玉米酒糟存在倾销，国内干米酒糟产业受到实质损害，而且倾销与实质损害之间存在因果关系。根据《反倾销条例》第二十八条和第二十九条的规定，调查机关决定采用保证金形式实施临时反倾销措施。

9月26日，商务部发布公告称，调查机关裁定，如果终止反倾销措施，原产于美国的进口白羽肉鸡产品对中国的倾销可能继续或再度发生，对中国白羽肉鸡产业造成的损害可能继续或再度发生。根据《反倾销条例》第五十条的规定，调查机关根据调查结果向国务院关税税则委员会提出继续实施反倾销措施的建议。国务院关税税则委员会根据调查机关的建议做出决定，自2016年9月27日起，对原产于美国的进口白羽肉鸡产品继续征收反倾销税，实施期限5年。

9月28日，商务部发布公告称，调查机关初步认定，原产于美国的进口干玉米酒糟存在补贴，国内干玉米酒糟产业受到实质损害，而且补贴与实质损害之间存在因果关系。根据《中华人民共和国反补贴条例》第二十九条、第三十条的规定，商务部向国务院关税税则委员会提出对原产于美国的进口干玉米酒糟产品采取临时反补贴措施的建议。国务院关税税则委员会根据商务部的建议作出决定，自9月30日起，采用临时反补贴税保证金的形式对原产于美国的干玉米酒糟产品实施临时反补贴措施。

9月，中国和加拿大双方已经就两国油菜籽出口贸易争端的长期解决方案达成共识，在寻求扩大双边贸易联系的同时将搁置油菜籽贸易争议。

10月

10月1日，人民币进入特别提款权（SDR）正式生效，成为继美元、欧元、日元和英镑后的第五种货币。

10月25日，中国—海合会自贸区第八轮谈判在北京举行。

10月29日，第十一次中日韩经贸部长会议在日本东京举行，三方重申将加快中日韩自贸区和区域全面经济伙伴关系协定（RCEP）谈判。

10月，中国与孟加拉签署了《中华人民共和国政府与孟加拉人民共和国政府关于开展“一带一路”倡议下合作的谅解备忘录》。

10月，经过3年的谈判，中国和智利达成协议，首次允许智利油桃出口中国。

10月，中国政府解除了菲律宾香蕉进口禁令。10月20日，质检总局与菲律宾农业部签署了中菲关于动植物检验检疫合作谅解备忘录。中方宣布恢复28家菲企业热带水果的对华出口。

11 月

11 月 4 日，中国—毛里求斯正式启动双边自贸协定联合可行性研究。

11 月 5 日，中国—中东欧国家（“16＋1”）农业部长会议在云南省昆明市召开。会议以“创新与绿色发展，农业投资贸易合作新机遇”为主题。

11 月 17—18 日，亚太经合组织（APEC）第二十八届部长级会议在秘鲁利马举行，会议宣布如期完成亚太自贸区集体战略研究。

11 月 20 日，中国与新西兰启动双边自贸协定升级谈判。

11 月 21 日，中国与秘鲁启动双边自贸协定升级联合研究。

11 月 22 日，中国与智利启动双边自贸协定升级谈判。

12 月

12 月 5 日，财政部发布《关于“十三五”期间进口种子种源税收政策管理办法的通知》。通知指出，“十三五”期间继续对进口种子（苗）、种畜（禽）、鱼种（苗）和种用野生动植物种源免征进口环节增值税。

12 月 6—7 日，中国—巴基斯坦自贸区第二阶段谈判第七次会议在巴基斯坦首都伊斯兰堡举行。

12 月 2—10 日，区域全面经济伙伴关系（RCEP）第 16 轮谈判在印度尼西亚举行，谈判进入实质性磋商阶段。

12 月 12 日，中国就美国、欧盟对华反倾销“替代国”做法，先后提出世贸组织争端解决机制下的磋商请求，正式启动世贸组织争端解决程序。

12 月 13 日，欧盟成员国同意对现行反倾销和反补贴规则进行改革：一旦欧盟认定出口商存在原材料价格扭曲问题，欧盟有权征收更高的惩罚性关税；欧盟可在没有企业申诉的情况下展开反倾销调查，且调查时间将更短。

12 月 15 日，美国就中国对小麦、大米（长粒米和中短粒米）、玉米等三种农产品实施的关税配额管理措施提起世贸组织（WTO）争端解决机制下的磋商请求，称中国政府对上述农产品的关税配额管理措施不符合中国加入 WTO 承诺及《1994 年关税与贸易总协定》的有关规定。

12 月 19—21 日，中国—海合会自贸区第九轮谈判在沙特阿拉伯首都利雅得举行。

附 表

附表 1 1995—2016 年中国农产品贸易情况

单位：亿美元、%

年 份	贸 易 额				比上年增长		
	进出口总额	出口额	进口额	贸易差额*	进出口	出 口	进 口
1995	268.7	146.9	121.8	25.0			
1996	251.4	143.0	108.3	34.7	−6.4	−2.6	−11.1
1997	250.5	150.5	100.1	50.4	−0.3	5.2	−7.6
1998	222.9	139.3	83.7	55.6	−11.0	−7.4	−16.4
1999	218.2	135.9	82.4	53.5	−2.1	−2.4	−1.5
2000	269.4	156.8	112.6	44.2	23.4	15.4	36.7
2001	279.0	160.5	118.5	42.0	3.6	2.4	5.2
2002	306.1	181.3	124.7	56.6	9.7	13.0	5.3
2003	403.8	214.1	189.7	24.4	31.9	18.1	52.0
2004	514.5	233.6	280.9	−47.2	27.4	9.1	48.1
2005	563.4	275.5	287.9	−12.4	9.5	17.9	2.5
2006	635.5	313.8	321.7	−7.8	12.8	13.9	11.7
2007	781.8	369.9	412.0	−42.1	23.0	17.9	28.1
2008	992.4	404.7	587.7	−183.0	26.9	9.4	42.7
2009	922.4	395.4	527.0	−131.6	−7.1	−2.3	−10.3
2010	1 219.3	493.7	725.5	−231.8	32.2	24.9	37.7
2011	1 555.9	607.2	948.7	−341.5	27.6	23.0	30.8
2012	1 757.3	632.5	1 124.8	−492.3	12.9	4.2	18.6
2013	1 866.9	678.3	1 188.7	−510.4	6.2	7.2	5.7
2014	1 945.0	719.6	1 225.4	−505.8	4.2	6.1	3.1
2015	1 875.6	706.8	1 168.8	−462.0	−3.6	−1.8	−4.6
2016	1 845.6	729.9	1 115.7	−385.8	−1.6	3.3	−4.5

注：* 正数为顺差，负数为逆差。下同。

附表 2 1995—2016 年中国谷物贸易量变化情况

单位：万吨

年份	出口量						进口量					
	谷物	其中					谷物	其中				
		小麦产品	玉米产品	稻谷产品	大麦产品	高粱产品		小麦产品	玉米产品	稻谷产品	大麦产品	高粱产品
1995	64.9	22.5	11.5	5.7	0.2	10.0	2 040.4	1 162.7	526.4	164.5	127.4	0.0
1996	124.3	56.6	23.8	27.7	0.2	1.9	1 084.0	829.9	44.7	77.4	130.9	0.0
1997	834.8	45.8	667.1	95.2	0.7	11.2	417.0	192.2	0.3	35.9	187.4	0.0
1998	889.2	27.5	469.2	375.6	0.9	1.9	388.5	154.8	25.2	26.0	151.9	0.0
1999	738.4	16.4	433.3	271.7	0.6	1.7	340.1	50.5	7.9	19.1	226.9	0.1
2000	1 379.8	18.8	1 047.9	296.2	0.1	1.7	314.8	91.9	0.3	24.9	197.4	0.0
2001	876.9	71.3	600.0	187.0	0.1	1.9	344.4	73.9	3.9	29.3	236.8	0.1
2002	1 483.7	97.7	1 167.5	199.0	0.1	2.4	285.1	63.2	0.8	23.8	190.7	0.3
2003	2 200.4	251.4	1 639.1	261.7	0.5	11.0	208.7	44.7	0.1	25.9	136.3	0.2
2004	479.5	108.9	232.4	90.9	0.3	14.8	975.3	725.8	0.2	76.6	170.7	0.4
2005	1 017.5	60.5	864.2	68.6	0.4	2.4	627.2	353.9	0.4	52.2	217.9	0.9
2006	609.9	151.0	309.9	125.3	0.6	2.9	359.5	61.3	6.5	73.0	214.1	0.9
2007	991.2	307.3	491.8	134.3	11.8	23.8	155.7	10.1	3.5	48.7	91.3	0.3
2008	186.1	31.0	27.3	97.2	1.5	12.1	154.1	4.3	5.0	33.0	107.6	1.3
2009	137.1	24.5	13.0	78.6	1.4	3.9	315.1	90.4	8.4	35.7	173.8	1.7
2010	124.3	27.7	12.7	62.2	1.3	4.4	570.8	123.1	157.3	38.8	236.7	8.3
2011	121.5	32.8	13.6	51.6	0.6	6.9	544.7	125.8	175.4	59.8	177.6	0.0
2012	101.6	28.6	25.7	27.9	0.5	3.7	1 398.3	370.1	520.8	236.9	252.8	8.7
2013	100.1	27.8	7.8	47.8	0.1	1.7	1 458.5	553.5	326.6	227.1	233.5	107.8
2014	76.9	19.0	2.0	41.9	0.0	1.0	1 951.6	300.4	259.9	257.9	541.3	577.6
2015	53.3	12.2	1.1	28.7	0.0	0.8	3 271.5	300.7	473.0	337.7	1 073.2	1 070.0
2016	63.6	11.3	0.4	39.5	0.0	2.8	2 199.7	341.2	316.8	356.2	500.5	664.8

附表 3 1995—2016 年中国油籽贸易量变化情况

单位：万吨

年份	出口量						进口量					
	油籽	其中					油籽	其中				
		食用油籽	其中					食用油籽	其中			
			花生	大豆	葵花籽	芝麻			大豆	油菜籽	芝麻	棉籽
1995	106.9	102.4	49.0	37.6	1.1	13.0	41.7	41.6	29.8	9.2	0.4	0.0
1996	84.0	80.2	45.6	19.3	1.9	11.9	112.3	112.2	111.4	0.0	0.5	0.0
1997	56.0	53.1	28.2	18.8	1.6	4.1	297.0	296.9	288.6	5.5	1.4	0.0
1998	57.7	55.2	32.1	17.2	0.9	4.4	461.5	461.4	320.1	138.6	1.1	0.0
1999	85.1	81.8	47.9	20.7	2.3	9.7	694.2	694.1	432.0	259.5	0.1	0.0
2000	96.4	92.7	56.0	21.5	3.7	10.3	1 340.5	1 340.4	1 041.9	296.9	0.2	0.0
2001	115.3	108.4	70.7	26.2	3.9	6.8	1 570.8	1 567.6	1 394.0	172.4	0.7	0.0
2002	127.0	122.8	77.0	30.5	2.9	9.8	1 195.5	1 194.5	1 131.5	61.8	0.4	0.0
2003	130.7	126.3	76.2	29.5	7.0	10.4	2 099.6	2 098.4	2 074.1	16.7	6.6	0.0
2004	121.8	117.3	68.9	34.9	7.6	4.2	2 078.4	2 076.8	2 023.0	42.4	9.8	0.0
2005	142.1	136.7	77.4	41.3	11.5	5.1	2 705.8	2 704.2	2 659.1	29.6	15.4	0.0
2006	127.4	122.4	66.1	39.5	11.1	4.6	2 933.4	2 931.7	2 827.0	73.8	26.4	0.0
2007	134.5	129.0	63.8	47.5	11.6	4.7	3 193.6	3 191.5	3 082.1	83.3	19.4	0.0
2008	124.0	119.2	51.4	48.4	13.3	4.6	3 902.5	3 900.5	3 743.6	130.3	21.4	0.1
2009	114.9	109.5	56.6	35.6	12.2	3.8	4 636.1	4 633.1	4 255.2	328.6	31.1	0.0
2010	92.9	87.7	51.6	17.3	14.6	3.5	5 706.4	5 704.6	5 479.7	160.0	39.1	1.6
2011	96.9	91.2	48.8	21.4	17.0	3.6	5 484.1	5 481.8	5 264.0	126.2	38.9	37.7
2012	106.5	100.6	45.1	32.1	18.4	4.0	6 230.4	6 228.0	5 838.5	293.0	39.6	39.4
2013	93.4	87.0	42.5	20.9	19.0	3.7	6 786.6	6 783.5	6 337.5	366.2	44.1	14.3
2014	94.3	87.2	44.2	20.7	17.6	3.8	7 755.0	7 751.8	7 139.9	508.1	56.9	7.4
2015	90.4	84.2	41.2	13.4	25.2	3.5	8 760.3	8 757.1	8 169.4	447.1	80.6	0.8
2016	93.8	87.4	41.2	12.8	29.6	3.0	8 955.9	8 952.9	8 391.3	356.6	93.2	7.6

附表4 1995—2016年中国植物油贸易量变化情况

单位：万吨

年份	出口量						进口量					
	植物油	其中					植物油	其中				
		食用植物油	其中					食用植物油	其中			
			豆油	花生油	玉米油	菜籽油			豆油	花生油	棕榈油	菜籽油
1995	55.0	51.7	6.6	1.1	0.3	17.1	373.6	362.7	148.2	1.4	139.7	63.1
1996	50.3	48.2	12.7	0.6	0.0	17.4	276.1	267.4	129.5	0.5	100.9	31.6
1997	86.1	82.4	55.6	0.9	0.0	14.1	285.8	279.9	122.5	1.1	115.6	35.1
1998	34.0	30.9	18.6	1.0	0.0	7.3	218.5	206.7	82.9	0.9	93.0	28.5
1999	12.6	10.0	5.3	1.3	0.0	2.6	223.1	214.0	80.4	1.0	119.4	6.9
2000	13.9	11.2	3.5	1.5	0.2	5.4	202.2	187.1	30.8	1.0	139.1	7.5
2001	15.9	13.4	5.9	1.4	0.2	5.4	200.7	167.5	7.0	0.9	151.7	4.9
2002	12.4	9.8	4.7	1.1	0.4	1.8	344.0	321.2	87.0	0.4	222.1	7.8
2003	8.1	6.0	1.1	2.5	1.3	0.5	574.4	541.8	188.4	0.7	332.5	15.2
2004	8.8	6.6	1.9	1.4	2.0	0.5	709.4	676.4	251.7	0.0	385.7	35.3
2005	24.8	22.8	6.3	2.0	10.2	3.1	663.4	621.3	169.4	0.0	433.0	17.8
2006	41.9	40.0	11.8	1.3	11.5	14.5	725.7	671.5	154.3	0.0	508.2	4.4
2007	18.4	16.8	6.6	1.0	5.9	2.2	897.9	839.7	282.3	1.1	509.5	37.5
2008	26.4	24.9	13.4	1.1	8.4	0.7	874.4	817.1	258.6	0.6	528.2	27.0
2009	12.7	11.6	6.9	1.0	1.7	0.9	1 028.7	950.2	239.1	2.1	644.1	46.8
2010	11.0	9.6	5.9	0.8	1.3	0.4	922.2	826.2	134.1	6.8	569.6	98.5
2011	13.7	12.4	5.1	0.9	5.0	0.3	850.4	779.8	114.3	6.1	591.2	55.1
2012	11.3	10.1	6.5	0.8	1.2	0.7	1 052.3	959.9	182.6	6.3	634.1	117.6
2013	12.7	11.7	9.0	0.7	0.5	0.6	1 020.1	922.1	115.8	6.1	597.9	152.7
2014	14.6	13.5	10.0	1.0	0.4	0.7	868.5	787.3	113.5	9.4	532.4	81.0
2015	15.1	13.7	10.4	0.9	0.4	0.5	938.2	839.1	81.8	12.8	590.9	81.5
2016	12.7	11.5	8.1	0.9	0.5	0.5	783.1	688.4	56.0	10.7	447.8	70.0

附表5 1995—2016年中国棉花和食糖贸易量变化情况

单位：万吨、亿美元

年 份	棉 花				食 糖			
	出口量	出口额	进口量	进口额	出口量	出口额	进口量	进口额
1995	3.0	0.5	100.3	14.9	48.0	1.9	295.4	9.0
1996	1.2	0.1	75.1	12.8	66.5	2.5	125.5	3.9
1997	0.7	0.1	84.9	14.1	37.9	1.3	78.3	2.3
1998	5.2	0.6	31.0	3.8	43.6	1.2	50.8	1.5
1999	24.4	2.9	16.4	1.0	36.7	0.8	41.7	0.9
2000	29.9	3.1	25.1	1.4	41.5	0.8	64.1	1.2
2001	6.0	0.8	19.7	1.2	19.6	0.6	119.9	3.1
2002	15.9	1.7	24.5	2.0	32.6	0.8	118.3	2.4
2003	11.7	1.3	107.5	12.2	10.3	0.3	77.5	1.7
2004	1.2	0.2	211.4	32.4	8.5	0.3	121.4	2.8
2005	0.8	0.1	274.5	32.5	35.8	1.1	139.0	3.8
2006	1.6	0.3	398.0	49.8	15.4	0.6	136.5	5.5
2007	2.5	0.4	274.1	35.8	11.1	0.5	119.3	3.8
2008	2.4	0.4	226.4	35.6	6.2	0.3	78.0	3.2
2009	1.0	0.2	175.9	22.1	6.4	0.3	106.4	3.8
2010	0.7	0.1	312.8	58.5	9.4	0.6	176.6	9.1
2011	2.8	0.8	356.6	96.8	5.9	0.5	291.9	19.4
2012	2.3	0.4	541.3	120.0	4.7	0.4	374.7	22.4
2013	0.8	0.2	450.0	87.2	4.8	0.4	454.6	20.7
2014	1.4	0.3	266.9	51.6	4.6	0.4	348.6	14.9
2015	3.0	0.5	175.9	27.2	7.5	0.5	484.6	17.7
2016	0.8	0.2	124.0	17.8	14.9	0.8	306.2	11.7

附表 6 1995—2016 年中国蔬菜贸易变化情况

单位：亿美元

年份	出口额											进口额		
	蔬菜	其中										蔬菜	其中	
		鲜或冷藏的蒜头	干香菇	番茄酱罐头	干木耳	姜	鲜或冷藏的洋葱	干燥或脱水的大蒜	小白蘑菇（洋蘑菇）罐头	鲜或冷藏的胡萝卜及萝卜	鲜或冷藏的马铃薯，种用除外		制作或保藏的冷冻马铃薯	蔬菜种子
1995	21.8			0.4		0.6				0.1	0.1	0.3	0.0	0.2
1996	20.7			0.4		0.7				0.1	0.0	0.4	0.0	0.2
1997	19.6			0.6		0.5				0.1	0.0	0.5	0.0	0.3
1998	19.4	0.7		0.6		0.4			1.0	0.1	0.1	0.6	0.0	0.3
1999	19.5	1.0		0.7		0.4			1.2	0.1	0.1	0.8	0.0	0.2
2000	20.9	1.2		0.7		0.6			1.4	0.1	0.0	1.1	0.2	0.3
2001	23.5	1.9		1.2		0.7		0.5	1.2	0.2	0.1	1.1	0.4	0.2
2002	26.4	3.3		1.9	0.2	0.7	0.3	0.5	1.5	0.2	0.1	1.1	0.4	0.3
2003	30.8	3.2	0.7	2.1	0.3	0.8	0.8	0.5	1.9	0.4	0.2	1.1	0.4	0.3
2004	38.1	3.7	1.5	2.2	0.3	1.9	0.8	0.7	2.1	0.7	0.3	1.4	0.5	0.4
2005	45.0	5.1	1.8	3.0	0.3	2.2	1.0	1.4	2.2	1.0	0.4	1.3	0.4	0.4
2006	54.5	7.3	1.6	3.6	0.4	1.7	1.4	2.3	2.6	1.4	0.6	1.5	0.4	0.5
2007	62.5	8.0	1.6	5.4	0.5	1.5	1.4	2.1	4.3	1.2	0.8	1.7	0.5	0.5
2008	64.8	5.8	1.3	7.9	0.8	2.1	1.3	1.5	4.2	1.5	0.8	1.9	0.6	0.7
2009	68.3	10.1	2.9	8.1	0.8	2.8	1.5	1.5	2.5	1.7	1.1	1.8	0.4	0.7
2010	99.5	21.6	6.9	8.1	1.6	4.3	2.3	3.6	3.5	2.0	1.0	2.8	0.7	1.1
2011	117.2	19.3	11.3	9.4	2.1	4.1	2.8	4.3	4.4	2.6	1.7	3.3	1.0	1.1
2012	99.7	12.7	5.3	9.1	1.5	2.6	2.7	3.1	3.9	2.7	1.3	4.1	1.5	1.1
2013	115.8	12.8	12.1	9.7	3.3	4.0	3.5	3.9	3.1	2.9	1.3	4.2	1.4	1.3
2014	125.0	13.5	11.9	9.6	5.6	5.5	3.8	3.6	2.8	2.8	2.7	5.1	1.5	1.5
2015	132.7	17.1	13.8	9.1	6.6	4.5	4.6	4.7	2.5	3.2	2.3	5.4	1.7	1.7
2016	147.2	24.5	15.0	7.2	6.3	3.7	4.3	8.5	2.4	3.5	2.3	5.3	1.6	1.8

附表 7 1995—2016 年中国水果贸易变化情况

单位：亿美元、万吨

年份	出口												进口									
	水果		其中										水果		其中							
			鲜柑橘		鲜苹果		鲜梨		苹果汁		柑橘属水果罐头				香蕉		火龙果		葡萄		榴莲	
	出口额	出口量	出口额	出口量	出口额	出口量	出口额	出口量	出口额	出口量	出口额	出口量	进口额	进口量	进口额	进口量	进口额	进口量	进口额	进口量	进口额	进口量
1995	5.7	70.7	0.6	14.3	0.5	10.9	0.5	9.1	0.3	1.8	0.7	7.8	0.8	23.5	0.4	16.0			0.02	0.4		
1996	5.7	79.0	0.7	16.6	0.7	16.5	0.5	8.8	0.3	2.1	0.8	8.0	2.0	65.6	1.4	51.3			0.03	0.6		
1997	6.3	98.1	0.8	22.3	0.8	18.8	0.5	12.0	0.4	3.4	0.8	9.8	2.3	77.4	1.5	54.7			0.02	0.5		
1998	5.9	106.2	0.5	17.5	0.6	17.0	0.4	11.3	0.6	8.1	0.8	11.2	2.4	76.6	1.6	53.9			0.03	0.7		
1999	6.6	118.9	0.4	17.6	0.8	21.9	0.3	12.1	0.8	9.9	1.0	12.0	2.6	69.4	1.4	43.2			0.2	4.4		
2000	7.2	135.9	0.5	20.0	1.0	29.8	0.4	14.6	1.2	14.2	1.2	17.5	3.7	98.0	1.7	59.3			0.3	5.2	0.2	2.8
2001	7.9	148.2	0.4	17.1	1.0	30.4	0.4	18.2	1.5	22.8	1.2	17.6	3.4	93.0	1.0	41.4			0.3	4.9	0.3	5.7
2002	9.8	199.6	0.6	21.7	1.5	43.9	0.6	24.3	1.7	29.8	1.3	21.9	3.8	101.3	0.8	34.8			0.3	5.5	0.3	5.6
2003	13.7	267.0	0.8	29.2	2.1	60.9	0.8	29.7	2.5	41.8	1.6	25.1	5.0	109.5	0.9	42.1			0.4	5.3	0.4	6.8
2004	16.5	312.9	1.1	36.1	2.7	77.4	0.9	31.8	3.3	48.7	1.7	28.3	5.9	114.6	0.9	38.1	0.0	1.0	0.7	5.9	0.5	8.5
2005	20.4	364.9	1.4	46.6	3.1	82.4	1.2	36.8	4.6	64.9	2.0	29.9	6.7	122.3	1.0	35.6	0.1	2.2	0.8	5.7	0.5	7.5
2006	24.8	370.5	1.6	43.5	3.7	80.4	1.5	37.5	5.9	67.3	2.3	31.6	7.7	137.2	1.2	38.8	0.2	3.5	0.7	4.6	0.5	8.5
2007	37.5	477.6	2.6	56.4	5.1	101.9	1.6	40.5	12.4	104.2	2.6	33.9	9.7	145.5	1.1	33.2	0.2	4.7	0.6	4.3	0.7	10.6
2008	42.3	484.4	4.4	86.2	7.0	115.3	2.2	44.7	11.3	69.3	2.8	35.3	12.1	179.2	1.4	36.2	0.6	11.8	0.9	5.2	0.9	13.9
2009	38.4	525.6	5.9	111.2	7.1	117.2	2.2	46.3	6.6	80.0	2.6	32.0	16.5	244.2	1.8	49.1	0.9	19.5	1.7	9.0	1.2	19.6
2010	43.6	507.5	6.2	93.3	8.3	112.3	2.4	43.8	7.5	78.8	2.8	33.6	20.3	275.4	2.5	66.5	1.1	21.8	1.9	8.2	1.5	17.2
2011	55.2	479.5	7.3	90.2	9.1	103.5	2.9	40.3	10.8	61.3	3.9	33.7	31.1	341.8	4.0	81.9	2.0	34.0	3.2	12.3	2.3	21.1
2012	61.8	486.4	9.7	108.2	9.6	97.6	3.3	41.0	11.4	59.2	4.4	33.8	37.6	342.5	3.7	62.6	3.3	46.9	3.8	14.6	4.0	28.7
2013	63.2	483.7	11.6	104.1	10.3	99.5	3.6	38.1	9.1	60.1	3.5	32.7	41.6	329.0	3.4	51.5	4.1	53.9	5.1	18.5	5.4	32.2
2014	61.8	436.1	11.7	98.0	10.3	86.5	3.5	29.7	6.4	45.9	3.3	31.5	51.2	400.9	8.1	112.7	5.3	60.4	6.0	21.1	5.9	31.6
2015	68.9	450.3	12.6	92.1	10.3	83.3	4.4	37.3	5.6	47.5	3.3	31.8	58.7	448.5	7.7	107.4	6.6	81.3	5.9	21.6	5.7	29.9
2016	71.4	512.4	13.0	93.4	14.5	132.2	4.9	45.2	5.5	50.7	3.2	31.0	58.1	417.9	5.9	88.7	3.8	52.3	6.3	25.2	6.9	29.2

附表 8 1995—2016 年中国茶叶贸易情况

单位：千吨、万美元

年份	出口						进口					
	出口量			出口额			进口量			进口额		
	茶	其中		茶	其中		茶	其中		茶	其中	
		绿茶	红茶		绿茶	红茶		绿茶	红茶		绿茶	红茶
1995	167.5	66.9	68.0	27 907.4	11 052.0	8 933.4	2.3	1.9	0.3	192.0	111.6	46.1
1996	171.3	55.9	81.0	28 749.9	8 962.3	11 257.4	1.7	1.1	0.4	149.2	76.1	44.3
1997	204.3	78.8	87.1	33 914.3	12 441.7	12 314.9	1.0	0.6	0.2	135.2	52.1	42.3
1998	219.6	111.7	69.6	37 823.9	18 065.2	10 263.3	1.3	0.7	0.3	297.4	62.9	160.6
1999	200.9	121.6	33.6	34 489.3	18 942.9	4 657.8	2.0	0.6	1.0	414.0	50.1	247.6
2000	232.0	155.3	29.4	35 696.7	21 786.8	3 608.6	2.6	0.8	1.4	461.8	73.4	282.0
2001	255.1	163.2	40.9	35 242.9	19 952.5	4 127.5	1.8	0.6	0.9	359.3	46.8	205.8
2002	256.0	170.4	40.8	33 998.5	20 292.5	3 880.7	1.8	0.7	0.8	303.2	56.4	164.1
2003	261.9	181.7	37.8	37 601.5	24 112.3	3 631.2	3.0	1.6	0.9	477.5	84.9	252.3
2004	284.3	196.2	39.4	45 186.4	29 438.7	4 118.0	2.5	0.3	1.6	687.0	50.5	411.4
2005	291.1	206.2	35.8	50 104.7	33 078.7	3 994.4	3.1	0.7	1.8	920.6	99.3	518.7
2006	304.3	218.7	31.5	57 445.7	39 020.2	4 245.1	3.8	1.0	1.9	1 124.8	137.1	504.3
2007	295.4	223.7	30.3	63 822.4	43 139.9	4 319.5	6.0	1.5	3.5	1 878.2	185.4	875.7
2008	303.9	223.3	40.3	71 591.8	48 692.5	6 234.4	6.2	0.9	4.0	2 653.3	197.7	1 292.5
2009	308.9	229.3	40.1	73 981.4	52 453.2	6 437.6	4.7	0.7	3.1	2 442.8	224.0	1 198.4
2010	308.8	234.3	36.6	82 523.4	56 678.7	7 984.6	13.5	1.1	11.2	5 722.6	360.7	3 786.6
2011	329.5	257.4	35.6	101 756.8	70 638.4	10 872.4	14.9	1.6	11.9	6 648.1	390.4	4 690.9
2012	323.3	248.7	35.8	112 100.3	75 566.6	11 883.3	19.5	4.7	13.2	7 733.9	859.0	5 426.8
2013	335.4	264.5	32.9	134 117.9	93 249.3	12 836.5	20.7	6.2	12.7	8 267.8	1 107.9	5 328.3
2014	312.8	249.2	27.8	137 864.7	95 260.1	14 500.8	23.7	4.5	17.1	9 990.4	865.0	6 900.4
2015	336.5	272.1	28.1	148 834.8	100 535.2	20 634.2	24.3	2.4	18.8	12 006.5	842.6	7 705.9
2016	340.9	270.9	33.1	160 207.2	106 480.7	25 625.6	24.2	1.6	19.3	12 383.3	815.6	8 176.4

附表 9 1995—2016 年中国畜产品贸易变化情况

单位：亿美元

年份	出口额					进口额						
	畜产品	其中				畜产品	其中					
		家禽产品	生猪产品	牛产品	动物毛		乳制品	动物生皮	动物毛	生猪产品	牛产品	家禽产品
1995	28.2	7.8	6.9	2.1	1.6	14.8	0.6	3.5	6.8	0.1	0.1	1.0
1996	28.6	9.3	6.3	1.8	1.3	14.1	0.5	3.2	6.1	0.1	0.2	1.6
1997	27.4	8.5	6.1	1.6	1.6	13.8	0.6	3.6	5.2	0.1	0.2	1.4
1998	24.6	7.5	5.8	1.5	1.3	13.3	0.8	3.5	4.2	0.2	0.2	1.2
1999	22.4	8.2	4.2	1.0	0.9	18.5	1.6	3.5	4.6	0.6	0.3	4.2
2000	25.9	9.9	4.1	1.0	1.1	26.5	2.1	5.6	7.8	1.1	0.4	4.9
2001	26.6	10.6	4.8	1.1	1.0	27.9	2.2	7.8	8.1	1.0	0.4	4.6
2002	25.7	9.5	5.7	0.8	0.9	28.8	2.7	7.1	8.2	1.3	0.7	4.5
2003	27.2	8.5	6.6	0.9	1.0	33.4	3.5	9.0	7.8	2.0	1.4	4.9
2004	31.9	6.5	9.7	1.3	1.3	40.4	4.4	12.5	11.1	2.4	2.3	1.7
2005	36.0	9.1	9.5	1.8	1.6	42.3	4.6	13.2	12.5	1.8	1.0	3.6
2006	37.3	9.3	9.9	1.8	1.6	45.6	5.6	14.4	12.9	1.6	0.4	4.9
2007	40.5	10.6	9.1	1.9	1.8	64.7	7.4	16.2	18.1	4.7	0.6	9.8
2008	43.9	9.9	9.6	2.0	1.8	77.3	8.6	18.5	17.3	11.0	0.6	11.3
2009	39.1	10.2	9.0	1.7	1.2	66.0	10.3	14.4	15.1	5.3	1.3	10.3
2010	47.5	13.4	10.1	2.2	1.8	96.6	19.7	20.3	20.2	10.0	3.0	10.0
2011	59.9	17.5	11.8	2.6	2.4	134.0	26.2	27.8	29.3	21.4	3.7	9.2
2012	64.4	18.7	12.3	2.4	2.1	149.0	32.1	30.1	27.2	24.8	6.5	10.0
2013	65.2	18.4	12.6	1.9	2.1	195.1	51.9	35.7	28.7	26.6	16.0	10.7
2014	68.5	18.5	13.8	2.1	2.2	221.7	79.8	34.3	25.5	24.9	19.7	9.2
2015	58.9	16.5	12.3	1.8	2.0	204.5	57.0	30.6	26.2	27.5	27.8	9.5
2016	56.4	15.1	11.8	1.8	2.3	234.0	64.4	22.1	24.8	58.1	28.2	13.1

附表 10 1995—2016 年中国水产品贸易情况

单位：亿美元

年份	出口额						进口额			
	水产品	其中					水产品	其中		
		贝类及软体动物	罗非鱼	对虾	螃蟹	鳗鱼		饲料用鱼粉	鳕鱼	墨鱼及鱿鱼
1995	32.9	5.7		1.5	1.4	0.8	9.6	3.3	0.9	0.4
1996	30.3	5.1		0.5	1.2	0.5	12.1	5.7	1.0	0.5
1997	31.5	4.5		0.6	1.0	7.9	12.1	6.3	1.2	0.3
1998	28.4	3.8		0.5	0.9	6.8	10.3	3.1	2.6	0.3
1999	31.3	4.2		0.5	1.0	6.9	13.0	3.6	2.8	0.6
2000	38.2	4.5		0.9	1.3	7.7	18.5	5.7	3.4	1.4
2001	41.7	4.8		1.1	1.6	6.6	18.7	4.8	4.3	1.2
2002	46.8	5.8	0.5	1.5	2.1	6.2	22.8	6.3	5.5	1.2
2003	54.7	5.5	1.0	2.4	2.7	5.3	24.9	5.2	6.1	0.9
2004	69.5	6.7	1.6	2.7	3.8	8.6	32.4	7.6	7.6	1.7
2005	79.0	6.3	2.3	2.1	3.4	7.5	41.2	10.8	10.2	1.7
2006	93.6	6.8	3.7	1.1	3.9	7.4	43.0	9.4	10.1	2.3
2007	97.5	6.8	4.9	0.5	3.8	6.8	47.2	10.1	10.6	2.7
2008	106.7	7.2	7.3	0.5	4.8	5.6	54.1	14.0	8.8	3.5
2009	108.0	10.8	7.1	5.3	4.3	5.4	52.6	13.0	4.7	2.8
2010	138.3	16.6	10.1	6.8	5.2	8.0	65.4	16.6	5.4	3.3
2011	177.9	21.6	11.1	7.9	8.8	10.9	80.2	17.5	7.6	5.0
2012	189.8	36.1	11.6	14.3	10.8	12.0	80.0	16.9	15.7	5.3
2013	202.6	42.2	14.5	17.1	10.8	10.5	86.4	16.7	15.8	5.6
2014	217.0	49.3	15.2	17.4	12.0	10.0	91.9	15.6	16.9	6.2
2015	203.3	49.5	13.0	12.1	12.1	9.9	89.8	17.9	14.8	4.5
2016	207.4	51.0	12.2	14.3	10.9	9.1	93.7	16.1	14.8	3.2

注：2001 年以前罗非鱼没有单独税码。

附表 11　2016 年中国农产品贸易情况

单位：亿美元、%

产　品	出口额	比上年增长	出口额占比重	产　品	进口额	比上年增长	进口额占比重
农产品	729.9	3.3	100.0	农产品	1 115.7	−4.5	100.0
水产品	207.4	2.0	28.4	油籽	370.6	−3.5	33.2
蔬菜	147.2	11.0	20.2	畜产品	234.0	14.5	21.0
水果	71.4	3.6	9.8	水产品	93.7	4.4	8.4
畜产品	56.4	−4.2	7.7	饮品	65.0	13.4	5.8
饮品	51.7	18.4	7.1	植物油	62.3	−11.8	5.6
粮食制品	19.1	1.5	2.6	水果	58.1	−1.0	5.2
糖料及糖	17.1	9.2	2.3	粮食（谷物）	57.1	−39.2	5.1
油籽	15.4	−3.2	2.1	棉麻丝	24.3	−29.1	2.2
坚果	11.9	−6.6	1.6	粮食制品	18.8	5.3	1.7
药材	9.9	−2.7	1.4	糖料及糖	15.2	−29.9	1.4
饼粕	8.7	7.2	1.2	粮食（薯类）	14.1	−34.0	1.3
干豆（不含大豆）	7.0	10.7	1.0	坚果	6.8	−5.2	0.6
粮食（谷物）	5.0	13.6	0.7	蔬菜	5.3	−2.0	0.5
精油	4.2	−46.8	0.6	干豆（不含大豆）	4.3	−7.6	0.4
棉麻丝	3.8	−10.1	0.5	饼粕	2.3	57.3	0.2
花卉	2.9	10.0	0.4	花卉	2.2	3.7	0.2
植物油	2.3	−17.0	0.3	精油	1.9	−17.2	0.2
调味香料	1.4	−9.7	0.2	药材	1.0	−25.2	0.1
粮食（薯类）	0.2	99.5	0.0	调味香料	0.1	12.5	0.0
其他农产品	86.7	−1.3	11.9	其他农产品	78.4	−12.9	7.0

* 不含大豆

附表 12 2016 年各省（自治区、直辖市）农产品贸易情况

单位：亿美元、%

省份	出口额	比上年增长	进口额	比上年增长	贸易额	排序		
						出口额	进口额	贸易额
全国合计	729.9	3.3	1 115.7	−4.5	1 845.6			
山东	176.5	7.1	152.2	−11.0	328.7	1	3	2
广东	95.1	1.3	236.2	−1.8	331.3	2	1	1
福建	88.2	4.4	50.8	−12.1	139.0	3	7	4
浙江	47.9	−3.6	47.1	−3.7	95.0	4	8	7
辽宁	45.0	−4.2	67.1	−2.6	112.1	5	6	6
云南	43.9	11.3	6.8	−9.5	50.7	6	17	10
江苏	38.0	15.8	153.8	−9.0	191.8	7	2	3
河南	20.7	11.8	15.5	−12.1	36.2	8	12	13
河北	17.6	−4.3	30.0	−15.1	47.7	9	11	11
湖北	17.5	−1.9	9.0	32.7	26.5	10	15	14
上海	13.8	−3.7	116.6	8.0	130.4	11	4	5
广西	13.2	16.1	43.3	−14.0	56.4	12	9	9
吉林	12.9	1.2	10.2	−14.8	23.2	13	14	16
安徽	12.1	−1.4	13.3	21.3	25.4	14	13	15
黑龙江	11.7	1.3	4.2	−24.5	15.9	15	21	18
湖南	10.3	−2.9	7.1	9.1	17.4	16	16	17
天津	8.6	−8.7	80.5	4.6	89.1	17	5	8
内蒙古	8.2	5.9	5.7	9.4	13.8	18	19	19
新疆	7.3	−11.7	3.5	9.3	10.8	19	23	20
陕西	6.2	1.7	2.7	−9.3	9.0	20	24	23
四川	5.6	−8.2	4.6	−2.3	10.2	21	20	21
江西	5.5	−17.8	3.7	5.3	9.2	22	22	22
海南	5.0	2.2	2.5	−14.0	7.5	23	25	25
贵州	4.9	46.6	0.3	7.5	5.2	24	28	26
北京	4.3	−2.1	39.6	−8.1	43.9	25	10	12
甘肃	3.8	−10.7	0.2	−66.2	4.0	26	29	28
山西	2.3	16.9	2.0	19.9	4.2	27	26	27
重庆	1.6	−21.4	6.7	2.8	8.3	28	18	24
宁夏	1.3	6.6	0.5	165.4	1.8	29	27	29
西藏	0.6	139.0	0.0	−48.7	0.6	30	30	30
青海	0.2	−34.7	0.0	−91.1	0.2	31	31	31

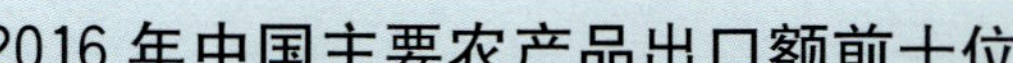

附表 13　2016 年中国主要农产品出口额前十位的省（自治区、直辖市）及所占比重

单位：亿美元、%

产品	前十位的省（自治区、直辖市）及其出口额										前十位合计		全国出口额合计
	1	2	3	4	5	6	7	8	9	10	出口额	所占比重	
水产品	福建 58.5	山东 46.9	广东 32.3	辽宁 27.2	浙江 18.5	海南 4.6	广西 4.0	江苏 3.5	河北 3.3	湖北 2.3	201.2	97.0	207.4
蔬菜	山东 59.6	河南 13.2	福建 13.1	云南 12.0	江苏 9.8	湖北 9.3	广东 4.6	浙江 4.3	新疆 3.6	辽宁 2.5	131.8	89.5	147.2
畜产品	广东 9.4	山东 9.3	江苏 6.8	浙江 4.4	湖南 4.2	河南 3.5	辽宁 3.3	河北 2.9	上海 2.0	湖北 1.7	47.4	84.0	56.4
水果	云南 18.3	山东 17.1	福建 6.1	陕西 4.3	浙江 3.1	河北 2.8	广东 2.8	辽宁 2.4	广西 1.9	新疆 1.8	60.8	85.1	71.4
饮品	广东 16.5	浙江 6.4	江苏 5.5	云南 4.5	贵州 3.4	福建 3.3	安徽 2.6	上海 1.8	四川 1.3	湖北 1.2	46.6	90.0	51.7
粮食制品	广东 5.6	山东 4.7	江苏 1.4	辽宁 1.3	福建 1.1	安徽 0.8	浙江 0.8	上海 0.6	河北 0.5	北京 0.5	17.4	91.1	19.1
油籽	山东 8.0	内蒙古 2.6	天津 0.9	吉林 0.9	辽宁 0.6	黑龙江 0.5	云南 0.4	安徽 0.4	江苏 0.2	湖南 0.1	14.7	95.4	15.4
糖料及糖	广东 6.9	山东 4.2	福建 1.4	吉林 1.1	河北 0.9	江苏 0.7	天津 0.7	上海 0.2	浙江 0.2	安徽 0.2	16.6	96.9	17.1
药材	广东 3.0	安徽 1.3	吉林 0.6	天津 0.6	湖南 0.5	宁夏 0.5	浙江 0.4	山东 0.3	四川 0.3	河北 0.3	8.0	80.4	9.9
坚果	吉林 2.6	黑龙江 2.1	山东 1.3	河北 1.1	辽宁 1.0	广东 0.9	天津 0.8	安徽 0.5	新疆 0.4	内蒙古 0.3	11.0	92.3	11.9

附表 14　2016 年中国主要农产品进口额前十位的省（自治区、直辖市）及所占比重

单位：亿美元、%

产品	前十位的省（自治区、直辖市）及其进口额										前十位合计		全国进口额合计
	1	2	3	4	5	6	7	8	9	10	进口额	所占比重	
食用油籽	山东	江苏	广东	广西	辽宁	天津	福建	河北	浙江	河南			
	77.3	68.4	50.5	34.2	25.4	24.4	21.1	17.7	9.9	7.7	336.6	90.9	370.4
畜产品	广东	上海	天津	江苏	浙江	山东	辽宁	北京	河北	福建			
	51.2	35.9	33.4	27.4	15.8	15.2	11.4	11.1	6.7	6.0	214.1	91.5	234.0
水产品	山东	辽宁	广东	上海	福建	浙江	北京	吉林	天津	江苏			
	24.7	18.7	14.1	13.1	8.0	3.2	3.1	2.0	2.0	1.1	90.1	96.2	93.7
食用植物油	江苏	广东	天津	上海	山东	福建	浙江	广西	北京	辽宁			
	17.1	8.6	7.5	6.3	3.5	1.8	1.3	1.0	0.9	0.5	48.4	95.9	50.5
粮食(谷物)	广东	江苏	广西	浙江	福建	辽宁	山东	北京	湖北	河北			
	26.7	5.0	3.1	2.6	2.1	2.0	2.0	2.0	1.3	1.1	48.0	84.0	57.1
棉花	山东	江苏	北京	新疆	广东	上海	湖北	浙江	江西	河南			
	8.8	4.4	0.8	0.5	0.5	0.5	0.4	0.4	0.2	0.2	16.8	94.5	17.8
水果	广东	上海	北京	辽宁	天津	云南	福建	山东	海南	浙江			
	27.8	14.5	3.8	2.8	1.7	1.7	1.5	1.1	0.8	0.7	56.4	97.0	58.1
饮品	广东	上海	江苏	福建	北京	山东	浙江	天津	辽宁	安徽			
	18.4	16.9	8.8	4.6	4.2	2.9	2.5	1.9	1.3	0.8	62.4	96.0	65.0
粮食(薯类)	江苏	山东	广西	安徽	云南	湖北	河南	河北	上海	广东			
	7.6	3.6	1.3	0.6	0.2	0.2	0.1	0.1	0.1	0.1	14.1	99.7	14.1
糖料及糖	广东	山东	辽宁	北京	上海	河北	福建	天津	广西	云南			
	3.6	2.5	2.5	1.0	1.0	0.9	0.8	0.7	0.6	0.5	14.1	92.7	15.2

附表 15 2016 年中国农产品主要出口市场和进口来源地

单位：亿美元、%

排序	出口市场				进口来源地			
	国家（地区）	出口额	比上年增长	所占比重	国家（地区）	进口额	比上年增长	所占比重
1	日本	100.6	−1.5	13.8	美国	238.9	−3.4	21.4
2	中国香港	99.7	11.6	13.7	巴西	190.7	−4.1	17.1
3	美国	74.2	−0.3	10.2	澳大利亚	67.0	−16.9	6.0
4	韩国	46.7	7.4	6.4	加拿大	53.6	2.7	4.8
5	越南	38.7	12.8	5.3	新西兰	45.1	1.8	4.0
6	泰国	35.3	−7.4	4.8	泰国	43.2	−14.7	3.9
7	马来西亚	26.2	−0.4	3.6	阿根廷	42.1	−17.4	3.8
8	中国台湾	23.0	5.4	3.2	印度尼西亚	39.4	−5.8	3.5
9	印度尼西亚	20.6	12.0	2.8	法国	32.9	−17.2	2.9
10	菲律宾	19.4	16.2	2.7	越南	28.6	4.0	2.6
11	俄罗斯	19.4	6.6	2.7	德国	23.8	27.6	2.1
12	德国	18.8	−3.9	2.6	马来西亚	23.5	−11.2	2.1
13	荷兰	14.1	5.1	1.9	智利	23.0	18.7	2.1
14	加拿大	10.8	9.2	1.5	荷兰	21.6	13.9	1.9
15	英国	10.5	−1.2	1.4	俄罗斯	19.9	15.9	1.8
16	澳大利亚	9.9	1.4	1.4	丹麦	15.8	17.9	1.4
17	西班牙	9.4	9.4	1.3	西班牙	14.4	36.4	1.3
18	新加坡	9.1	−6.3	1.2	乌拉圭	14.2	−19.6	1.3
19	墨西哥	6.8	6.2	0.9	乌克兰	12.7	−26.1	1.1
20	巴西	6.7	12.1	0.9	秘鲁	10.6	−26.3	0.9
前 20 位合计		599.9	3.9	82.2		960.9	−4.7	86.1

附表 16 2016 年 1—12 月份中国农业行业商品贸易环比指数

2015 年＝100

行业名称 \ 月份	1	2	3	4	5	6	7	8	9	10	11	12
出口价格环比指数												
农、林、牧、渔业	105.6	106.0	106.0	106.5	107.2	107.9	107.8	102.0	100.8	110.8	101.3	104.6
农业	109.5	111.1	111.7	112.3	110.4	113.4	112.8	104.5	103.3	120.6	107.4	111.3
林业	101.4	96.9	99.0	98.2	103.1	100.1	97.1	95.5	95.1	95.2	94.0	97.9
畜牧业	108.3	111.1	109.0	107.2	108.1	109.9	119.7	119.6	119.3	116.4	115.4	116.1
渔业	110.7	111.1	103.7	110.7	108.5	108.6	113.3	110.4	89.0	86.1	81.8	84.5
农、林、牧、渔服务业	100.6	103.9	102.7	103.1	104.4	104.2	107.7	98.5	102.6	123.5	101.8	103.8
制造业	96.5	99.7	99.2	96.1	94.7	97.0	95.8	96.2	99.1	102.1	102.4	105.4
农副食品加工业	101.4	103.5	103.0	101.5	103.5	103.2	104.3	105.1	104.9	106.2	106.9	107.5
食品制造业	99.9	101.7	100.6	100.1	99.7	99.6	100.2	103.1	99.7	98.5	100.9	104.7
饮料制造业	114.8	113.9	103.5	106.8	120.3	107.3	119.9	114.1	105.9	122.8	112.4	113.2
烟草制品业	86.2	93.3	96.2	100.9	109.8	107.2	101.9	81.2	93.1	98.9	100.8	97.1
进口价格环比指数												
农、林、牧、渔业	94.7	94.6	92.7	93.1	95.0	97.0	100.2	102.0	100.8	102.3	103.2	105.9
农业	96.3	94.4	92.5	92.0	92.7	96.5	101.2	105.2	103.4	105.2	106.5	109.4
林业	95.1	94.8	94.2	96.4	99.2	98.6	98.2	100.2	100.3	103.7	103.2	105.0
畜牧业	81.7	91.2	91.1	93.1	99.4	98.2	97.0	86.3	82.4	81.8	83.8	87.7
渔业	100.2	110.6	105.9	109.4	107.8	101.7	105.1	103.3	109.9	109.1	106.6	107.0
农、林、牧、渔服务业	93.6	92.1	86.0	82.8	92.1	91.5	98.1	90.3	95.1	97.5	93.0	92.3
制造业	97.5	100.8	100.8	100.3	100.5	103.1	103.3	102.0	102.4	103.6	104.5	107.0
农副食品加工业	98.3	99.4	99.3	97.0	100.0	104.7	106.3	108.2	107.2	110.0	109.6	112.1
食品制造业	104.7	107.5	98.7	99.7	100.7	101.5	108.7	101.7	109.7	106.5	105.6	105.3
饮料制造业	106.7	107.4	99.3	91.5	105.1	103.7	100.5	113.0	109.7	115.8	115.6	116.8
烟草制品业	112.7	113.0	107.4	107.6	108.4	106.4	121.0	104.1	105.1	90.0	93.4	94.1
出口数量环比指数												
农、林、牧、渔业	106.9	76.4	101.6	91.8	98.8	93.3	106.8	115.9	113.6	109.0	141.9	150.9
农业	98.0	72.9	95.9	86.0	103.7	99.0	106.7	116.6	109.2	99.6	134.8	136.9
林业	129.4	78.9	94.8	80.1	71.6	72.7	115.2	130.4	126.8	138.3	165.7	187.8
畜牧业	75.2	87.7	105.2	94.7	90.3	95.2	89.4	100.2	99.2	89.2	102.4	141.8
渔业	79.8	77.7	102.7	92.1	97.6	94.0	91.2	88.8	94.1	133.3	144.9	161.0
农、林、牧、渔服务业	116.6	77.9	124.6	122.2	129.0	107.6	106.1	108.5	116.5	92.1	137.7	133.6
制造业	101.7	69.8	89.3	99.7	105.8	103.0	108.2	114.0	105.1	98.1	109.0	115.0
农副食品加工业	111.4	68.6	96.5	98.3	109.3	99.7	105.7	110.1	102.9	102.2	122.2	118.5
食品加工业	107.4	72.1	98.4	98.8	107.6	102.7	106.3	111.7	104.7	109.2	122.2	116.2
饮料制造业	106.9	84.6	127.8	109.9	111.6	104.1	108.2	132.5	110.1	93.6	124.7	121.2
烟草制品业	70.0	51.0	124.8	127.5	103.0	106.2	115.2	119.3	73.3	83.4	142.1	252.1
进口数量环比指数												
农、林、牧、渔业	91.9	68.5	97.8	105.9	111.3	100.4	98.1	97.8	96.2	74.8	100.1	117.4
农业	79.5	64.4	90.2	102.3	112.6	101.0	101.5	101.7	97.0	68.5	96.6	115.4
林业	121.8	77.6	107.9	113.9	110.8	99.9	91.4	91.9	96.4	84.4	112.1	128.3
畜牧业	99.6	57.1	114.6	114.4	106.4	94.7	105.7	98.6	88.1	87.9	100.0	111.2
渔业	136.2	125.8	107.4	94.8	113.0	90.9	89.1	97.9	117.5	116.4	121.8	133.0
农、林、牧、渔服务业	90.1	82.1	125.1	107.1	104.3	111.4	63.8	57.5	86.5	74.6	75.3	88.7
制造业	87.5	69.4	101.6	96.0	97.1	96.9	97.7	106.0	106.9	96.2	112.2	124.3
农副食品加工业	102.7	68.5	107.9	106.8	105.4	109.5	109.6	125.6	116.3	96.6	110.7	122.8
食品制造业	148.8	72.0	114.8	96.3	94.7	102.6	95.3	121.7	93.6	94.8	125.2	139.9
饮料制造业	125.4	67.6	120.7	131.4	142.4	127.3	117.6	131.7	110.1	83.4	124.5	151.2
烟草制品业	42.5	53.6	226.9	305.7	72.2	29.9	28.2	58.2	54.8	25.9	65.7	158.5

数据来源：《中国对外贸易指数》，中国海关杂志社。

附表 17 2016 年 1—12 月份中国主要农产品出口价格环比指数

2015 年=100

HS 码	月份 / 农产品名称	1	2	3	4	5	6	7	8	9	10	11	12
10	谷物	109.8	132.1	108.9	103.4	103.1	93.0	90.4	88.6	94.9	96.7	98.6	95.4
1006	大米	112.1	144.5	113.3	106.9	104.4	94.0	90.1	87.9	94.7	97.8	100.6	96.0
1101	小麦粉[1]	105.3	105.5	103.3	101.4	99.6	99.9	98.5	102.6	94.7	92.4	95.5	96.5
52	棉花	100.6	99.4	98.9	97.9	97.2	96.7	93.7	93.0	94.5	95.8	96.6	98.3
	食用油籽												
1201	大豆	93.3	91.5	95.0	119.0	96.6	92.2	89.0	90.1	84.0	103.0	96.4	93.2
1202	花生	99.5	98.0	99.9	103.7	102.6	110.2	108.0	106.0	93.8	89.9	98.4	102.9
1206	葵花籽	108.7	106.2	101.4	99.5	99.3	93.4	94.2	89.2	95.6	89.6	86.6	89.0
	食用植物油												
1507	豆油[2]	106.1	111.1	91.9	107.9	96.6	101.9	104.4	101.1	100.4	101.8	101.8	98.2
1508	花生油[3]	100.1	98.0	101.0	113.8	109.8	113.0	112.6	114.2	114.2	118.0	114.5	117.3
1701	食糖[4]	96.4	84.6	88.8	93.6	93.5	103.0	118.4	111.1	121.7	121.1	118.8	127.0
07	蔬菜	112.8	117.4	119.6	119.4	118.6	119.4	119.1	107.7	108.3	134.7	112.6	118.7
0701	马铃薯												
0703	葱属蔬菜[5]	136.2	149.6	156.2	169.5	152.7	147.3	150.4	117.8	114.7	180.9	128.3	139.8
0706	食用根茎[6]	103.5	108.5	115.0	120.8	132.9	123.7	94.1	100.4	98.8	100.6	109.6	130.7
0710	冷冻蔬菜	102.0	103.3	102.5	101.4	101.9	106.4	109.2	111.2	110.3	110.8	108.6	108.8
0712	干蔬菜	101.6	107.3	106.2	107.7	107.6	108.6	113.6	99.0	104.6	133.1	101.3	103.8
2002	番茄[7]	91.9	90.7	91.4	89.8	86.2	85.6	86.6	88.2	89.7	90.3	92.2	94.3
2003	蘑菇及块菌[8]	104.7	101.2	106.3	109.5	112.5	112.1	113.3	106.9	98.1	105.3	105.8	101.6
	水果												
0805	柑橘属水果	116.6	100.4	103.9	97.8	104.4	106.2	114.8	90.8	92.9	103.7	99.9	111.1
0806	葡萄	83.1	82.3	88.3	92.7	99.7	83.4	73.9	81.7	79.0	71.2	71.7	66.7
0808	苹果、梨	89.2	92.2	95.5	95.1	94.7	102.2	99.8	96.6	95.8	92.0	89.0	86.3
2008	水果罐头[9]	101.7	101.8	101.1	99.4	105.6	104.3	105.0	107.4	105.4	107.4	107.4	105.4
2009	果汁和蔬菜汁[10]	99.2	99.6	100.6	100.3	97.8	104.1	97.1	100.0	95.2	94.5	95.4	93.4
0902	茶叶	122.2	124.7	87.7	102.5	135.6	115.0	135.7	116.5	108.5	114.8	109.4	111.6
	畜产品												
0202	牛肉	111.8	110.1	105.0	110.6	105.4	114.4	111.7	97.6	106.7	116.2	106.4	92.8
0203	猪肉	115.7	116.9	115.1	118.0	121.9	126.0	128.5	131.2	127.5	127.0	129.3	129.0
0204	羊肉	113.1	98.6	96.9	104.1	91.2	96.5	100.4	105.8	96.1	96.9	92.2	92.9
0207	禽肉及杂碎	104.9	103.7	98.9	99.3	98.2	100.1	109.5	109.4	108.9	102.7	101.9	99.3
0409	天然蜂蜜	107.5	110.1	110.8	109.1	110.2	111.5	116.3	120.6	121.1	119.5	120.8	118.8
	水产品												
0303	冻鱼	101.6	108.6	106.7	97.6	109.8	102.6	105.8	104.4	104.4	105.3	109.0	108.8
0304	鱼片[11]	99.9	101.4	101.2	99.5	99.0	99.3	100.6	101.3	101.5	103.7	104.4	106.3
1604	制作或保藏鱼	96.5	102.1	100.6	101.8	100.8	102.8	101.6	102.7	103.2	101.5	102.0	102.0
1605	对虾[12]	100.3	106.1	104.5	104.2	106.4	106.9	105.7	107.4	106.1	108.0	113.2	113.0
	饼粕												
2304	豆粕	102.3	101.6	94.1	92.6	91.0	90.9	95.7	103.5	104.5	110.6	109.2	112.8

注：1 指小麦或混合麦的细粉；2 指豆油及其分离品，不论是否精制，但未经化学改性；3 指花生油及其分离品，不论是否精制，但未经化学改性；4 指固体甘蔗糖、甜菜糖及化学纯蔗糖；5 指鲜或冷藏洋葱、青葱、大蒜、韭葱及其他葱属蔬菜；6 指鲜或冷藏的胡萝卜、萝卜、色拉甜菜根、婆罗门参、块根芹、小萝卜及类似的食用根茎；7 指番茄，用醋或醋酸以外的其他方法制作或保藏的；8 指蘑菇及块菌，用醋或醋酸以外的其他方法制作或保藏的；9 指用其他方法制作或保藏的其他品目未列名水果、坚果及植物的其他食用部分，不论是否加酒、加糖或其他物质；10 指未发酵及未加酒精的水果汁（包括酿酒葡萄汁）、蔬菜汁，不论水果加糖或其他甜物质；11 指鲜、冷、冻鱼片及其他鱼肉（不论是否绞碎）；12 指制作或保藏的甲壳动物、软体动物及其他水生无脊椎动物，其中主要出口产品为对虾。

数据来源：《中国对外贸易指数》，中国海关杂志社。

附表 18　2016 年 1—12 月份中国主要农产品出口数量环比指数

2015 年=100

HS 码	月份 农产品名称	1	2	3	4	5	6	7	8	9	10	11	12
10	谷物	80.6	41.0	95.5	130.2	152.3	76.5	79.2	99.8	203.3	200.0	277.4	163.0
1006	大米	76.2	27.3	89.4	133.3	161.5	72.7	83.4	106.7	234.6	220.6	292.7	168.8
1101	小麦粉[1]	62.9	69.2	82.1	90.4	77.7	83.4	85.7	80.8	103.1	106.9	85.5	124.3
52	棉花	107.2	72.0	107.8	116.0	117.6	100.1	108.6	122.2	99.4	101.3	99.7	103.6
	食用油籽												
1201	大豆	106.1	69.6	97.7	126.0	124.2	104.4	63.1	74.2	59.3	74.1	143.1	104.1
1202	花生	108.0	84.0	118.0	103.6	123.4	75.7	50.7	49.2	73.7	103.8	117.0	123.5
1206	葵花籽	199.2	141.2	132.9	119.4	86.5	64.8	57.4	75.2	57.4	94.5	186.6	187.0
	食用植物油												
1507	豆油[2]	71.2	92.5	136.3	73.8	48.5	73.6	58.4	135.5	94.7	105.5	84.3	176.9
1508	花生油[3]	58.9	54.8	159.7	79.0	100.4	108.4	87.1	95.9	97.9	111.1	116.0	143.5
1701	食糖[4]	171.4	211.8	305.8	343.4	322.2	172.7	97.8	178.6	112.2	106.9	93.7	120.7
07	蔬菜	93.0	70.1	96.4	88.7	108.7	106.5	113.8	123.7	115.9	94.7	133.3	133.3
0701	马铃薯												
0703	葱属蔬菜[5]	87.6	60.9	71.1	54.7	89.9	97.9	124.6	158.8	118.9	77.4	133.7	127.4
0706	食用根茎[6]	68.5	74.0	90.1	62.5	60.2	121.6	151.2	111.0	137.9	131.8	132.5	122.9
0710	冷冻蔬菜	110.8	77.6	104.1	99.6	113.4	95.3	105.4	110.3	102.9	118.3	129.3	121.7
0712	干蔬菜	111.5	69.7	118.9	115.7	134.2	108.6	107.5	113.7	119.2	90.3	145.1	139.7
2002	番茄[7]	98.8	72.1	79.1	99.0	96.8	106.5	113.7	106.2	87.3	86.7	94.9	79.0
2003	蘑菇及块菌[8]	114.9	83.2	130.0	123.4	130.4	109.7	104.0	124.3	102.6	127.1	109.0	99.3
	水果												
0805	柑橘属水果	225.3	83.9	74.5	35.4	16.6	8.0	7.7	17.3	42.4	151.9	243.6	335.0
0806	葡萄	46.6	32.7	27.3	22.3	29.0	65.3	237.8	287.7	286.7	169.5	138.3	115.1
0808	苹果、梨	181.2	131.1	175.2	160.0	114.1	68.8	111.6	144.1	138.7	165.4	200.3	239.1
2008	水果罐头[9]	104.2	74.3	104.2	99.2	105.2	93.2	97.9	101.2	94.2	99.9	117.3	105.9
2009	果汁和蔬菜汁[10]	115.2	112.4	116.9	85.6	116.0	84.5	101.3	98.9	101.5	100.4	105.1	108.8
0902	茶叶	88.1	64.7	118.6	101.3	97.0	107.4	82.0	120.2	104.2	92.6	116.0	117.2
	畜产品												
0202	牛肉	88.8	36.7	54.5	163.2	120.0	103.7	181.1	117.6	64.7	38.6	58.8	30.3
0203	猪肉	75.5	44.3	64.4	60.4	65.3	67.5	72.7	70.0	74.4	65.6	69.3	81.2
0204	羊肉	107.3	51.2	20.8	22.7	42.2	22.6	32.6	30.4	48.6	277.9	394.9	345.1
0207	禽肉及杂碎	58.2	77.4	99.0	90.9	103.5	96.3	82.6	80.7	89.3	90.7	97.5	129.2
0409	天然蜂蜜	122.8	91.8	92.3	83.8	71.5	62.8	69.7	111.2	86.0	70.4	95.3	105.3
	水产品												
0303	冻鱼	117.7	70.0	113.6	106.5	104.3	98.7	92.7	106.5	105.1	116.8	140.8	141.1
0304	鱼片[11]	130.6	66.6	72.7	95.4	118.1	97.2	110.9	110.3	104.9	97.9	117.2	119.9
1604	制作或保藏鱼	119.2	61.3	95.9	102.0	111.0	96.7	103.2	97.4	92.0	97.1	126.4	120.1
1605	对虾[12]	103.4	52.7	85.2	88.8	110.1	101.9	121.3	127.2	107.9	108.6	121.9	110.4
	饼粕												
2304	豆粕	78.7	71.8	119.8	88.9	116.2	152.8	138.5	186.8	142.2	73.7	87.6	65.0

注：1指小麦或混合麦的细粉；2指豆油及其分离品，不论是否精制，但未经化学改性；3指花生油及其分离品，不论是否精制，但未经化学改性；4 指固体甘蔗糖、甜菜糖及化学纯蔗糖；5 指鲜或冷藏洋葱、青葱、大蒜、韭葱及其他葱属蔬菜；6 指鲜或冷藏的胡萝卜、萝卜、色拉甜菜根、婆罗门参、块根芹、小萝卜及类似的食用根茎；7 指番茄，用醋或醋酸以外的其他方法制作或保藏的；8 指蘑菇及块菌，用醋或醋酸以外的其他方法制作或保藏的；9 指用其他方法制作或保藏的其他品目未列名水果、坚果及植物的其他食用部分，不论是否加酒、加糖或其他物质；10 指未发酵及未加酒精的水果汁（包括酿酒葡萄汁）、蔬菜汁，不论水果加糖或其他甜物质；11 指鲜、冷、冻鱼片及其他鱼肉（不论是否绞碎）；12 指制作或保藏的甲壳动物、软体动物及其他水生无脊椎动物，其中主要出口产品为对虾。

数据来源：《中国对外贸易指数》，中国海关杂志社。

附表 19 2016 年 1—12 月份中国主要农产品进口价格环比指数

2015 年=100

HS码	月份 / 农产品名称	1	2	3	4	5	6	7	8	9	10	11	12
10	谷物	105.8	94.2	92.7	89.4	87.7	89.6	89.0	92.1	88.6	92.0	94.7	98.5
1003	大麦	110.5	103.5	100.9	96.6	94.6	97.1	84.7	87.6	80.1	82.6	81.4	92.9
1005	玉米	172.8	90.1	87.5	86.8	86.4	95.9	123.4		126.1	170.8	171.6	130.9
1006	大米	113.1	100.3	105.7	103.6	99.3	104.7	109.8	114.8	114.5	108.6	104.1	112.0
1101	小麦粉[1]	97.0	99.7	106.5	97.6	99.5	88.7	81.4	118.5	84.2	90.8	88.5	105.9
52	棉花	98.6	101.7	101.6	101.1	99.2	102.0	106.3	109.5	113.2	112.5	112.8	113.2
	食用油籽												
1201	大豆	94.7	93.8	92.6	92.9	94.4	98.3	104.5	108.4	107.4	108.9	109.9	113.2
1205	油菜籽	94.1	94.1	91.4	91.6	91.5	90.5	98.3	105.2	104.5	102.7	102.4	108.7
	食用植物油												
1507	豆油[2]	106.8	113.9	109.4	110.5	110.7	105.0	99.5	105.1	115.3	114.7	111.7	111.5
1511	棕榈油[3]	90.3	91.0	95.6	103.9	108.9	115.2	113.1	112.7	111.5	117.1	119.1	121.8
1514	菜籽油[4]	92.0	93.6	95.7	96.6	95.3	101.2	102.7	101.7	100.1	100.6	102.6	107.3
1701	食糖[5]	96.8	105.9	108.3	106.0	104.5	109.8	106.8	108.6	108.7	122.0	134.4	156.0
07	蔬菜	92.5	91.9	85.1	81.2	90.1	90.4	98.7	87.0	92.0	95.9	90.4	91.6
1209	蔬菜种子[6]	97.3	162.2	98.9	105.2	121.1	133.6	102.9	112.6	69.3	116.7	70.5	90.5
	水果												
0803	香蕉[7]	101.4	94.6	80.4	107.1	105.7	110.8	112.2	114.8	111.5	97.9	71.8	64.6
0804	热带水果[8]	109.6	115.2	115.9	111.2	99.3	108.0	105.1	104.2	102.1	103.8	110.5	111.3
0805	柑橘属水果	102.8	89.9	94.1	95.4	93.9	98.2	108.7	111.2	109.7	110.1	127.2	117.7
0806	葡萄	98.8	97.1	98.4	98.9	94.8	100.5	119.6	112.8	104.4	105.0	102.1	102.5
0902	茶叶	99.2	113.9	117.7	100.9	95.0	100.4	105.6	100.7	101.5	107.5	113.0	112.4
	畜产品												
4101	生牛马皮[9]	81.3	85.2	81.0	78.2	78.7	81.4	82.7	85.2	85.1	83.7	82.0	84.6
4102	羊皮[10]	105.3	106.5	98.9	101.1	92.3	102.1	98.2	111.0	96.1	97.6	95.0	93.8
0402	乳及奶油[11]	97.4	101.6	89.4	90.5	94.3	85.2	103.5	84.4	102.8	88.9	85.2	94.8
0404	乳清[12]	144.4	151.0	103.1	113.4	125.8	101.0	95.5	95.3	82.3	90.7	111.6	126.4
5101	羊毛	75.8	84.5	89.1	98.8	106.2	112.0	92.1	68.2	65.4	67.1	76.1	89.3
0203	猪肉	106.1	104.7	100.8	101.4	106.9	113.9	120.0	122.6	116.6	112.2	111.4	110.7
0207	家禽肉及杂碎	107.3	109.4	105.8	104.2	108.2	113.6	116.8	117.4	115.6	117.3	115.6	123.6
	水产品												
0303	冻鱼	104.6	99.0	99.4	102.9	102.0	104.3	108.1	111.9	110.5	107.7	114.1	113.5
2301	饲料用鱼粉[13]	81.0	77.1	74.7	69.5	66.0	67.1	69.9	69.3	76.1	83.4	81.9	84.9
	饼粕												
2306	菜籽粕	101.5	104.3	100.2	88.9	101.5	122.8	139.5	123.0	114.6	104.2	105.3	115.3

注：1 指小麦或混合麦的细粉；2 指棕榈油及其分离品，不论是否精制，但未经化学改性；3 指豆油及其分离品，不论是否精制，但未经化学改性；4 指菜籽油或芥子油及其分离品，不论是否精制，但未经化学改性；5 指固体甘蔗糖、甜菜糖及化学纯蔗糖；6 指种植用的种子、果实及孢子，其中主要进口产品为蔬菜种子；7 指鲜或干的香蕉，包括芭蕉；8 指鲜或干的椰枣、无花果、菠萝、鳄梨、番石榴、芒果及山竹果；9 指生牛皮（包括水牛皮）、生马皮（鲜的、盐腌的、干的、石灰浸渍的、浸酸的或以其他方法保藏、但未鞣质、未经羊皮纸化处理或进一步加工的）不论是否去毛或刨层；10 指浓缩、加糖或其他甜物质的乳及奶油；11 指乳清，不论是否浓缩、加糖或其他甜物质；其他品目未列名的含天然乳的产品，不论是否加糖或其他甜物质；12 指绵羊或羔羊生皮（鲜的、盐腌的、干的、石灰浸渍的、浸酸的或以其他方法保藏、但未鞣质、未经羊皮纸化处理或进一步加工的）不论是否去毛或刨层；13 指不适于供人食用的肉、杂碎、鱼、甲壳动物、软体动物或其他水生无脊椎动物的渣粉及团粒、油渣。

数据来源：《中国对外贸易指数》，中国海关杂志社。

附表 20 2016 年 1—12 月份中国主要农产品进口数量环比指数

2015 年＝100

HS 码	月份 农产品名称	1	2	3	4	5	6	7	8	9	10	11	12
10	谷物	68.4	45.4	91.2	103.8	109.9	71.3	48.3	59.3	80.9	50.9	44.6	61.3
1003	大麦	40.5	29.3	36.1	27.7	57.4	53.9	40.3	53.3	92.9	35.7	47.3	45.2
1005	玉米	2.0	15.8	147.3	294.3	262.3	16.9	7.3		4.8	3.7	8.0	35.9
1006	大米	104.4	64.7	157.0	163.6	160.9	81.1	51.4	66.4	76.6	76.7	121.0	160.0
1101	小麦粉[1]	99.9	70.8	72.5	86.5	81.1	102.9	180.5	67.5	149.2	98.9	133.2	169.8
52	棉花	79.6	54.2	82.9	77.9	79.5	74.2	78.1	75.4	68.5	60.2	77.1	103.3
	食用油籽												
1201	大豆	83.1	66.2	89.6	103.9	112.6	111.1	114.0	112.7	105.7	76.6	115.1	132.1
1205	油菜籽	37.5	134.7	75.6	76.9	140.8	71	92.0	115.7	52.2	16.2	81.3	63.9
	食用植物油												
1507	豆油[2]	21.2	115.4	23.3	28.0	24.7	63.4	144.3	137.0	23.3	73.4	116.8	54.9
1511	棕榈油[3]	98.0	54.6	83.1	55.4	39.6	48.2	67.6	82.2	97.8	55.0	90.8	138.0
1514	菜籽油[4]	125.6	71.0	226.2	74.8	69.9	16.6	47.2	39.6	85.6	79.1	108.2	90.0
1701	食糖[5]	69.4	27.1	52.7	56.3	34.9	89.2	100.7	88.3	119.6	26.7	34.4	54.7
07	蔬菜	84.3	80.3	118.2	100.6	88.6	101.6	59.8	50.1	80.2	74.8	78.1	87.3
1209	蔬菜种子[6]	30.6	20.6	69.7	76.1	87.4	81.3	128.7	117.0	112.6	58.8	108.5	147.6
	水果												
0803	香蕉[7]	84.1	62.9	101.9	95.4	108.5	78.7	63.1	70.9	80.9	71.0	80.7	93.3
0804	热带水果[8]	64.0	47.5	80.7	86.4	231.8	147.4	47.3	78.2	86.0	62.0	69.3	66.7
0805	柑橘属水果	64.3	55.9	92.8	156.7	187.6	183.8	168.9	237.0	277.8	121.7	25.7	49.1
0806	葡萄	130.7	124.2	224.1	331.3	330.1	53.1	7.1	17.6	37.8	39.5	44.1	44.1
0902	茶叶	114.0	76.0	102.7	82.9	105.3	110	89.6	116.8	123.1	82.7	122.3	153.4
	畜产品												
4101	生牛马皮[9]	99.6	66.4	106.5	95.2	92.6	83.6	80.6	92.7	90.2	77.6	98.3	105.7
4102	羊皮[10]	114.6	79.8	126.3	100.3	109.9	98.9	87.2	77.9	77.2	72.2	107.6	96.0
0402	乳及奶油[11]	303.6	107.3	156.5	103.7	99.1	109.6	73.9	85.6	36.5	46.8	115.7	117.4
0404	乳清[12]	68.6	38.2	84.4	68.3	68.8	86.7	97.7	112.6	126.0	96.3	96.9	85.9
5101	羊毛	152.8	76.0	133.2	115.9	101.0	100.4	106.1	123.3	102.1	136.8	147.0	145.3
0203	猪肉	149.8	114.9	176.7	182.7	251.9	298.6	282.1	296.5	216.8	178.3	174.7	174.9
0207	家禽肉及杂碎	111.4	75.1	107.7	139.7	133.9	169.2	145.2	163.3	140.7	124.7	122.2	122.7
	水产品												
0303	冻鱼	87.6	71.4	123.5	117.0	96.4	84.8	79.1	119.0	124.8	129.2	109.0	115
2301	饲料用鱼粉[13]	102.7	40.8	107.6	185.6	211.2	159.0	129.3	195.8	195.2	111.3	98.8	52.7
	饼粕												
2306	菜籽粕	27.6	42.8	74.3	234.8	176.9	170.3	85.5	190.7	540.0	327.4	63.7	328.5

注：1 指小麦或混合麦的细粉；2 指棕榈油及其分离品，不论是否精制，但未经化学改性；3 指豆油及其分离品，不论是否精制，但未经化学改性；4 指菜籽油或芥子油及其分离品，不论是否精制，但未经化学改性；5 指固体甘蔗糖、甜菜糖及化学纯蔗糖；6 指种植用的种子、果实及孢子，其中主要进口产品为蔬菜种子；7 指鲜或干的香蕉，包括芭蕉；8 指鲜或干的椰枣、无花果、菠萝、鳄梨、番石榴、芒果及山竹果；9 指生牛皮（包括水牛皮）、生马皮（鲜的、盐腌的、干的、石灰浸渍的、浸酸的或以其他方法保藏、但未鞣质、未经羊皮纸化处理或进一步加工的）不论是否去毛或刨层；10 指浓缩、加糖或其他甜物质的乳及奶油；11 指乳清，不论是否浓缩、加糖或其他甜物质；其他品目未列名的含天然乳的产品，不论是否加糖或其他甜物质；12 指绵羊或羔羊生皮（鲜的、盐腌的、干的、石灰浸渍的、浸酸的或以其他方法保藏、但未鞣质、未经羊皮纸化处理或进一步加工的）不论是否去毛或刨层；13 指不适于供人食用的肉、杂碎、鱼、甲壳动物、软体动物或其他水生无脊椎动物的渣粉及团粒、油渣。

数据来源：《中国对外贸易指数》，中国海关杂志社。

附表 21 2014—2015年世界主要农产品出口价格指数

单位：%

年份	2006	2014	2015	增长率
食　品	100	170.1	140.8	−17.2
谷　物	100	180.2	149.0	−17.3
小　麦	100	186.7	142.9	−23.5
玉　米	100	196.0	172.5	−12.0
大　米	100	148.2	132.0	−10.9
大　麦	100	153.7	134.5	−12.5
食用油籽和饼粕	100	190.5	152.8	−19.8
大　豆	100	205.2	155.7	−24.1
花　生	100	279.3	253.0	−9.4
豆　油	100	163.9	135.6	−17.3
棕榈油	100	201.1	153.7	−23.6
葵花油	100	94.4	89.3	−5.4
橄榄油	100	68.5	77.8	13.6
菜籽油	100	125.4	107.4	−14.4
大豆粕	100	226.9	171.4	−24.5
肉　类	100	160.5	137.4	−14.4
牛　肉	100	188.7	168.9	−10.5
羊　肉	100	81.2	67.0	−17.5
猪　肉	100	151.9	100.3	−34.0
禽　肉	100	149.0	155.2	4.2
水产品	100	162.0	131.7	−18.7
鱼　类	100	162.5	130.6	−19.6
虾	100	160.3	136.2	−15.0
食　糖	100	146.3	118.2	−19.2
香　蕉	100	161.6	166.2	2.8
柑　橘	100	89.5	77.2	−13.7
饮　料	100	178.0	172.6	−3.0
咖　啡	100	185.0	153.7	−16.9
可　可	100	198.3	203.0	2.4
茶	100	109.9	157.3	43.1
农业原料	100	138.8	120.1	−13.5
棉　花	100	150.6	127.6	−15.3
羊　毛	100	178.4	162.8	−8.7

数据来源：国际货币基金组织（www.imf.org）。

附表 22 2014—2015 年世界农产品贸易区域结构

单位：%、亿美元

出口区域	年份	进口区域所占的比重						
		欧洲	亚洲	北美洲	中南美洲	非洲	独联体	中东
欧 洲	2014	76.1	7.6	4.4	1.1	4.2	3.1	3.5
	2015	75.9	8.2	4.9	1.1	4.1	2.1	3.8
亚 洲	2014	12.6	59.1	11.7	1.4	6.3	2.1	6.8
	2015	12.5	60.3	12.0	1.5	5.7	1.9	6.1
北美洲	2014	9.7	37.9	39.0	7.7	2.8	0.7	2.2
	2015	9.7	36.9	41.1	7.4	2.3	0.4	2.2
中南美洲	2014	23.1	31.2	14.3	16.0	5.8	4.0	5.5
	2015	22.6	33.5	15.1	14.6	5.5	3.0	5.6
非 洲	2014	34.7	22.3	4.4	2.2	27.0	2.0	7.4
	2015	35.3	20.7	4.6	4.6	25.3	1.7	7.7
独联体	2014	29.2	23.7	1.3	0.3	8.2	28.2	9.1
	2015	27.8	25.3	1.4	0.3	8.6	28.0	8.6
中 东	2014	12.1	21.8	2.1	0.2	8.5	2.9	52.3
	2015	40.1	9.4	2.0	0.3	6.4	1.7	40.1
出口区域	年份	进口区域的贸易额						
		欧洲	亚洲	北美洲	中南美洲	非洲	独联体	中东
欧 洲	2014	5 461	547	314	76	304	223	254
	2015	4 754	512	309	66	255	133	235
亚 洲	2014	496	2320	460	57	247	82	267
	2015	447	2155	429	52	204	67	219
北美洲	2014	267	1 048	1 078	213	77	20	61
	2015	244	926	1 032	186	58	9	56
中南美洲	2014	486	657	302	336	122	84	117
	2015	430	637	287	278	104	57	106
非 洲	2014	220	142	28	14	171	13	47
	2015	205	120	27	27	147	10	45
独联体	2014	192	156	9	2	54	185	60
	2015	159	145	8	2	49	160	49
中 东	2014	33	59	6	1	23	8	143
	2015	120	28	6	1	19	5	120

数据来源：WTO 国际贸易统计（ITS）2016。

附表 23 2015 年主要进出口方农产品贸易情况

单位：亿美元、%

排序	出口				进口			
	出口方	出口额	比重	比上年增长	进口方	进口额	比重	比上年增长
1	欧盟（28）	5 834.6	37.2	−0.8	欧盟（28）	5 926.7	44.6	8.6
2	美国	1 608.0	10.3	0.3	中国	1 597.3	12.0	3.0
3	巴西	800.0	5.1	0.1	美国	1 566.3	11.8	3.4
4	中国	725.3	4.6	−0.4	日本	734.4	5.5	1.2
5	加拿大	635.9	4.1	0.1	俄罗斯 a	275.2	2.1	−0.1
6	印度尼西亚	397.7	2.5	−0.5	加拿大 a	382.2	2.9	0.7
7	印度	353.8	2.3	0.3	朝鲜共和国	330.4	2.5	0.6
8	泰国	364.7	2.3	0.3	墨西哥 a	276.6	2.1	0.5
9	澳大利亚	359.8	2.3	0.3	中国香港	274.7	2.1	—
10	阿根廷	345.6	2.2	0.2	印度	277.2	2.1	0.6
合计	—	11 425.4	72.9	—	—	11 641.0	87.7	—

注：a 进口额按离岸价格计算。

数据来源：WTO 国际贸易统计（ITS）2016。

附表 24 2015 年主要农产品出口额前十位的国家（地区）及所占比重

单位：亿美元、%

产品	出口额前十位国家（地区）及所占比重										前十位合计	
	1	2	3	4	5	6	7	8	9	10	出口额	比重
玉米	美国 30.2	巴西 17.3	阿根廷 10.9	乌克兰 10.3	法国 6.9	罗马尼亚 3.7	匈牙利 3.2	俄罗斯 2.1	巴拉圭 1.5	塞尔维亚 1.4	255.3	87.6
小麦	加拿大 14.6	美国 13.2	法国 10.2	澳大利亚 10.0	俄罗斯 9.2	德国 6.3	乌克兰 5.3	哈萨克斯坦 2.7	阿根廷 2.7	土耳其 2.4	335.4	76.4
大米	印度 27.6	泰国 20.2	越南 12.1	美国 8.8	巴基斯坦 8.3	意大利 2.7	阿联酋 2.0	乌拉圭 1.6	巴西 1.5	澳大利亚 1.3	199.3	86.1
猪及制品	德国 14.7	美国 13.6	西班牙 11.1	丹麦 10.7	荷兰 9.8	加拿大 8.0	比利时 4.5	巴西 3.5	法国 3.2	意大利 3.1	293.3	82.1
牛羊及制品	澳大利亚 16.6	美国 9.6	巴西 8.9	新西兰 7.1	印度 6.6	荷兰 4.9	加拿大 4.8	爱尔兰 4.3	法国 4.2	德国 3.4	462.7	70.4
禽及制品	巴西 19.8	美国 11.5	荷兰 10.1	泰国 7.2	德国 6.9	波兰 6.0	法国 4.8	中国 4.7	比利时 3.4	中国香港 2.4	270.9	76.8
乳制品	德国 12.6	新西兰 12.1	荷兰 10.3	法国 9.9	美国 5.7	比利时 4.4	意大利 4.2	丹麦 3.3	爱尔兰 2.9	澳大利亚 2.7	455.7	68.1
动物生皮	美国 29.1	澳大利亚 11.5	法国 6.1	德国 5.5	荷兰 5.2	英国 4.3	加拿大 4.0	西班牙 3.4	意大利 2.9	新西兰 2.6	50.2	74.6
食用油籽	美国 28.5	巴西 27.5	加拿大 8.2	阿根廷 6.7	中国 2.3	巴拉圭 2.2	荷兰 1.9	印度 1.9	乌克兰 1.9	澳大利亚 1.6	634.0	82.6
植物油	印度尼西亚 25.5	马来西亚 15.3	阿根廷 6.4	西班牙 5.3	乌克兰 4.7	荷兰 4.0	加拿大 3.4	意大利 3.0	德国 2.8	美国 2.7	508.8	73.0
棉花	美国 37.2	印度 17.8	巴西 12.1	澳大利亚 7.6	希腊 3.1	布基纳法索 2.8	贝宁 2.5	科特迪瓦 2.2	喀麦隆 1.5	巴基斯坦 1.4	94.4	88.2
水产品	中国 14.4	越南 6.1	挪威 6.1	印度 5.3	泰国 4.8	厄瓜多尔 3.9	美国 3.9	印度尼西亚 3.5	加拿大 3.5	智利 3.5	835.1	55.0
水果	西班牙 9.6	中国 8.9	美国 8.8	荷兰 6.0	智利 5.5	墨西哥 5.2	意大利 4.4	土耳其 3.7	南非 3.5	巴西 3.3	488.9	59.0
食糖	巴西 29.8	泰国 10.2	印度 4.6	法国 4.3	危地马拉 3.3	墨西哥 3.1	阿联酋 2.1	德国 1.8	比利时 1.4	哥伦比亚 1.4	159.2	62.0

数据来源：联合国 Comtrade 数据库。

附表 25 2015 年主要农产品进口额前十位的国家（地区）及所占比重

单位：亿美元、%

产品	进口额前十位国家（地区）及所占比重										前十位合计	
	1	2	3	4	5	6	7	8	9	10	进口额	比重
玉米	日本 10.4	墨西哥 8.2	韩国 7.2	埃及 5.8	越南 5.3	西班牙 4.7	中国 3.6	荷兰 3.5	哥伦比亚 3.1	阿尔及利亚 2.8	169.7	54.6
小麦	埃及 6.3	阿尔及利亚 6.0	印度尼西亚 5.3	意大利 5.1	日本 4.1	荷兰 3.5	巴西 3.3	西班牙 3.1	泰国 3.0	韩国 2.8	170.9	42.4
大米	沙特阿拉伯 8.1	中国 8.1	阿联酋 5.2	美国 5.0	英国 3.2	马来西亚 3.0	日本 2.7	法国 2.6	科特迪瓦 2.6	菲律宾 2.6	80.2	43.1
猪及制品	日本 10.6	德国 8.8	中国 7.9	意大利 6.7	中国香港 5.8	英国 5.5	美国 5.5	波兰 5.0	墨西哥 4.5	韩国 4.1	219.9	64.4
牛羊及制品	美国 16.5	意大利 6.0	日本 5.8	中国 5.7	德国 4.3	英国 4.2	中国香港 4.2	荷兰 3.9	法国 3.8	韩国 3.3	356.0	57.8
禽及制品	日本 10.2	英国 9.6	德国 7.7	荷兰 7.0	沙特阿拉伯 6.3	中国香港 4.9	法国 4.3	墨西哥 3.7	中国 2.9	比利时 2.7	191.8	59.4
乳制品	德国 9.5	意大利 5.8	英国 5.3	荷兰 5.2	法国 5.0	中国 4.9	比利时 4.6	美国 3.1	沙特阿拉伯 3.0	中国香港 2.7	317.6	49.2
动物生皮	中国 41.8	意大利 16.6	韩国 6.2	德国 3.0	泰国 2.9	墨西哥 2.8	澳大利亚 2.6	荷兰 2.4	法国 2.3	越南 1.9	60.3	82.6
食用油籽	中国 47.4	德国 6.1	日本 4.4	荷兰 4.1	墨西哥 3.2	西班牙 2.3	比利时 2.2	土耳其 2.0	美国 1.9	法国 1.8	613.9	75.5
植物油	印度 15.6	中国 10.5	美国 8.1	意大利 5.9	荷兰 5.5	德国 4.3	西班牙 3.2	巴基斯坦 2.7	土耳其 2.5	马来西亚 2.3	407.1	60.7
棉花	中国 24.2	越南 14.8	土耳其 11.3	印度尼西亚 9.9	泰国 5.0	巴基斯坦 5.0	韩国 4.4	印度 3.6	墨西哥 3.1	马来西亚 1.5	90.8	82.8
水产品	美国 17.5	日本 10.3	中国 6.4	西班牙 5.4	法国 4.6	意大利 4.5	德国 4.1	英国 3.5	韩国 3.1	瑞典 3.1	944.4	62.6
水果	美国 14.7	德国 8.6	荷兰 6.3	英国 6.2	法国 5.7	中国 4.7	加拿大 4.3	俄罗斯 3.7	比利时 3.2	日本 2.8	524.9	60.1
食糖	美国 9.2	中国 9.0	印度尼西亚 6.3	马来西亚 3.6	意大利 3.5	阿尔及利亚 3.5	韩国 3.5	英国 3.2	苏丹 2.7	印度 2.5	93.3	47.1

数据来源：联合国 Comtrade 数据库。